Klaus Berger

Gottes einziger Ölbaum

Betrachtungen zum Römerbrief

Quell

ISBN 3-7918-1414-1

© Quell Verlag, Stuttgart 1990
Printed in Germany · Alle Rechte vorbehalten
1. Auflage 1990
Umschlaggestaltung: Klaus Dempel, Stuttgart
Umschlagmotiv: Gerhard Semmler, Stuttgart
Satz und Druck: Quell Verlag, Stuttgart

Inhalt

Einleitung

Unter allen Bildern des Römerbriefes ist das vom Ölbaum in Kapitel 11 das herausragendste. Dieser Baum steht für das Volk Gottes aus Juden und Heiden. Und das, was mit diesem Ölbaum geschieht, ist ein Bild für die gesamte Geschichte des Heils – eine dramatische und schmerzliche, aber am Ende in Gottes Erbarmen mündende Geschichte. An diesem Ölbaum kann Paulus zeigen, über welche Stationen die gesamte Geschichte von Abraham bis zur Vollendung verläuft.

Den Rahmen des Römerbriefes bildet so das Verhältnis von Juden und Christen, von alter und neuer Offenbarung, vom jüdischen Weg, das Gesetz ohne Christus bewahren zu wollen, und vom christlichen Weg, das Gesetz durch Christus erfüllt sein zu lassen. Aus diesem Grund kann der Ölbaum in Kapitel 11 ein Gleichnis für das Ganze des Briefes sein. Dieser Baum ist aber Gottes einziger Ölbaum. So wie man sagt »mein einziges Kind«. Und Paulus läßt keinen Zweifel daran, daß Gott seinen einzigen Ölbaum liebt und hegt und ihm seine ganze Sorge zuwendet. Außerhalb dieses Ölbaums gibt es kein weiteres Werk Gottes zur Erlösung der Menschen, und auch Jesus Christus hat seine Funktion in der Geschichte dieses Ölbaumes. Nur in Verbindung mit den Wurzeln dieses Ölbaumes, mit den Erzvätern, gibt es eine Beziehung zu Gott. So besagt der Ausdruck »einziger Ölbaum«: Jegliche heilvolle Geschichte zwischen Gott und Mensch spielt sich nur auf dieser einen Bahn ab, geschieht an und mit dieser einen Pflanzung Gottes. Und das heißt zugleich: Sie ist eine Geschichte von Juden und Christen.

In diesen Rahmen zeichnet Paulus nun aber seine ganze damals aktuelle Sicht vom Christentum ein. Dieses wird hier – anders als etwa im 1. Korintherbrief – in Beziehung gesetzt zum jüdischen Weg und zur Frage nach der ganzen Geschichte des Heils. In der Auseinandersetzung mit dem jüdischen Weg des »Gesetzes ohne Christus« bietet Paulus eine Darstellung des christlichen Weges von großer Konsequenz und Einprägsamkeit.

In den Betrachtungen dieses Buches geht es indes nicht nur um das Verhältnis von Juden und Christen nach dem Römerbrief, sondern vor allem um die Sicht vom Christentum, die Paulus in diesem Zusammenhang entfaltet. Neben den traditionellen Themen des Römerbriefes wie Gesetz und Sünde, Glaube und Werke, Sühnetod und Gerechtigkeit Gottes ergab sich in den Aussagen über Jesu Auferweckung ein neuer sachlicher Schwerpunkt dieses Briefes. Häufig stoßen wir hier auf das österliche Christentum des Paulus.

Die Betrachtungen dieses Buches verstehen sich nicht als historisch-kritische Exegese. Sie sind daher auch nicht damit zu verwechseln. Fachleute werden freilich merken, daß die Diskussionsansätze der Wissenschaft überall eine Rolle spielen; ich habe sie bislang rund sechsmal in großen Römerbriefvorlesungen behandelt. Aber diese darzustellen, war keineswegs die Absicht. Vielmehr geht es in diesen Betrachtungen grundsätzlich und durchgehend darum, die Ergebnisse der Exegese so zu bedenken, daß der Ertrag für eine heutige Verkündigung direkt greifbar wird. Die »Betrachtungen« dieses Buches sollen den Ort zwischen Exegese und Predigt ausfüllen.
Denn es ist auffällig, daß es zwar viele gelehrte neuere Kommentare zu diesem Brief gibt (z.B. die von U. Wilckens und D. Zeller), daß diese aber fast nur in der Fachwelt eine Rolle spielen. Und andererseits macht man die Beobachtung, daß die Rechtfertigungslehre des Römerbriefes in der Verkündigung häufig zu Formeln erstarrt ist. Beides war eine Herausforderung für mich.
Da ich meine, daß Exegese und Betrachtung (Applikation) zwei verschiedene Arbeitsgänge sind, habe ich hier das Wagnis unternommen, einen ganzen Text des Neuen Testaments systematisch für die Applikation zu bedenken. Dabei wechseln die Gattungen: Neben der Vertiefung der Hauptgedanken eines Abschnittes in meditationsähnlichen Texten stehen als Gebete formulierte Betrachtungen. Daneben gibt es Abschnitte, die eher allgemeinverständliche Vorträge sein könnten. Ein anderes Mittel der Darstellung sind die kurzen Geschichten zum Thema des Textes. Manche sind eher gleichnishaft, manche historisierend. Andere Abschnitte leben vom Sprachgut der Liturgie. – Bei sehr abstrakten Aussagen des Paulus habe ich bisweilen andere Bibeltexte zu Hilfe genommen.
Nicht jeder Vers des Römerbriefes wurde erfaßt; ich verweise hierzu auf mein Buch »Wie ein Vogel ist das Wort« (Stuttgart 1987), welches zu den folgenden Abschnitten des Römerbriefes Texte enthält: Röm

5,1-11 (S. 216ff); Röm 6,9 (S. 167ff); Röm 8,18-23 (S. 169ff); Röm 8,18-25 (S. 172ff); Röm 8,26-28 (S. 95ff); Röm 14,7-9 (S. 100ff).
Je intensiver man sich auf Paulus einläßt, um so mehr zieht er einen in seinen Bann. Wenn ich jetzt in den ersten Märztagen des Jahres 1990 dieses Buch abschließe, dann ist mir lebhaft bewußt, wie viele Löcher durch Nicht-Behandlung entstanden sind. Gerade jetzt, nachdem über Wochen hinweg die intensive meditative Beschäftigung mit Paulus den Hauptteil des Tages ausmachte, ist das Abbrechenmüssen besonders schmerzlich. Denn Paulus auf diese Weise zu bedenken, war ein eindringliches Erlebnis. Auch für die Exegese selbst ist, besonders ab Römer 9, auf diesem Wege vielleicht Anregendes herausgekommen.

Evangelium und Mission (1,1–7)

Paulus stellt sich als den vor, der abgesondert ist zur Verkündigung des Evangeliums unter allen Völkern. Damit ist das Thema »Mission« genannt – ein heute nicht ganz problemloser Begriff. Ist Mission Rechthaberei? Das zu verkündigende Evangelium bezieht sich auf den »Sohn Gottes«; das ist ein Titel, der auch von Heiden(christen) verstanden wird. Dennoch sagt Paulus über Jesus auch, er sei aus dem Samen Davids nach dem Fleische. Damit ist das Thema Universalität (alle Völker) und Partikularität (bleibende Bindung an Israel) genannt, das für den Röm im ganzen bedeutsam ist.

In der folgenden Meditation verbinden sich beide Themen: Die Notwendigkeit von Mission und der Ursprung Jesu aus dem Samen Davids. (Aber es geht auch nur um diese beiden Aspekte des Textes!) Die drei folgenden Abschnitte sind nach dem Schema von These (Grundsatz), Antithese (Gegensatz) und Synthese (vermittelnder Satz) aufgebaut.

Mission aus Jubel (»These«)

Die Menschen sind Jesus nachgelaufen. Sie suchten ihn zu berühren. Sie fühlten sich befreit durch die Art, in der er Freiheit lebte. Bei den Augenzeugen Jesu wiederholte sich dieses. Denn der Jubel über soviel Freiheit konnte und mußte weitergesagt werden. Wie die Frau, die die verlorene Drachme wiederfand und es allen weitersagte – vor Freude. Denn sie rief die Freundinnen und Nachbarinnen und sagte: Freut euch mit mir; denn ich habe meinen Silbergroschen gefunden, den ich verloren hatte (Lk 15,9). Mission ist Aufforderung zur Mitfreude. Geteilte Freude ist doppelte Freude. Geteilte, mitgeteilte Freude ist der Ursprung christlicher Mission. Wie wenn man in der Lotterie gewonnen hat und einlädt. Auch Jesus lädt zum Feiern ein. Es wird nicht gesagt, daß er dabei fromme Sprüche machte. Aber offensichtlich war er so froh über seinen »Fund«, daß er davon berichten mußte. So ist Einladen zur Teilnahme an Freude die älteste Form der christlichen Mission – eine ansteckende Freude.

Das ist Mission: Ich habe eine Freude erlebt, die ich mitteilen will, die andere erfahren sollen. Es ist wirklich meine Freude, eine authentische und herzliche. Ich will sie als Freude eines Menschen mit anderen Menschen teilen. Und weil es sich um tiefe menschliche Freude handelt, besteht auch kein Zweifel darüber, daß die anderen sich mitfreuen werden und können.

Denn das erstaunliche Ereignis selbst, Gottes Rettung in Jesus Christus, bedeutet einfachhin alles. Wer davon hört, müßte selbstverständlich Neugier und Interesse aufbringen. Weil es zumindest um menschlich Interessantes geht. Genauso wie große Ereignisse Gemeinsamkeit schaffen. Genau um solche Gemeinsamkeit geht es, die auch heute noch Menschen zusammenschweißt. Das Ereignis selbst hat die Kraft, die natürlichen Grenzen zwischen den Menschen zu sprengen. Denn so ein großes Ereignis (Katastrophen, Ende von Tyrannei) betrifft die Existenz aller. Die einfach mitreißende Kraft des Ereignisses selbst ist so groß, daß die Art der Vermittlung zweitrangig wird.

Ein solches Ereignis »muß« auch nicht »geglaubt« werden – es ist für alle offenkundig in seiner Bedeutung. Für die, die nicht dabei waren, ergibt sich diese Evidenz aus der sichtbaren Freude der Augenzeugen. Gewiß, es geht um ein keineswegs alltägliches Ereignis, um ein staunenswertes, unglaubliches, aber doch um eines, das für Menschen als Menschen interessant ist. Hymnen formulieren das Wunderbare – wie etwa »Der Fürst des Lebens war tot und regiert als Lebendiger« –, aber es geht um unsere eigenste Sache dabei. Und das ist mit jeder Aussage ganz klar. Gerade wenn die Grenze des Unmöglichen berührt wird.

Den Dank dafür äußern die frühen Christen als Lobpreis. So haben sie in ihrem Dank Gott angeredet und auch für Jesus Christus gedankt. Sie haben diesen Dank immer wieder ausgesprochen und ihn zu einer Erzählung der Großtaten Gottes werden lassen. Die Erzählungen dienen der Erinnerung und dem Nicht-Vergessen. All das wurde und ist »Evangelium«, frohe Botschaft.

Der Anfang der Mission in diesem Sinne ist die Faszination: Menschen sind durch Person und Botschaft Jesu so überwältigt, daß hier so rein wie nie zuvor erfahrbar wurde: So ist Gott. Für das unsichtbare Geheimnis »Gott« war Jesus liebevoll und gewinnend transparent.

Mission als Rechthaben (»Antithese«)

Die Erinnerungsstützen des Jubels wurden zu hohen Hürden im Hindernislauf. Statt daß sie Aussagen am Ende, Resultat von Erfahrungen sein konnten, wurde ihre Annahme zur Schwelle erhoben. Statt Freude galt Gehorsam, statt Zeugenschaft Unterwerfung (wie im römischen Reich ringsum üblich). Die Sätze des jubelnden Bekennens wurden zum ausgrenzenden Bekenntnis. Sie wurden isoliert gegen menschliche Erfahrung und Existenz.

Doch: Der Skandal der Tötung Jesu erforderte klare Stellungnahme – wie die Absurdität jeglichen Mordens auch sonst. Und jedes Handeln geschieht in Richtung auf Leben oder in Richtung auf Tod. Jedes Handeln nimmt Stellung für ein Entweder-Oder. Jedes Handeln steht damit auch im Bereich des Rechts.

Und auch daher kommt Mission: Weil von der menschlichen Neugier der Adressaten etwas abhängt. Daher ist ihre Stellungnahme zur Botschaft den Verkündigern mit einem Male nicht mehr gleichgültig. Denn es geht um Leben oder Tod.

Und: Dieser Jesus repräsentiert den eifersüchtigen Gott Israels, der die Entscheidung für sich und keinen anderen Gott will. Als der Schöpfergott erhebt dieser Gott gegenüber der Welt einen Rechtsanspruch – nur zugunsten ihres eigenen Lebens und Seinkönnens übrigens. Daher steht der Schöpfungsbericht in der Bibel voran, weil dieser Gott und kein anderer Schöpfer aller Dinge ist und von daher sein Recht begründet. Jesus versteht sich als den einzigen letzten Boten dieses Gottes.

So fordert dieser Gott nicht allgemein Menschliches, sondern konkrete Entscheidungen hier und jetzt. Und er fordert nicht allgemeine Religiosität, sondern ein Ja oder Nein zu seinem Boten Jesus Christus. So geht es nicht um Diffuses, sondern um das »Nur hier«. Und Leben und Tod hängen davon ab.

Die Botschaft Jesu und auch die Erfahrung seiner Person sind daher bereits latent intolerant. Das will sagen: Ohne den Anspruch auf Exklusivität und Alleinvertretung sind Bote und Botschaft nicht zu verstehen. Wirkliche Intoleranz würde ich allerdings als menschliche Schwäche davon unterscheiden: als die Schwäche, nicht zuhören zu können und Überzeugungen gegen den Willen aufzwingen zu wollen. Doch wie leicht kann dieses Weitersagen des Rechtsanspruchs

Gottes zur Rechthaberei der Verkündiger werden. Wie leicht kann der Anspruch dieses Gottes zu menschlicher Intoleranz werden.

Aber auch ohne jenen Mißbrauch gilt auf jeden Fall: Weil Christentum ganz und gar jüdisch ist, weil es um den Gott Israels geht und um keinen anderen, deshalb geht es nicht nur um Weitersagen der Freude, sondern um das Durchsetzen eines Rechtsanspruchs. Und weil dieser Gott Herr über Leben und Tod ist, daher gibt es den Ernst und die Beharrlichkeit der Mission.

Der Gott Jesu Christi ist nicht eine allgemeine Gottheit, sondern ist der Gott Abrahams, Isaaks und Jakobs. Damit ist nicht ein exegetischer Befund gemeint, sondern: Der Gott des Christentums ist kein Bahai-Gott, und noch viel weniger glauben wir an eine apersonale Gottheit oder an einen allgemeinen religiösen Humanismus. Vielmehr: Nur im Zusammenhang mit der Erwählung Israels können wir Christen uns selbst verstehen, nur als zu Israel Hinzuberufene. Wir begreifen unseren Stand nicht ohne die charakteristischen Merkmale dieser Geschichte. Die Personhaftigkeit Gottes und daß er kein nur allgemeines Wesen ist oder hat, das begreifen wir aus dieser besonderen Geschichte heraus. Es ist nicht die Geschichte der Menschheit, sondern eine enggeführte, zumindest für eine Zeit.

Das Wie entscheidet (»Synthese«)

Wenn der Grund-Satz die Freude war und der Gegen-Satz das Recht und der Anspruch auf Alleinvertretung, dann kann man vermittelnde Gedanken zwischen beidem in der Frage nach dem Wie suchen. Denn dann wird für die Frage nach der Durchsetzung des Rechtes Gottes plötzlich das Wie wichtig. Denn nach dem Grund-Satz handelt der Gott, dem die Faszination des Gebers jeglichen Lebens zueigen ist.

Da kann es dann nicht um die »reine« und abstrakte Entscheidung zwischen Ja oder Nein, Leben oder Tod gehen. Auch Jesus missioniert nicht, indem er Menschen unvermittelt vor eine düstere, überfordernde und grausame Entscheidung stellt, sondern indem er mit den Menschen feiert und sie verstrickt werden läßt in den Charme der Wirklichkeit selber, von der er redet. Daher kann der Gott des Lebens nur durch lebendige, gewinnende Menschen glaubwürdig verkündet werden. Denn nicht Entscheidung ist das Ziel, sondern Verheißung.

Der Rechtsanspruch Gottes ist nur als Freude zu verkündigen. Denn es geht nicht abstrakt um Macht und Autorität dieses Gottes zum Selbstzweck, sondern um diesen Gott als Leben und Ursprung des Lebens.

Daher sollten wir nicht hauptsächlich Entscheidung predigen, sondern auch in der Verkündigung dem Verheißungselement ein Übergewicht geben. Und dieses so, daß die Verkündigung ein Stück des Lebens repräsentiert, von dem sie spricht. Weniger nur Bußpredigt, sondern den Fortschritt über Johannes den Täufer hinaus sichtbar machen, indem die Predigt ein Stück Angeld wird.

Man kann es auch so sagen: Das alte Problem, wieweit Mission sich kulturell anpassen soll oder nicht, löst sich von diesem Ansatz her. Denn jeder, der nur nach Prozenten des erlaubten Sich-Einlassens fragt, argumentiert nur rechtlich. Wenn Mission dagegen im Grundsatz Weitersagen der Freude ist, dann ist sie Weitersagen dessen, was eigene Identität hat werden können, ja wohl nur so ist Mission möglich. Nur auf der Basis dessen, von dem man wirklich lebt, kann man glaubhaft vermitteln. Christliche Mission heißt daher: Den Gott Abrahams, Isaaks und Jakobs in großer Freiheit gegenüber kultureller Eigenbindung verkünden. Dabei ist die Bindung an den Gott Israels vor allem eine der historischen und sozialen Verbindung mit Israel. Diese Herkunft und Geschichte zu vergessen, hieße, Jesu Hauptgebot außer acht zu lassen. Den Zusammenhang von Erinnerung und Identität können wir vom Judentum lernen.

Das Evangelium als Gottes Kraft (1,16)

Paulus müßte sich nur einer Schwäche schämen, aber das Evangelium ist Kraft Gottes selbst. Wie das zu verstehen ist, zeigen 1 Kor 2,4b-5 und Röm 15,19, Texte, in denen Paulus wie hier von seiner eigenen Tätigkeit spricht; im Licht dieser Texte läßt sich auch unser Text besser verstehen: Die Kraft, die wirkt, ist die von Zeichen und Wundern, es ist die Kraft des Geistes. Und daher steht der Glaube bzw. der Gehorsam (Röm 15,19) auf der Basis der Kraft Gottes. Aber Gottes Kraft wurde auch – wiederum durch den Geist – in der Auferstehung und Erhöhung Jesu wirksam (Röm 1,4). So ist es dieselbe Kraft des Geistes Gottes, die in Jesu Auferweckung, in den Taten des Apostels und im Gläubigwerden der Christen wirkt. Stationen eines einzigen Prozesses sind das. Das Problem der Anwendung besteht gerade in diesen charismatischen und pneumatischen Aussagen.

Mehr als bloßes Wort

Im Evangelium wird nicht nur über etwas gesprochen. Es ist nicht Lehre über fremde Vorstellungen. Denn wo immer es verkündet wird, ist es, wie wenn ein Stück befreiten Landes mehr entstünde. Wo immer die Siegesbotschaft verkündet wird, dort wird auch der Sieg selber Wirklichkeit. Stück um Stück soll Gottes in der Auferweckung Jesu gewirkte Tat als Siegesbotschaft Raum greifen und Gottes Herrsein Wirklichkeit werden lassen. Daher ist Verkündigung des Evangeliums etwas Dramatisches, so etwas wie eine Proklamation, so wie wenn öffentlich Gottes Sieg über seine Feinde von Stadt zu Stadt weitergetragen wird, jeweils vor dem Rathaus auf dem Marktplatz verlesen. So wie wenn in der Dramatik der byzantinischen Osterliturgie das »Christus ist auferstanden« – »Christus ist wahrhaft auferstanden« als Gruß im Wechsel ausgetauscht wird. Das sind mehr als nur Worte; dann ist der Herr wirklich auferstanden.

Kraft des Protestes

Die Kreuzigung Jesu, dieses gerechten Verkündigers von Frieden und Barmherzigkeit Gottes, wurde schon früh als Skandal begriffen; so wohl von der Gruppe der Hellenisten mit Stephanus an der Spitze (Act 7,52f) und so wohl auch von Paulus bei und nach seiner Bekehrung. Wenn Menschen zu Wut gegen ungerechtes Leiden überhaupt fähig waren oder sind, dann muß sich diese Wut hier einstellen. Und andererseits mußte die Botschaft von der Auferweckung Jesu dann als ein erstes Zeichen der Änderung aller Ungerechtigkeit von seiten Gottes her verstanden werden. War diese Rechtfertigung des Gekreuzigten nicht ein erstes Morgenrot über der dunklen Geschichte der menschlichen Ungerechtigkeiten? Ist damit nicht schon grundsätzlich der Bestand allen Elends aufgekündigt?

So ist die Botschaft von der Auferstehung hier nicht der »schwierige Glaubensartikel«, sondern sie ist die über alle Maßen und schon längst ersehnte Antwort Gottes, daß Ungerechtigkeit endlich aufhören möchte, immer weiter zu triumphieren. Wenn es gilt und einsichtig ist, daß in Jesus alles unschuldige Leiden auf die Spitze getrieben wurde, dann ist Gottes Eingreifen, bildlich als »Auferweckung« beschrieben, hier nicht bloße Lehre, sondern sie berührt das Protestpotential der Menschen, berührt alle ihre Hoffnung auf Änderung überhaupt, ihre Erfahrungen von Recht und Unrecht und ihr Empfinden dafür, daß Unrecht nicht immer so weiter gehen darf. Denn wie immer die Erfahrungen der Osterzeugen mit dem Auferstandenen waren: Von jetzt ab geht es nicht mehr einfach immer so weiter.

Wenn also Gott Jesus so rechtfertigt, dann ruft das in uns wach alle Kraft der Sympathie, des Trotzes und Protestes gegen schreiendes Unrecht, dann spricht das alles unerlöste Leiden in uns an. Ich glaube, daß alles dieses im Angesicht der Osterbotschaft in Kraft verwandelt wird. Und wenn man nur an Gott glauben kann, dann hat die Osterbotschaft auch eine tiefe Plausibilität, denn sie berührt unsere Empfindungen angesichts unschuldigen, ungerechten Leidens. Auferweckung Jesu ist das heiß ersehnte Zeichen Gottes, mit dem er sein Schweigen ein für allemale gebrochen hat. So ist die Kraft Gottes eine, die angesichts der Botschaft der Auferweckung Jesu unseren Protest und unsere Sehnsucht aufnimmt und verwandelt.

Kraft derer, die nicht aufgeben

Nach meiner Erfahrung wird gerade in der Gegenwart die Kraft des Evangeliums in dem eben beschriebenen Sinn durch eine ganze Reihe leuchtender Beispiele dargestellt. Denn es geht um die Kraft, zum Nein und zum Protest, wo es nicht um Nörgelei geht, zum Widerstand gerade dort, wo das Modische, mit Moralität verschönt, zu zweifelhafter Herrschaft gelangt ist.

Es geht um die Kraft
all derer, die dienen ohne Ansehen und ohne großen Ruhm, die zum Beispiel ihre kranken Eltern, Geschwister oder Kinder pflegen;
all derer, die ihre Schwäche spüren und dennoch durchhalten;
all derer, die treu sind und schlicht und unauffällig verläßlich;

all derer, die, auch wenn es über ihre Kräfte geht,
den Karren ziehen;
all derer, die immer auf der Verliererseite stehen,
weil sie jedem System suspekt sind;
all derer, die den Mut haben, die Ideale ihrer Jugend
nicht preiszugeben;
all derer, die durch die eigene Schwäche hindurch anderen
die Ahnung von Freiheit geben können;
all derer, die sich selbst im Sieg besiegen
und nicht Rache und Vergeltung üben;
all derer, die, schon auf dem Weg zum Bösen,
sich doch noch einmal besinnen und die Hand davon lassen;
der Märtyrer, die schlechthin alles daransetzen,
um das einzige zu bewahren, um das es sich lohnt, sich selbst.

Kraft, die prägen kann

Die größte prägende Kraft üben zweifellos Menschen aus, die die
Chance haben, als Salz der Erde zu wirken. Ich denke oft an Kirchenführer und viele einzelne Christen aus den letzten siebzig Jahren in
Osteuropa. Durch Leid und oft jahrelanges Gefängnis geprägte und
unendlich eindrückliche Gestalten.

Aber auch die Welt der Zeichen und Symbole im und rund um den
Gottesdienst der Kirchen hat keinen anderen Sinn als den, als lebendige Darstellung des Evangeliums seine Kraft weiterzugeben, vor allem durch Erstellung einer Welt geistlicher Geborgenheit. Unvergeß-
lich ist mir, daß ich als Junge bei einer Wanderung im Süden Deutsch-
lands auf der Flucht vor einem nächtlichen Unwetter in eine glückli-
cherweise geöffnete, doch fast ganz dunkle Kirche hineingeriet. Im
fahlen Nachtlicht waren kaum die Umrisse der Säulen und Sitzbänke
zu erkennen. Nur links vor dem Hochaltar brannte das Ewige Licht,
ein kleines Ölflämmchen in einem roten Glas. Die kleine Flamme, die
ruhig aber nicht unbewegt brannte, war in all der überwältigenden
Dunkelheit das einzige nicht Unheimliche, vielmehr wurde durch sie
all das Dunkel umgewertet; es konnte nicht mehr bedrohlich sein,
auch wenn es geheimnisvoll blieb. Ich habe lange in dieses ganz und
gar tröstliche kleine Licht vor dem fernen Hochaltar geschaut. In der

Erinnerung wurde es mir, eben weil es sich im Gotteshaus mit der Botschaft des Evangeliums verband und sie darstellte, zum Zeichen für Geborgenheit und die Möglichkeit, frei zu sein von Angst. Weil dieses die Botschaft des Neuen Testaments ist: unwiderrufliche, wenn auch verhüllte Präsenz Gottes bei den Menschen.

Nicht glauben können (1,17)

Die Überschrift »Nicht glauben können« markiert ein modernes Problem, nicht das des Paulus an dieser Stelle. Aber es handelt sich um eine Frage, die sich bei der Lektüre des Röm hier zuerst bemerkbar macht und die nicht ungeklärt belassen werden darf. Was Glauben ist, läßt sich an dieser modernen Schwierigkeit gut darstellen.

Viele mögliche Gestalten des Christseins

Schon seit rund 1700 Jahren ist Christentum keine Sekte mehr, sondern existiert als Volkskirche. Das Neue Testament dagegen entstammt einer Zeit, in der Christentum auf kleine Gruppen begrenzt war und sich unter enormem Druck von außen her durchsetzen mußte – vor allem als missionarische Religion. Nun hat diese Anfangssituation auch später zwar nie ganz gefehlt – immer gab und gibt es die Notwendigkeit von Mission und Bekehrung, immer wieder sind Christen auch in der Minderheit. Aber daneben gibt es andere Gestalten des Christseins, die nicht so streng bekenntnisgebunden sind, wenn der Druck von außen fehlt. Und seit 1700 Jahren gibt es viele Christen, die durchaus Wert darauf legen, Christen zu sein, die aber nicht in einer so engen, sektenartigen Gemeinschaft leben können. Und das zeigt sich auch an der Sprache, die sie verwenden; diese ist nicht »biblisch«, und das betrifft auch ihre Vorstellungen; vor allem sind ihre Wertmaßstäbe und ihr Wertempfinden oft nicht kirchlich. Das betrifft nicht nur »Laien«, sondern in hohem Maße auch Gebildete. Wie viele der deutschen Klassiker und Romantiker hatten zuvor

16

(zumeist in Tübingen) Theologie studiert, wanderten dann aber samt ihrer Dichtung, Weltanschauung oder Philosophie aus dem engen Raum der Kirche aus. Dennoch kann man den Versuch unternehmen, auch sie weiterhin als Theologen zu betrachten, nur nicht im engeren kirchlichen Sinn.

Vor allem aber sollte man nicht vorschnell bewerten. Die Übersetzung christlicher Traditionen, zum Beispiel in die Welt des emanzipierten Bürgertums (seit dem 18./19. Jahrhundert) hinein, ist ja durchaus eine gedankliche und auch religiöse Leistung und nicht von vornherein zu verdammen oder zu verherrlichen. Und im übrigen bleibt die Schrift kritische Instanz gegenüber jeder Umsetzung und Neuinterpretation.

Diese Veränderungen innerhalb des Kirchenvolkes muß man wohl beachten, wenn man sieht, daß diejenigen, die der kirchlichen Kerngemeinde (die strenger gebunden ist) ferner stehen, immer wieder ein schlechtes Gewissen haben oder gemacht bekommen.

Kann man aber die Zusage der frohen Botschaft auf ein schlechtes Gewissen gründen? Ist »Bekehrung« zu den engen Formen der kirchlichen Kerngemeinde der einzig mögliche Weg, zum Glauben zu kommen? Ist das nicht alles auch eine Frage der Art und Weise, über Glauben zu reden? Sprache und Formen der Organisation sind gleichermaßen Zeichen. Sollte man nicht eine Vielfalt von Zeichen zugestehen?

Wer darf hier richten? Und doch gilt andererseits: Ohne jede Verbindlichkeit ist auch kein Zugang möglich. Kirche kann nicht der Verein sein, in dem schlechthin alles zu tun und zu denken möglich ist.

Sehr oft sagen Menschen, gerade solche, die durchaus Interesse haben: Dieses oder jenes »kann ich nicht glauben«. Ich glaube nicht, daß sie nur Vorwände suchen, sich nicht engagieren zu wollen, wie oft gesagt wird. Ich denke, daß sie sich auch nicht engagieren können.

Viele Pfarrer und Pfarrerinnen verwenden schon moderne Kunst (zum Beispiel in Bildmeditationen) oder Dichtung in der Verkündigung. Das sind gute Anfänge, denn hier führt der Weg ja nicht von der Schrift weg, sondern es werden die vielfältigen Wege sichtbar, auf denen Christentum gewirkt hat und wirkt. Und oft ist das Evangelium im Widerschein eines anderen Mediums als ganz neu und aufregend zu erleben. Was hat das alles mit Glauben zu tun?

17

Die Strenge und Verbindlichkeit des Glaubens

»Glauben« heißt von der biblischen Wortbedeutung her: sich festmachen oder: Halt gewinnen oder: einen Stand gewinnen. Glauben hat daher etwas mit Selbstfindung zu tun. Mit dem, was alle Menschen erlangen möchten, wenn sie reifer werden und über sich selbst nachdenken. Frauen können übrigens leichter darüber miteinander reden als Männer.

Darin ist nun aber der biblische Weg der Selbstfindung ganz kompromißlos streng: Stand gewinnen kann man nicht in sich selbst, sondern nur in einem anderen. Und alle biblische Rede von Gott läßt sich geradezu von daher sehen: Gott ist der Inbegriff des »anderen«, in dem Menschen Halt finden können. Von dem her sie sich denken können, auch wenn und gerade wenn er geheimnisvoll bleibt.

Hier gibt es eine Analogie zum Glücklichsein zwischen Mann und Frau: »Ich« kann nur glücklich sein in radikaler und vorbehaltloser Hingabe an mein Gegenüber. Nur wenn ich alles daran setze, meinen Partner, meine Partnerin glücklich zu machen, kann ich selbst glücklich werden. Nur über das Glücklichsein des anderen kann ich selbst glücklich sein. Nur über die Selbsthingabe und -aufgabe kann ich mich selbst finden. Und genau diese Regel gilt auch für das, was nach Ansicht der Bibel der Liebesfähigkeit der Menschen noch vorausliegt: Sie ist nur möglich im radikalen Sich-Verlassen auf den »anderen«, auf den geheimnisvollen Gott. Darin ist biblisches »Glauben« ganz streng: Stand und Halt gewinnen kann man nur über den Umweg über das Gegenüber Gottes. Zum Beispiel, indem man alle Sorge auf ihn wirft oder indem man die Erfahrung der Abhängigkeit in ausgesprochene oder unausgesprochene Dankbarkeit verwandelt. Oder indem man alles als Geschenk erwartet. Am Ende geht es darum, daß ich mich geborgen weiß von einem faszinierenden Geheimnis.

Identität, Selbstfindung gibt es nur über diesen Umweg. Ich glaube nicht, daß es möglich ist, das Glücklichsein in der Liebesbeziehung unter Menschen an die Stelle des Glaubens an die erste Stelle zu setzen. Denn ein gewisses Maß an Selbstfindung und ein eigener Standort sind sicher Voraussetzung zum Liebenkönnen, zum Sich-Verschenken im Glücklichsein. Wer nicht selbst zuvor schon geborgen ist, kann auch einem anderen Menschen nicht Geborgenheit schenken und: Er kennt auch nicht das Maß der Hingabe.

Verbindlich streng ist biblisches Glauben darin, daß nur immer auf dem Umweg über das Gegenüber sinnvolle Existenz möglich ist: Im Sich-Verlassen auf Gott, in radikaler Gerechtigkeit gegenüber dem Mitmenschen. Gerade hier wird schon gut erkennbar, warum Glauben und Gerechtigkeit etwas miteinander zu tun haben, wie es dann ja in 1,17 auch gesagt wird.

Vielfalt und Weite biblischen Glaubens

Wenn Glaube etwas mit dem Selbst zu tun hat, dann gibt es so viele Formen des Glaubens, wie es Menschen gibt, jeder mit einer eigenen Geschichte. Aber natürlich existieren wir in unserer Geschichte nicht für uns selbst, sondern wir wissen, daß es um Geben und Nehmen geht. Daher bedeutet Nicht-glauben-Können auch: Seinen Ort in der Geschichte noch nicht finden können. Zu dieser Geschichte gehören die verfaßten Kirchen, gehören aber auch Christen, die den Kerngemeinden ferner stehen. Oft sind sie die pfarramtlich Diskreditierten und oft zu Unrecht mit schlechtem Gewissen Behafteten. Denn es gibt niemanden, der ihnen Mut macht zu ihrer Form des Christseins. Der überhaupt ihre Weise, ganz und gar als Laie (ohne Reste klerikaler Sprache) in der Welt zu leben, religiös ernst nimmt.

Diesen Menschen christliche Selbstfindung zu ermöglichen kann nicht bedeuten, ihnen eine Bekehrung zu Gruppe und Ansichten, Sprache und Denkformen der Kerngemeinde zu empfehlen. Vielleicht sollte man ihnen sagen, daß auch ihre Gestalt und Eigenart von Christentum seit mindestens 1700 Jahren zum Christentum dazu gehören. Daß hier der Satz gilt »Wer nicht gegen mich ist, ist für mich«. Daß hier Erinnerung weiter führt als eine lautstarke oder krampfhafte Bekehrung. Mit Erinnerung meine ich hier: Die Stationen des Lebens werden zu Bildern für das Suchen nach Identität. Und das, was man nicht gern vergißt, wird zum Zeichen für Gnade und Geschenk und zum Anlaß für Dankbarkeit. Das ist nicht rührende Unverbindlichkeit zu »runden« Geburtstagen, sondern Wahrnehmen, daß außerhalb der Kerngemeinde viel mehr Unsicherheit, Zaghaftigkeit, Nichtreden-Können, religiöse Scheu und Mut zur Unvollkommenheit bestehen. Was Rilke in dem Gedicht über die Vögel schreibt, die unaufhörlich um den Turm kreisen, gilt für unser aller Leben:

Ich kreise um Gott, um den uralten Turm,
und ich kreise jahrtausendelang;
und ich weiß noch nicht: bin ich ein Falke, ein Sturm
oder ein großer Gesang.
(Stundenbuch, 1. Buch, 2. Gedicht)

Es geht darum, mit allen Mitteln, die unsere Sprache bietet (und nicht
nur mit den kirchlichen), diese Bindung zu entdecken und sie in jene
Radikalität zu führen, die für den Glauben charakteristisch ist. So
kann Erinnerung auch Befreiung von schlechtem Gewissen sein und
zum Einholen der eigenen Geschichte und Identität werden. Der Römerbrief zeigt, daß dieses eine Geschichte seit Abraham ist. Die Bindung an diese Geschichte setzt freilich voraus, daß man nicht jenseits
konkreter historischer Vermittlung, sondern nur im Horizont der
Wirkungsgeschichte von Judentum und Christentum von »anony-
men Christen« sprechen kann.

Gerechtigkeit Gottes (1,17)

*Gerechtigkeit Gottes ist nach biblischem Sprachgebrauch nicht eine
lediglich schmückende Eigenschaft Gottes, sondern Ausdruck einer
dynamischen Beziehung zwischen Gott und Menschen, die von Gott
ausgeht. Denn »gerecht sein« heißt: einem anderen die Möglichkeit
geben, mit einem zu leben, sich gemeinschaftserhaltend zu verhalten. Entsprechend negativ wirkt sich Gerechtigkeit aus, wo Gemeinschaft verweigert wird (dann geht es um die Gerechtigkeit des Richters). Das Ziel der Gerechtigkeit ist daher einfach »Zusammenleben«, miteinander existieren können aller Beteiligten. Wer die Gemeinschaft ablehnt oder sie zerstört, gegen den wenden sich diese
Energien mit gleicher Intensität.*
*Die Aussagen des Römerbriefes über Gott werden von mir als Anrede
an Gott in Gebete umgesetzt; das geschieht auch deshalb, um die
enge Beziehung zwischen theologischem Denken und Gebet bei Paulus zu verdeutlichen.*

20

Herr, indem wir von deiner Gerechtigkeit reden, nennen wir etwas, dem wir zum Opfer fallen könnten. Deine Gerechtigkeit können wir nicht als unbeteiligte Zuschauer preisen, vielmehr ist sie auch wie dein Schwert und dein Gericht. Denn du kommst, die Welt zu richten durch Feuer, weil du selber verzehrendes Feuer bist und kein gemütliches Gegenüber. Du bist der Richter.

Es geht um Gefahr oder um Rettung vor deinem Angesicht. Deine Gerechtigkeit ist das, was wir in deiner Nähe zu spüren bekommen, so oder so. Die Berührung mit deiner Gegenwart und Gemeinschaft wird tödlich sein für alle, die dir nicht gewachsen sind. Und wer ist das schon?

Alle Angst vor Unglück, Tod und Zerstörung, vor Einsamkeit – dies alles ist doch nur Angst vor deiner Gerechtigkeit. Aber vielleicht ist die Gerechtigkeit, mit der du alles richtest und richten wirst, nicht schon alles. Denn du hast uns in deinem Wort gesagt, daß du uns nicht immer erst am Ende für unsere Schwachheit und Ungerechtigkeit bestrafst.

Wir preisen dich, daß du uns vor dem Gericht, vor jedem Gericht zweimal die Hand ausgestreckt hast, beide Hände sozusagen: die Torah und Jesus. Und dieses hast du getan, so bekennen wir dankbar, zu einem Kontakt mit dir, der nicht vernichtend ist, der lange vor dem Gericht steht. Wir preisen dich für beide Gaben, weil wir in deinen ausgestreckten Händen deinen innigen Wunsch und Willen sehen, Gemeinschaft mit uns zu haben, uns Gemeinschaft mir dir zu schenken, die nicht tödlich ist. So haben wir deine Gerechtigkeit kennengelernt als deinen herzlichen Willen, daß wir ohne Angst, sondern vielmehr in Vertrauen leben können.

In der Gabe des Gesetzes an Israel hast du die Bedingungen genannt, denn dein Gesetz ist die Ordnung des Lebens. An die Stelle namenloser Furcht hast du im Gesetz den klaren Weg des Lebens angezeigt. So hast du die Hand uns gereicht, um uns für die Gemeinschaft mit dir zu stützen.

Daß wir gemeinschaftsfähig werden können. Du hast uns so zeigen wollen, wie wir ohne Furcht vor deinem Angesicht leben könnten. Herr, wir preisen deine Gerechtigkeit in der Gabe des Gesetzes.

Und dann hast du uns noch einmal deine Hand ausgestreckt zur Gemeinschaft: Ohne jede Bedingung wolltest du uns einfach annehmen. Das war ein ganz wunderbarer und unfaßlich lieber Plan. Denn du hast uns furchtlosen Zugang zu dir gewährt, indem du alle Sündenschuld aufgehoben hast. Denn du willst uns, willst, daß wir ohne Angst vor dem Tod sind.

Dafür hast du den Menschen, der dir der liebste sein mußte, Jesus Christus, alle unsere Sünden tragen lassen, als er bis zum Tod grausam gequält wurde.

Da du Gemeinschaft mit uns willst, ist deine Absicht ein Zusammenleben. Da aber Sünder und einer, der frei ist von jeder Schuld, nicht zusammenleben können, sondern sich eher gegenseitig abstoßen, hast du um des Zusammenlebens willen aus Sündern solche gemacht, die frei sind von der Sünde. In dieser äußersten Hinneigung zu uns hast du also, dieses Mal nicht durch das Gesetz, alle Wege zu dir geebnet.

Herr, du bist wie die Brunnenstube des Lebens. Und alle Menschen fast aller Zeiten haben Furcht und Angst angesichts dieser Tabuzone, aus der Leben kommt. Du aber hast alle Angst um Entstehung und Vergehen des Lebens von uns genommen.

So hast du uns, Herr, deine beiden Hände gereicht, daß wir furchtlos, unbesorgt um Geburt und Tod, vor dir leben können. Daß wir ohne Angst deine Herrlichkeit ertragen können.

Wenn wir beide Hände ergreifen, stehen wir in Gemeinschaft mit dir. Nur wenn wir sie zurückstoßen, müssen wir deine Gerechtigkeit als die des Richters fürchten.

Der Raum deiner Gerechtigkeit ist wie eine friedliche Insel, um sie herum aber ist vernichtender Sturm. Der Bereich deiner Gerechtigkeit ist wie ein neues Paradies, aber außerhalb dessen ist das Gericht. Denn nach außen wirkt deine Gerechtigkeit als vernichtendes Schwert; nach innen aber als Schlüssel zu Leben und Auferstehung.

Herr, laß uns deine Hände ergreifen. Laß uns rechtzeitig bemerken, daß wir uns selbst nur Angst und Tod bescheren, wenn wir sie ablehnen.

Herr, wir preisen deine Gerechtigkeit, die uns zugewandt ist. Laß sie uns zum Schlüssel werden zu einem neuen Miteinander unter Menschen und zu einem Leben ohne Angst vor dir.

Glaube und Gerechtigkeit (1,17)

Die großen paulinischen Themen sind nicht nur durch gedankliche Meditationen über Begriffe zu erschließen, sondern auch durch Erzählungen mit orientalischem Kolorit und entsprechender Lebensanschauung, die dem biblischen Denken näherstehen könnten als bloße Überlegungen. Zum Thema »Glaube und Gerechtigkeit« werden in der Folge zwei Erzählungen so einander gegenübergestellt, daß sie wie zwei Flächen eines Daches zueinanderstehen. Die Berührungslinie wird dann in einem dritten Schritt entfaltet.

Glaube

Es war in der großen nordafrikanischen Hafenstadt Alexandria zu der Zeit, als Nordafrika auf dem Wege war, ein christliches Land zu werden, nicht lange nach den Christenverfolgungen der römischen Kaiser. Eine vornehme, noch heidnische Frau war in einer ihr geschenkten Schriftrolle auf den Satz gestoßen: »Wenn du vollkommen sein willst, verkaufe alle deine Habe und folge mir nach.« Und sie fragte nach einem christlichen Lehrer, der ihr diese Sätze würde erklären können. Immer wieder nannten die Leute den Bischof der Stadt, der ein gebildeter Mann und guter Kenner der Schrift sei. So machte sich die Frau auf den Weg zum Bischof und fand ein großes, stattliches Haus, das wie ein Palast war. Und der Bedienstete wies sie in das Vorzimmer des Bischofs. Als sie eine Zeit gewartet hatte, wurde sie endlich vorgelassen und betrat ein kostbar ausgestattetes Zimmer, in dem ihr der Bischof freundlich entgegentrat. Er erklärte ihr, das mit dem Aufgeben der Habe sei so wörtlich nicht gemeint; es komme nur darauf an, daß man sich nicht innerlich abhängig mache von all dem, was man besitze. Man könne ruhig alles behalten und solle nicht wegen des eigenen oder fremden materiellen Gutes in schlaflose Nächte oder innere Unruhe verfallen. Wichtig sei nur, zur Kirche dazuzugehören, und Glaube bestehe darin, mit der Kirche übereinzustimmen. Die Frau war wohl beruhigt über die Worte des Bischofs, fand aber andererseits, das Christentum unterscheide sich dann doch wohl nicht so sehr von verschiedenen Philosophien. Sie meinte, es lohne sich daher wohl nicht, deswegen extra Unterricht zu nehmen und sich taufen zu lassen. Den Bischof fand sie im übrigen freundlich und sehr menschlich, sie erinnerte sich aber, daß der Vorsteher des Hafens und der Gouverneur des Kaisers auf ähnliche Weise von den Menschen geschätzt wurden und recht beliebt waren. – Es traf sich aber einige Zeit später, daß die Frau auf einer Karawanenreise in das Innere des Landes eine der südlich gelegenen Wüsten durchqueren mußte. Der Karawanenzug geriet dort in die Nähe von christlichen Anachoreten, Einsiedlern, von deren Leben bekannt war, daß sie sich bemühten, in äußerster Armut und Bedürfnislosigkeit zu leben. Die Frau fing aus reiner Neugier ein Gespräch mit einem von diesen seltsamen Männern an und fragte ihn, warum er so lebe. Denn sie fand seine Art, in der Wüste zu hausen, unvernünftig und abstoßend, ja widernatürlich. Der Wüstenvater antwortete: »Unser Herr ist ein Vorbild dafür; er hat ganz ernst gemacht damit, alles zu verlassen, ganz arm zu sein, ganz wehrlos und ganz frei.« Die Frau erwiderte: »Aber eigentlich ist das doch gar nicht möglich, und es ist unmenschlich und gegen die Natur.« Der Wüstenvater antwortete: »Unserem Herrn ging es nicht nur um schöne Worte, sondern um wirkliche Freiheit, Freiheit von der Sorge um Kleidung und Nahrung. Glauben heißt, das Unmögliche wenigstens zu versuchen. Buchstäblich alle Sorge auf den Herrn zu werfen. Sich nicht selbst damit zu belügen, alles sei schon gut in der Welt. Glauben heißt alles, auch das Kleinste, jeden Tag buchstäblich von Gott erwarten.« Die Frau fragte: »Aber muß ich dann, wenn ich Christin werden will, in die Wüste gehen wie du?« Der Wüstenvater antwortete: »Nein, Glaube ist nicht Uniformität. Aber das Unmögliche wenigstens zu versuchen, das kann viele Gestalten haben. Es kommt nur darauf an, alles daranzusetzen, nicht an sich selbst dabei zu denken. Genau das ist das Seligsein, das die Bergpredigt meint, wenn Jesus sagt: Selig die Trauernden, selig die Armen. Das ist durchaus auch schon eine gegenwärtige Seligkeit.« Der Frau gefielen die Worte des Wüstenvaters, sein klarer und freier Blick, und es reizte sie, darüber nachzudenken, wie sie in ihrem Leben versuchen könnte, radikale Freiheit zu verwirklichen, um selig zu sein. Die klugen Ausreden des Bischofs fand sie hingegen mit der Zeit immer verdächtiger. Sie fand, daß sein Schmerz darüber, die Worte der Bibel leider nicht wörtlich nehmen zu können, zu wenig intensiv und anhaltend war. Und oft dachte sie dankbar an den Wüstenvater zurück, der ihr trotz aller Armut frei und reich und königlich und wie einer zu sein schien, der zu siegen gewohnt ist. Und seine heitere Freiheit von Erdenschwere erschien ihr als Inbegriff von Christentum und auch als ein Weg, dem Tod entgegenzusehen.

Gerechtigkeit

Es war einmal ein Junge, der hatte in der Schule gut aufgepaßt und gelernt, wie alles sein sollte. Er wollte ein braver und untadeliger Mann werden. Zu der Zeit, als er aus der Schule entlassen wurde, starb ein wohlhabender Onkel und hinterließ ihm einen Batzen Geld mit der Auflage, er solle sich unter Aufwendung dieses Geldes die Welt ansehen. Der Junge ließ sich das nicht zweimal sagen, und er beschloß, das in der Welt zu suchen und auszukundschaften, was ihm das Wichtigste zu sein dünkte, einen wahrhaft gerechten Menschen. Denn von einem solchen erwartete er, am meisten darüber zu lernen, wie das Leben zu bestehen sei.

So ging er an den Hof eines großen Königs, da er meinte, nur ein wirklich gerechter Mensch könne ein so großes Reich regieren. Doch schon nach ein paar Tagen konnte er von den verschiedensten Menschen hören, daß der König offensichtlich, wie allgemein bekannt, sehr gravierende Fehler hatte, daß er nachlässig war und zornig, leichtgläubig und dem Spotten ergeben. So ging der Junge schnell weiter und zog es vor, sich unter die Schüler eines Philosophen zu begeben. Denn er hatte gehört, daß Wort und Tat hier in besonderer Weise übereinkommen müßten, da andernfalls kein Wort des Lehrers würde aufgenommen werden können. Er lauschte den schönen Reden des Lehrers, und er gesellte sich zu dessen Schülern und sah, wie sie den Meister verehrten. Doch zufällig sah er, wie sein Lehrer einem anderen bekannten Philosophen begegnete und wie sie einander mit geringschätzigen Blicken musterten und nicht gerade freundlich zueinander waren. So war der Junge auch hier sehr enttäuscht und versuchte es bei einem Bauern in einem kleinen Gehöft, weitab von den Straßen der Menschen. Doch hier kam die Enttäuschung noch schneller, da er sah, daß der Bauer mit Menschen und Tieren grausam umging.

So fragte sich der Junge, ob es das überhaupt geben könnte, Gerechtigkeit unter Menschen. Denn überall gab es etwas auszusetzen, keiner war auch nur im entferntesten überzeugend. Da es aber so viele Mängel und Fehler überall gab, konnte es vielleicht auch gar kein Vorbild geben, an dem man sich ausrichten und orientieren konnte. Denn wenn man nur kritisch genug war, hielt nichts auf Dauer stand.

Während der Junge so nachdachte, sah er eine Frau auf sich zukommen, die einen Karren zog. Er nahm wahr, daß in dem Karren ein Kind lag, das sehr krank war. Die Frau, die schwer zu ziehen hatte, hielt inne und wandte sich dem Kind zu, um ihm sanft und fast streichelnd den Schweiß von der Stirn zu wischen. Er sah die Frau an, sie lächelte bei ihrem Tun, und auch das Kind hob etwas den Kopf und sah die Mutter lächelnd an. Das Lächeln auf den Gesichtern der beiden in diesem armseligen Zug erreichte den Jungen in seinem Herzen. Ob dieses etwas mit Gerechtigkeit zu tun hatte? Ob Gerechtigkeit ganz anders war, als er sie sich vorgestellt hatte, nicht eine starre Eigenschaft, sondern etwas wie ein Augenblick, den zwei Menschen miteinander teilen? Ob nicht hier, in dem Anflug von Lächeln auf den Gesichtern der beiden etwas war, das seiner und jeder Kritik standhielt? Wie wäre es, wenn Gerechtigkeit etwas darstellte, das man nicht an einem einzelnen bestaunen könnte, der gut oder sehr gut wäre, denn das gibt es gar nicht, sondern der Augenblick der Übereinstimmung zwischen zweien? Hier, wo Not und hilfreiche Tat und eine Antwort war, lag da nicht etwas vor, das man nicht mehr bezweifeln konnte?

Und wie wäre es, fragte der Junge, wenn nicht Tugenden und Ideale, Weisheiten und Gesetze, wenn nicht lauter Fernes, Unerfüllbares uns immer wieder vor Augen gestellt würde, das wir doch nie erreichen können, an dem wir immer scheitern müssen, sondern wenn die Augenblicke des Tröstens und Getröstetwerdens, des Übereinstimmens in Zuwendung und Dankbarkeit, wenn sie in unserem Leben wie Wegweiser würden, wie Bausteine und Spuren des Sinns unseres Seins?

Glaube und Gerechtigkeit

In dem Text über Glauben spielte unsere Erfahrung eine Rolle, daß wir durch allgemeine und zu Kompromissen neigende Freundlichkeit nicht berührt werden, weil die Gefahren der Langeweile und der Unglaubwürdigkeit bestehen. Vielmehr werden wir fasziniert durch strenge Konsequenz. Nur bei Fischen, die gegen den Strom schwimmen, spürt man, daß sie lebendig sind. Glaube ist nicht irgendein Abenteuer, wohl aber die Freiheit von den Dingen, die uns nur Zeit und Kraft nehmen. Glaube ist der Mut zu dem, was unmöglich erscheint und uns doch allein glücklich macht. Die isolierte Frage nach der Glaubensgewißheit führt zu leicht zum Sich-vorbei-Mogeln an den notwendigen Früchten. Diese aber allein sind zureichende Erfahrung des Glaubens. Glaube wird im Tun erlebt und sonst nicht. Glaube ist eher im Sinne einer Wurzel aufzufassen, die unabdingbar ist, die aber nicht immerzu ausgegraben und angestaunt werden darf. Als ein Tun, das der Wurzel, dem Glauben, sehr nahesteht, erschien uns das Sein-Lassen.

In dem Text über Gerechtigkeit ging es darum, daß Gerechtigkeit keine Eigenschaft ist, die jemand haben kann. Denn wir alle sind sehr unvollkommen, niemand kann vor dem anderen bestehen. Doch es gibt die Erfahrung, in der das Nicht-bestehen-Können plötzlich aufgehoben ist, in der etwas Überzeugendes gelingt, wo im Miteinander etwas aufleuchtet, bei dem niemand noch Lust hat zu fragen, ob das auch echt sei. Gerechtigkeit als Glücksfall eines Miteinanders aus reiner Gnade.

Was aber haben »Glaube« und »Gerechtigkeit« miteinander zu tun? Glaube ist der Mut zum Unmöglichen, die Ernsthaftigkeit, das Unmögliche zu wollen, für dieses jeden Sprung zu wagen, frei zu sein. Gerechtigkeit aber ist das Unmögliche selber, das keiner von uns je von sich aus aufbringen könnte. Wenn wir daher den Glaubensmut haben sollten, frei zu werden, weil uns Jesu Freiheit und die seiner Zeugen imponiert, frei von allen Konsumzwängen und von aller Sorge, auch von der vor dem Tod, und frei für ein neues Erleben von Unmittelbarkeit, dann kann es sein, daß uns Gerechtigkeit geschenkt wird, nämlich Selbstwertgefühl und Miteinander-Glücklichsein.

Gebet

Herr, schenke uns immer wieder Menschen, an deren Glauben wir ein Stück der Seligkeit des Himmelreiches erkennen können.
Laß uns selbst zu glaubwürdigen Zeugen werden, nicht durch vermeintliche Eigenschaften, sondern durch Sehnsucht nach Gerechtig-

keit, nach Augenblicken des geglückten Miteinanders, und diese
Sehnsucht wird man uns anmerken.

Laß anderen nicht durch die Enge und Griesgrämigkeit unseres Glaubens die Freude am Christentum verdorben werden.

Schenke deiner Christenheit mehr Mut, frei zu sein für das wirklich
Wichtige.

Glaube und Erkenntnis Gottes (1,17–21)

Den Schöpfer nicht anzuerkennen hat die Folge der bleibenden Verdunkelung und faktischen Unerkennbarkeit Gottes auf seiten der Menschen. Gott hat Menschen zur Strafe für die Nichtachtung des »Ersten Gebotes« diesem Zustand ausgeliefert. Dabei werden am Anfang dieses Unheils Erkenntnis Gottes aus der Schöpfung und Niederhalten bzw. Abschaffen der Erkenntnis nicht als zwei zeitlich aufeinander folgende Akte dargestellt, sondern als gleichzeitige: Die Menschen wollten, was sie erkennen konnten, nicht wahrhaben. – Andererseits hat auch »an Gott glauben« (1,17) als die Beendigung des Ausgeliefertseins an die Verdunkelung Elemente von Erkenntnis Gottes. Aus beidem wird die Bedeutung des Ersten Gebotes für Paulus erkennbar. Auch heute hat dieses einen Aspekt der Sinnorientierung und einen praktischen Aspekt. Der erstere wird im folgenden zunächst betont. Und während K. Barth vor allem auf die christologische Konkretisierung dieser paulinischen Sätze drängte, wird diese im letzten Abschnitt kirchlich ergänzt.

Gott als Person

Von Gott reden wir wie von einer Person, und wir reden ihn mit Du an. Aber niemand hat Gott je gesehen, und das gilt auch für die anderen Götter anderer Völker. Und doch hat kein Volk einfach von einem »Es« gesprochen, sondern alle meinten, es gehe zumindest um so etwas wie eine Person, von der wir abhängig sind, eben nicht wie von einem Gesetz. Es ist kein blinder Mechanismus, sondern Menschen haben immer wieder, auch wenn sie nahe am Verzweifeln waren, die Hoffnung gehabt, es ließe sich durch Reden, Zureden, durch Gebet etwas ändern. Daher hat man Gott immer als Person angeredet, weil Menschen wagten zu ahnen, daß sie geführt und nicht gestoßen wurden. Sie ahnten, daß es einen Spielraum gibt und nicht nur Müssen.

Stiftung einheitlichen Sinnes

Aber die Erfahrung Gottes geht noch tiefer. Wir sind nicht nur abhängig, sondern wir erfahren Gott auch als den, der Einheit und Sinn stiftet, und beides hängt eng miteinander zusammen. Denn in einem Leben einen Sinn erkennen heißt: Die Einzelheiten, die sonst beziehungslos nebeneinander stehen, bei denen wir nicht begreifen, was das eine neben dem anderen soll, einander zuordnen zu können. Man nennt das den roten Faden durch die Ereignisse hindurch. Bei der Frage nach dem Sinn des Ganzen antwortet die Bibel: Dieser Gott ist ein Gott der Geschichte, einer, der uns führt. Und umgekehrt: Den Sinn des Ganzen, den Sinn der Stationen meines Lebens, den roten Faden meiner Geschichte, daß all das Verschiedene doch eines sein kann, das erfahre ich nicht als von mir gemacht, sondern als Geschenk. Der Sinn ist oft rätselhaft, oft verborgen. Aber gerade das weist auf die Abgründigkeit Gottes, der nicht oberflächlich nur ein lieber Gott ist, der aber doch ganz sicher am Ende die Liebe selbst sein wird.
In einem alten Pilgergebet wird Gott der genannt, der »unsere Väter durch das Rote Meer geführt hat«, und für die Begleitung auf dem Weg steht das Bild der Begleitung des Tobias durch den Erzengel Raphael. Der Weg der Magier nach Bethlehem wird genannt, der Stern wird erwähnt, der sie geleitet. Der Weg des Pilgers wird zum Bild des ganzen Lebens.

Einheit unter Menschen

Gott stiftet die Einheit nicht nur bei uns als Sinn des Lebens, sondern genauso als Sinn der Geschichte aller Völker, im Nacheinander wie im Nebeneinander. Daß Menschen, die doch verschieden sind, sich auf

Dauer auch ohne Worte verständigen können, daß sie gemeinsame Liebe erfahren als etwas, das ihnen geschenkt wird und das sie trägt, das stärker ist als sie und sie überwältigen kann, eben dieses ist die Erfahrung Gottes als dessen, der Einheit stiftet unter Menschen. Schon die heidnische Antike redet von der Liebe als einem Gott, und sie nannte ihn »Amor«. Das Überwältigtsein, das Getragensein, das Wunder der Einheit unter verschiedenen Menschen, dieses Geheimnis kann man sich nicht als blindes Es vorstellen.

Etwas so Persönliches wie Liebe – kann es nicht seinen Grund nur haben in etwas, das mindestens wie eine Person ist? Daher dachten die Juden, Gott sei Brautführer Adams und Evas – bei ihnen stellvertretend für jedes einzelne Menschenpaar.

Die Bilder, die wir verwenden, weisen darauf: Rede von Gott hat mit Poesie und mit poetischer Sprache zu tun. Wie in der Poesie können wir nur Bilder verwenden. Wie in der Poesie darf und muß jeder und jede anders reden – oder auch schweigen. Dabei steht Poesie hier nicht für seichte Gefühlsseligkeit oder Poesiealbum, sondern bedeutet: indirekt-direkte menschliche Rede über sich selbst in Bildern und Metaphern. Poesie ist nicht hohe Dichtkunst allein, sondern auch trivial. In der Religion besteht der Vorzug dieser Redeweise darin, daß man nicht mit direkten Aussagen über Jesus wie mit der Tür ins Haus fällt, sondern daß man in menschlicher, ehrlicher und doch nicht fachlich-theologischer Sprache die »Wirkung« der Begegnung mit Gott beschreibt. Und: Auch das Hohelied ist ein Teil unserer Bibel. Die Bilder für das Ganze, die so entstehen, sind wie ein Damm gegen Öde, Stumpfsinn und Sinnlosigkeit.

So reden wir von Gott, weil der Sinn unseres Daseins nur einer, nicht viele sein kann. Und als tiefsten Grund jeder Liebe erahnen wir etwas, das reines Geschenk und reine Gnade ist. Daher reden wir von Gott, weil er die Dinge der Geschichte und die Menschen zusammenbringt.

Gotteserfahrung im Protest

Gott wird nicht nur im Danken erfahren, sondern auch im Protest gegen Sinnlosigkeit. Wir nehmen diese Seite des biblischen Gottesglaubens zu wenig wahr. In den Psalmen des Alten Testaments wird Gott angeschrieen, angeklagt. Und auch der Gekreuzigte ruft anklagend Gott zu: Mein Gott, mein Gott, warum hast du mich verlassen? Vielleicht wäre uns wohler, wenn wir die Frage nach dem Warum öfter vor Gott brächten, wenn wir ihn anklagten, weil er nicht da ist, weil kein Sinn da ist, weil alles so unendlich lange dauert.

In der Kirche muß es, so meinen wir, sehr brav zugehen, so als wäre Gott nur zu loben und wären die Menschen nur zu lieben. Alles Gegenläufige wird sofort zugedeckt. Es gibt eine Zeit zu lieben und eine Zeit zu hassen, das Herz des Menschen aber ist beidem vorgeordnet. Das gilt auch für unser Verhältnis zu Gott: Es gibt eine Zeit zu danken und eine Zeit zu protestieren. Wer nur das eine tut, wer nur das eine zugibt, verliert Gott als Gegenüber, nimmt die Rede von der Person nicht ernst.

Gott wird auch als schmerzliche Abwesenheit von Sinn erfahren, als der Verborgene. Und doch bleibt er der Adressat meines Schreiens, meines Protestes, meiner wütenden weil unbeantworteten Frage nach dem Sinn des Leidens. Gott wird erfahren als der Verborgene und Abwesende. Als das Geheimnis der Dunkelheit, an das auch das letzte fragende Warum gerichtet ist.

Freiheit und Freude als Gotteserfahrung

Neben Sinn und Liebe und Dunkelheit nennt gerade das Neue Testament noch eine vierte Weise der Erfahrung Gottes, die besonders an Jesus sichtbar wird und die Paulus »Charismen« nennt. Wie die Gabe der Heilung oder der Menschenführung in der Gemeinde. Oder wie einfach Freiheit und Freude. Denn Charismen sind dann erfahrbar, wenn wir frei werden von den Grenzen und Beschränkungen, die unser Tun und unsere Worte sonst haben.

Die Erfahrung von grenzenloser Freiheit, von Leichtigkeit und Sprüngemachenkönnen läßt fragen nach dem, der so befreit hat. Wie ein Vater, der sein Kind an der Hand hält, und das Kind hält sich ganz fest und kann in der Luft schweben. Es wird plötzlich frei von allem und hält sich doch ganz fest. So genau ist Erfahrung Gottes. Wir stoßen auf ihn, wenn wir ganz frei sind bei äußerster Geborgenheit. Wenn wir fliegen können, weil wir uns festhalten und weil wir festgehalten werden.

Gotteserfahrung und Kirche

In der Arbeit mit Theologiestudenten, im gemeinsamen Gespräch, gibt es für mich oft faszinierende Augenblicke gemeinsamer Einsichten und Entdeckungen. Auch sonst gibt es dieses: Gott wird erfahren in der Entdeckung gemeinsamer Wahrheit. Und das ist nicht nur wissenschaftliche, sondern auch eine solche Wahrheit, von der man leben kann.

Alle Gotteserfahrung geschieht aber nicht im luftleeren Raum, sondern im Umkreis von Kirche. Dort wird sie auch konkret. Kirche ist der Ort, wo Wahrheit mit konkreten Verheißungen und Forderungen verknüpft ist. Nur das Konkrete ist wirklich menschlich. Daher ist die Offenbarung des Gottes Israels und Jesu Christi mit konkreten Forderungen verbunden, die sich in konkreter Gemeinschaft bewähren müssen.

Aber wie läßt sich die Erfahrung Gottes zusammenbringen mit der Schäbigkeit der Kirche auf Erden?

Mit der Kirche ist es wie mit einem König, der ein großes Schloß besaß. Dessen Mitte bildete ein kostbares Mosaik in einem großen Saal. Es war aber das prächtigste Mosaik der ganzen Welt. Wie es aber zu geschehen pflegt, wurde das Schloß erobert, und die Feinde zerstörten es. Die kostbaren Steine des Mosaiks, das Gold und die Perlen, mit denen es gemacht war, wurden geraubt und verstreut, verhökert und ergaunert, und mehr oder weniger große Teile des Mosaiks gerieten so an die Händler in aller Herren Länder. Und um nicht durch zur Schau gestellten Reichtum andere begehrlich zu machen, verwahrten die Händler die kostbaren Teile des Mosaiks so, wie man Kostbarkeiten verwahrte, eingewickelt in alte Tücher oder in vergilbtes Papier, versteckt hinter dem Ofen oder in der hintersten Ecke des Schrankes. – Der König hatte aber einen Sohn, der sich in aller Armut aufmachte in der reichlich unsinnigen Hoffnung, das Mosaik des Vaters wiederzugewinnen. Und er sammelte Frauen und Männer um sich, und es gelang ihm durch seine Erzählungen von der Schönheit und Herrlichkeit des Mosaiks, die Frauen und Männer so zu begeistern, daß sie beschlossen, alles daranzusetzen, dieses Mosaik wieder einzusammeln. Nur der Sohn kannte seinen Plan, aber sie alle hatten eine Ahnung von dessen Herrlichkeit. Und mit vieler Mühe gelang es, bei dem einen oder dem anderen Händler in den Städten immer wieder einmal ein Stück des Mosaiks ausfindig zu machen. Doch die Händler schienen den Wert zu ahnen, und so kam es, daß ein jeder Teil des Mosaiks nur erstanden werden konnte nach langem Feilschen und indem jede Frau und jeder einzelne Mann stets fast alles darangaben, was sie hatten. Und so dauerte es sehr, sehr lange, bis das Mosaik wieder Gestalt annahm. Aber die Menschen, die die Stücke einander zeigten, wußten, daß es von strahlender Herrlichkeit sein würde.

Wie das große Mosaik, so ist die Kirche der Zukunft. Alles, was dazu gehört, ist schon da, aber in schlechter Verfassung und in schmutzige Tücher gehüllt. Und: Kein Stück wird geschenkt. Was uns trägt, ist das, was wir hie und da hervorblitzen sehen. Was uns trägt, ist die Ahnung, die der Sohn uns davon gegeben hat: als Begeisterung für ein Ziel in strahlender Herrlichkeit.

Sünde (I) (1,18–3,19)

Paulus gebraucht dort, wo er selbst formuliert, ausschließlich den Singular »die Sünde«; nur dort, wo er sich geläufigeren Formeln oder der Schrift anschließt, findet sich der Plural »die Sünden« bei ihm. Das war der Ausgangspunkt für die folgende Unterscheidung in Schuld (Sünde im Singular) und »Sünde« (= die jeweils zu verantwortende Einzeltat als Einzelübertretung).

Zur Unterscheidung von Einzelsünde und Schuld

Typisch für unser Verständnis von Sünde ist, daß die Institution der Beichte in unserer katholischen Nachbarkirche nahezu zusammenbricht: Weil es so schwerfällt, noch einzelne Sünden ausfindig zu machen, die von Interesse wären (sieht man von dem jahrhundertelang reichlich strapazierten 6. Gebot einmal ab). Für den, der gerade nicht gestohlen oder gemordet hat, bleiben so eigentlich nur noch Not- und andere Lügen. Die Beichte stirbt am Problem der Einzelsünde.

Und dennoch steht fest, daß wir fortgesetzt schuldig wurden und werden. So etwa an den Arbeitslosen in der Gesellschaft oder an den Na-

33

tionen der sogenannten Dritten und Vierten Welt, und zwar durch bloßen Konsum, durch bloßes Wahrnehmen unserer Position in der Arbeitswelt. Aber diese Produktion von Schuld ist eine sehr differenzierte Angelegenheit. Man erkennt das, wenn man nach der persönlichen Schuld der einzelnen in der Generation meiner Eltern fragt, die den Nationalsozialismus an die Macht kommen ließen. Warum und inwiefern war es unter damaligen Voraussetzungen eindeutig Sünde, 1934 in die Partei einzutreten? Und so ist es denn auch häufig aussichtslos, auf die Frage nach dem Ändern-Können eine auch nur halbwegs befriedigende Antwort zu geben.

Unsere Schuld ist hier mehr als die Summe persönlicher Fehler. Schuld ist hier etwas, das wir auch teilweise ungewollt dennoch kollektiv produzieren, und zwar durch unser bloßes Leben und Konsumieren. Solche Schuld wird auch dort produziert, wo man zwischen zwei Übeln das geringere wählt.

Paulus meint wohl diesen übergreifenden Zusammenhang, den wir hier »Schuld« nennen, wenn er von »der Sünde« spricht. Und das dient nicht der Verharmlosung des Tatbestandes, sondern gerade der Darstellung seiner umfassenden und verhängnisvollen Bedeutung.

So ist »Auschwitz« nicht darzustellen als Summe zu ermittelnder persönlicher Einzelsünden (das auch), sondern ist mehr: Ausdruck einer verheerenden seelischen und moralischen Gesamtsituation, inklusive massiver politischer und sozialer Strukturen. Und entsprechend ist die Schuld daran nicht durch Einzelbeichten zu lösen (auch wenn man das wollte), sondern sie ist Sache des ganzen Volkes.

Wir sprechen daher von »(Einzel-)Sünde« dort, wo der einzelne Mensch weiterhin verantwortlich bleibt (z.B. ob ich jetzt Betrug verübe oder nicht), achten aber auf die moderne Infragestellung des Schuldbegriffs (die Schwierigkeiten, wirkliche Schuld dingfest zu machen) und erkennen darin wichtige Elemente dessen wieder, was Paulus »die Sünde« im Sinne einer fast personifizierten Größe nennt.

Die Eigendynamik des Bewirkens von Schuld

So ist auch für Paulus »die Sünde« jeweils mehr als nur die Folge einer Einzeltat. Immer wieder stellt er sie dar als etwas, auf das der Mensch sich zwar aus freien Stücken einließ, das dann aber eine ungeheure Eigendynamik entwickelt hat, die in keinem Verhältnis mehr zu dem zu stehen scheint, was ein einzelner Mensch bewirken kann. Er ist zwar der, der den Riegel wegschob, die Tür öffnete, aber das, was da hereinkam, entzog sich alsbald seiner Verfügbarkeit, sondern es verfügte über ihn. Wie wenn man einem wilden Tier die Tür öffnet, das einen dann in Schach hält. Diese überwältigende Macht dessen, auf das sich der Mensch da einließ, beschreibt Paulus auch als Preisgegebenwerden durch Gott zur Strafe für sein Nicht-Anerkennen (Röm 1), und auch in Röm 11,32 kann Paulus sagen, Gott habe alle zusammengeschlossen unter der Sünde, auch kann Paulus sie beschreiben als Herrwerden einer einwohnenden Macht (wie eines Untermieters) im Inneren des Menschen (Röm 7). Das Mißverhältnis zwischen Einzeltat und Sünde wird besonders an Adam deutlich: Durch seinen Ungehorsam, durch die einzelne Tat eines einzelnen Menschen, kam für alle Zeiten der Tod über alle Menschen.

Das Entstehen von Schuld ist durch eine Klärung der individuellen Anteile nicht zu lösen

Darum geht es: Sünde oder Sündenschuld ist eine tödliche Besatzungsmacht in der Welt. Unsere Erfahrung ist da oft ganz ähnlich wie die des Paulus: Auch wir können oft nicht mehr unterscheiden zwischen »Milieu« und »biographischen Voraussetzungen« und »persönlicher Verantwortlichkeit«; alles dieses wird zunehmend unentwirrbar eins. Und entscheidend ist auch für uns zunehmend weniger, wer oder was »die Schuld daran« genau und zu wieviel Prozent trägt. Der Zustand ist zerrüttet, und er schreit nach Änderung. Darauf kommt es an.

Dieses ist wohl wichtig für christliche Rede von Sünde und Schuld: Im Sinne des Paulus kommt es wenig auf die Frage an, wieweit wir persönlich haftbar zu machen sind; daß wir es sind, steht allemale fest. Aber die persönliche Übertretung ist längst eingeflossen in eine allgemeine Schuld. Es kommt darauf an, sich keine Illusionen über ihren umfassenden Charakter zu machen und darüber, daß ihr Ziel der Tod (in allen seinen Formen) ist. Es kommt für Paulus nicht auf die einzelnen Faktoren des allgemeinen Unheils an, es wird nicht aufgeteilt zwischen Gott, Mensch und der Eigendynamik der Sünde. Entscheidend ist das Resultat: Daß Gottes Wille nicht getan wird, daß also Tod herrscht. Nicht um die Spezifizierung von Schuldanteilen geht es, im Gegenteil: das ganze Unheil wird nur im Zusammenwirken aller Faktoren verständlich. Und genauso wird es beim Heil dann auch sein.

Darin wird es Paulus so schnell keiner gleich tun: Äußerst wirklichkeitsgetreu und umfassend hat er in Kapitel 1–3 dieses Briefes die Sünde in allen ihren Spielarten (inklusive »Heuchelei« und Borniertheit) und Folgen dargestellt. Jede nur mögliche Klage über den Zustand von Welt und Menschen kann sich in diesen Kapiteln wiedererkennen.

Die Größe der Schuld ist nur Kontrast zum Heil

Die Darstellung der Größe des Unheils ist jedoch nur der düstere Hintergrund für Gottes neues Handeln in Jesus Christus. Nur um dieses neue Handeln in seiner wahren Größe darzustellen, wird auch die Wirklichkeit der Sünde so umfassend geschildert. Sie ist nur Gegenbild der umfassenden und universalen Rettung. So kommt es Paulus an auf die Abfolge von zwei gegensätzlichen Phasen oder Epochen, der der Herrschaft der Sünde und der der Rettung.

Für uns ist daran wichtig: Wer im einzelnen woran schuld ist, interessiert nicht. Es geht um den Gesamtcharakter einer Epoche, eines Bereiches, eines Zustandes vor und außerhalb der Verbindung mit Jesus Christus. Und: Keine Klage ist übertrieben; nichts Böses muß verschleiert werden. Denn der Heilbringer, der es aufhebt, ist schon da. Alles Unheil ist nur negativer Widerschein der Rettung.

Gegen eine Sündenreligion

Bei uns dagegen gilt oft selbst schon die Betonung des Sünderseins als besonders christlich – oder das ist sogar der letzte, weil plausible Rest des Christentums geworden. Plausibel ist das allemal, weil der Hinweis auf Fehler immer überzeugt, weil man Schuld und Sünde insbesondere an »der Kirche« wiedererkennen kann. Und man beansprucht das dann als »paulinisches Christentum«. Doch dieses besteht nicht nur aus Röm 1,18–3,19. Das, was bei Paulus lediglich die erste Phase und Kontrastfolie war, hat sich verselbständigt. Gewiß – auch für Paulus sind die Aussagen über die neue Zeit des Heils schwieriger zu begründen (Sühnetod Jesu und Auferstehung); aber deretwegen schreibt er schließlich den Römerbrief. Und es ist eine schreckliche Vereinfachung, Christentum auf eine säuerliche Buß- und Sündenreligion zu reduzieren, in der es bei der Frage nach Auswegen oder Perspektiven dann nur Klägliches oder allzu weit Entferntes zu hören gibt. Diese Lähmung des »paulinischen« Christentums zu überwinden ist insbesondere Aufgabe der Meditationen zu Röm 3ff.

Beschneidung und Buchstabe und Geist (2,25–29)

Paulus wendet sich in diesem Abschnitt an Juden(christen). Dadurch gibt der Abschnitt für uns Heidenchristen eine Reihe von Perspektiven paulinischer Theologie frei, die sonst oft vergessen werden; dazu gehört insbesondere, daß der Gegensatz von Buchstabe und Geist in alttestamentlicher prophetischer Erwartung vorgebildet ist (vgl. Ez 36,26f; 11,19; 18,31; Jer 31,33; im Judentum Jubiläenbuch 1,23). Dieser Ansatz ist auch ein Schlüssel zum Verständnis von Geist und Gesetz bei Paulus.

Beschneidung als Wert

Ganz entgegen vielem, was wir von Paulus zu erwarten früher gelernt haben, hat nach diesem Text die Beschneidung die Chance, die großartigste Sache der Welt und vor Gott zu sein. Daß schon die bloße Beschneidung Lob vor Menschen erbringt, setzt Paulus nach V.29 voraus. Aber mehr noch: Selbst Heiden können, wenn sie Gottes Willen erfüllen, wie Beschnittene gerechnet werden. Das heißt doch: Sie erhalten den erhabensten Vorzug. Und umgekehrt ist es der größte Verlust, wenn die Beschneidung, die man hat, als Unbeschnittensein gerechnet werden muß. Wie ein ehrenvoller Titel, der nachträglich aberkannt wird. Aber der Titel selbst ist ein hoher Wert, wenn er nur zu

Recht getragen wird. Und grundsätzlich »nützt« Beschneidung dann. Wozu und vor wem? Offenbar ist sie das Merkmal aristokratischen Erwähltseins. Und wenn Heiden wie Beschnittene gerechnet werden können, dann ist vorausgesetzt, daß sich doch alles eben darum dreht, beschnitten (und zwar: zu Recht) und auserwählt zu sein. Daraus folgt: Beschneidung ist weiterhin das vornehmste Merkmal von Menschen in ihrer Zugehörigkeit zu Gott. Denn auch wir Heidenchristen werden im günstigsten Fall wie Beschnittene vor Gott angesehen. Damit ist Beschneidung nicht gleichgültig, sondern der Spitzenwert überhaupt, das Höchste, das Menschen vor Gott erlangen können.

Das alles bedeutet doch nur, daß Paulus niemals aufhört, als Jude zu denken und daß er auch hier, nicht erst im Bild vom Ölbaum in Kapitel 11, die Zugehörigkeit zu Abrahams Kindern und zum auserwählten Volk allemale für strikt notwendig hält, auch wenn sie nicht durch sichtbare, sondern vielleicht durch unsichtbare Beschneidung zustande kommt. Das ist wichtig nicht nur für unser Verhältnis zum Judentum, sondern auch für unsere Einschätzung der Beschneidung als dem Zeichen des Bundes bei denen, die beschnitten sind. Für Paulus ist dieses Zeichen alles andere als sinnlos. Sicher ist davon auch unsere Einstellung zu sichtbaren Zeichen überhaupt betroffen.

Das Herz ist nicht das Private

Die äußeren Zeichen, hier die Beschneidung, werden sinnvoll, wenn sie Ausdruck wirklicher Gerechtigkeit sind. Schon die Propheten hatten solches gefordert. Paulus spricht hier vom Verborgenen und vom Herzen im Gegensatz zum Sichtbaren und Offenkundigen. Doch das Herz ist nicht zu verwechseln mit dem, was privat und nur in meinem Innern bleibt, mit bloß guten Absichten und Gutgemeintem. Viel zu häufig haben wir uns darauf zurückgezogen, daß etwas ja »gut gemeint« gewesen sei; auf Sachverstand und »Weltwissen« meinten gerade Christen oft verzichten zu können; und um die absehbaren Folgen sich zu kümmern oder gar sie von Beginn an mitzubedenken, dazu gab eine Moral des »guten Willens« keinen Anlaß. Eben »guten Willen« aber meint Paulus nicht mit dem »Herzen«. Sondern es geht um das Tun der Gerechtigkeit, das für sich selbst genommen kein religiös wertanzeigendes Zeichen hat. Das soll ja eben die Beschneidung sein. Aber sie ist leer, wenn kein Erfüllen des Gebotes dahintersteht. Je mehr gerechtes Tun da ist, um so sinnvoller ist das äußere Zeichen der Beschneidung. Die entscheidende Frage ist nicht, ob wir irgendetwas gut zu tun beabsichtigen oder nicht, sondern wie es möglich sein kann und wird, Gutes zu tun. Was uns die Kraft gibt, dieses Ideal zu erfüllen. Paulus antwortet darauf mit dem einen Wörtchen »Geist« in V.29.

Buchstabe und Geist

Eine alte Sehnsucht und Verheißung der Propheten drückt Paulus mit den Worten »im Geist, nicht im Buchstaben« aus: Was er Buchstabe nennt, waren für sie die steinernen Tafeln vom Sinai, was er Geist nennt, waren für sie die »Herzen von Fleisch« oder die »Gebote, in das Innere der Menschen gelegt«. Denn das war die Sehnsucht: Gottes Gebot nicht mehr als die fremde Zumutung eines Anderen ansehen zu müssen, die einen eigentlich nichts anging, sondern als sinnvoll für das eigene Leben. Entscheidend war die Einsicht: Bloßer Gehorsam gegenüber Gottes Gebot bleibt immer nur Gehorsam, wird nichts Eigenes, wird nicht sinnvoll in das eigene Leben einbezogen. Selbst wenn wir sagen »etwas nach Geist und Buchstaben« befolgen, dann ist das noch lange nicht das, was Paulus meint: Das Gebot so befolgen, daß es nicht mehr um Gehorsam und Unterwerfung geht (mit allen Gefahren, die das hat), sondern: Gottes Wille ganz zur eigensten Sache gemacht haben. So daß nicht er es ist, der Unterwerfung fordert, sondern daß wir selbst es von uns aus wollen. Dazu aber müßten wir neue Menschen sein, ein neues Herz haben. Und schon die Propheten, aber auch Paulus, sind sich darüber im klaren: Das können nicht Menschen machen. Das kann nur eine Gabe Gottes sein. Er gibt das »fleischerne Herz« und er legt seinen Geist in ihr Inneres.
Eigenartig: Gerade dann also, wenn es am stärksten um den Menschen selbst geht, gerade dann, wenn sein eigenes Wollen und nicht mehr das des göttlichen Gegenübers gewollt ist, gerade dann ist dieses doch nur möglich als Gottes Geschenk und Gabe. Das heißt: Der neue Mensch, den wir ersehnen, der endlich von sich aus und nicht mehr als Sklave seines Gegenübers das Gute tun kann – er ist doch ganz und gar Gottes Gabe. Er ist keine menschliche, nur eine von Gott ge-

schenkte Möglichkeit. Wo das Selbst am stärksten ist, dort ist alles zugleich ganz und gar Gabe. Wo der Mensch ganz mündig sein wird und das Gebot kein fremdes Gegenüber mehr, gerade dann und dort verdankt er alles einer reinen, neuen Gabe Gottes. So gilt wohl die Regel: Je selbständiger und freier, desto mehr Gnade war Voraussetzung.

Paulus nennt das »Geist«, und er weiß, daß es um den Geist des Auferstandenen geht, der nur denen zugänglich ist, die sich zu dessen Namen bekennen.

Die Revolution, die Paulus hier beschreibt, ist wirklich eine Revolution, weil sie Menschen aus der Unmündigkeit gegenüber Gottes Gebot befreien kann. Sie werden ab jetzt um den Willen Gottes wissen, wenn sie sich nur ganz auf den Geist einlassen, der ihnen gegeben ist.

Eine zu hohe Erwartung? Für uns ist wichtig daran, daß auch Paulus Gegängeltwerden verabscheut. Es ist wirklich Sinn des Christentums, daß zwischen dem, was Menschen ehrlicherweise und von Herzen wollen und dem, was Gottes Gebot ist, kein Widerspruch mehr bestehen kann. Nur wenn sie in diesem Sinne frei sind und sie selbst, sind Christen neue Menschen des neuen Bundes. Der Gott der Juden und Christen ist kein Despot, der das Ich vernichtet, sondern die größte Sehnsucht geht darauf, ganz beschenkt und darin ganz frei zu sein. Und dann »mündig« von sich aus das zu wollen, was dem, der das Leben ist und gibt, entspricht. Denn die Zeit des bloßen Gehorchens und der Unterwerfung läuft aus. Diese brachten dem Menschen nichts; nur ein neues Herz, ein neues Selbst kann das Ersehnte bringen. Nur was wir wirklich selbst wollen, können wir auch tun.

Diese höchste menschliche Freiheit aber ist keine menschliche Möglichkeit, sondern nur als Gnade möglich. Was wir von uns dazu tun können, wird Paulus in Röm 6 als Mitsterben mit Christus bezeichnen: Der Weg zum neuen Selbst führt über viele Abschiede.

Wieder erweist sich etwas als Trugbild, das Menschen in ihrer Frömmigkeit und in ihrer Einschätzung dessen, was Christentum sei, oft sehr belastet: Daß sie meinen, überall und auch am Ende bestehe eine Konkurrenz zwischen Gott und Mensch, zwischen Gottes Handeln und der Aktivität, der Freiheit, der Selbstbejahung des Menschen. Gerade dieses ist nach dem kühnen Entwurf des Paulus nicht der Fall: Wo Gott am intensivsten schenkt und schenken wird, bei der Gabe des neuen Herzens, dort ist der Mensch auch am freiesten und am meisten er selbst. Paulus entwirft nicht irgendeine Seligkeit, sondern er denkt nüchtern: Es geht um Gottes Gebote, um die Regeln des Zusammenlebens und die Bedingungen des Lebens und Überlebens. Damit denkt er sozial und politisch, und er hat keine Scheu, dieses mit dem Heiligsten zu verbinden, das er kennt: mit Gott und der Auserwähltheit Israels.

Der Kampf mit dem Verdacht, Gott sei ungerecht (3,5)

Die Untreue der Menschen macht Gottes Verheißungstreue nicht zunichte (3,3). Denn Gott ist wahrhaftig, der Mensch aber Lügner. Hat, so fragt Paulus an dieser Stelle, die Ungerechtigkeit des Menschen nur den Sinn, Gottes Gerechtsein um so heller erscheinen zu lassen, gewissermaßen Folie für Gottes Selbstdarstellung zu sein? Auch in Kapitel 9 wird Paulus noch einmal den Verdacht der Ungerechtigkeit Gottes, der in ihm selbst aufsteigt, auszuräumen versuchen. Diese Verse lassen jeweils etwas vom leidenschaftlichen religiösen und theologischen Fragen des Apostels verspüren. Ich habe versucht, dieses als Gebet nachzuzeichnen, freilich als höchst freimütiges und für uns vielleicht anstößiges, so wie wir es von Paulus erwarten dürfen.

Herr, wenn ich sehe, wie ungerecht wir sind und wie heilig du bist, dann kann es geschehen, daß ich es leid werde, immer nur wieder dasselbe zu bekennen. Immer nur im Hofknicks zusammenzusinken und zu sagen, daß du groß bist und wir klein. Das ist langweilig und nicht zum Aushalten.
Herr, dann kann mich ein schrecklicher Verdacht quälen. Ich muß ihn aussprechen, denn wem sollte ich das sonst sagen als dir? Warum muß das so sein: du heilig – und wir ungerecht? Ob bei diesem Weltplan alles mit rechten Dingen und Absichten zugegangen ist? Könnte es nicht sein, daß du uns nur erschaffen hast, so schwach und verführbar, um selber größer dazustehen? Ich weiß: Es ist ein wahnsinniger Verdacht. Könnte es nicht sein, daß du nur wieder zu deiner Ehre gehandelt hast – wie auch sonst in deiner Schöpfung? Nur diesesmal auf

eine süffisante, leider für uns makabre Weise. Soll der ungerechte Mensch als Schlußlicht der Schöpfung auf besondere Weise nur deine, Gottes Gerechtigkeit bestätigen?

Deine Wahrheit hebt sich leuchtend hell vor der Lüge ab, die ich selbst bin. Dein Goldgrund hebt sich vorteilhaft ab vor so viel Grau und Schwarz. Aber das wäre noch nicht einmal das Schlimmste: Denn zu alledem verstößt du uns dann auch noch in deinem Zorn. Gerätst dann auch noch in Wut über uns und spielst den »gerechten Richter«.

Herr, ich kann das alles wirklich nicht verstehen. Ich wage es anzunehmen: Erst schaffst du uns, um per Kontrast deine Ehre sicherzustellen. Und dann müssen wir dafür auch noch büßen. Denn natürlich können wir, ungerecht wie wir sind, dann deinem Zorn nicht standhalten. Selbstverständlich können wir dir dann nicht genügen. Werden wir so ganz und gar Opfer deiner Sucht nach Herrlichkeit – geschaffen als Kontrast und dann vernichtet? Als Spielzeuge, wie Tonfiguren, die man aus Lehm bildet und noch, bevor sie in den Brennofen kommen, wieder zertritt, weil sie eben doch nicht schön genug waren. Alles nur auf unsere Kosten?

Herr, warum hast du uns nur so unvollkommen erschaffen?

Und wenn schon dieses? Warum trifft uns dann auch noch deine Wut? Warum werden wir dann Opfer deines Zornes, auch jetzt schon?

Aus Laune erschaffen, aus Laune in grausamer Konsequenz vernichtet – ist das alles? Ich mußte es sagen.

Ist das nicht alles nur schreckliche Tyrannei, ein grausames Drama auf unsere Kosten? Weil sich Schöpfer und Richter und Vernichter in einer Person finden. Gäbe es Gewaltenteilung, dann könnte ein Richter uns sicher für schuldlos erklären oder mildernde Umstände ansetzen. Aber du weißt als Schöpfer genau, wie wir sind, und handelst trotzdem so als Richter.

Herr, führe mich aus diesem Zweifel heraus, ich bitte dich.

Ich kann nicht glauben, daß du so ungerecht bist. Oder sind wir nicht doch selbst verantwortlich? Es wird uns doch nicht grundlos dein Zorn treffen, sondern du richtest über Freie. Nicht formlose Tonfiguren sind wir, die einfach wieder zu Matsch würden, sondern es ist, wie wenn du uns nach dem Geformtwerden doch in den Brennofen gestellt hättest. Denn jeder ist ein Individuum, ein gehärteter, nicht ein formloser Tonklumpen; unverwechselbar, ein einzelnes selbständiges Wesen, klar von anderen abgegrenzt und – wenn auch in Grenzen –

voll verantwortlich. So ist es doch nicht lediglich deine Wut, sondern ein reguläres und verdientes Gericht. Gewiß, du hast uns nicht vollkommen erschaffen. Aber darum geht es gar nicht. Denn das ist wohl nicht unsere Sache; das können wir auch gar nicht beurteilen. Nein, wir sollen nicht nach dir fragen, sondern das sehen, was vor der Hand liegt, was jedem offenkundig ist. Und das ist das, was wir hier wissentlich und willentlich gemacht haben.

Über dich wissen wir nicht viel, das ist alles weit weg. Aber über uns wissen wir eine Menge: An unseren kleinen und großen Gemeinheiten, die wir mit Lust und Berechnung vollführen, erkennen wir: Wir sind zweifelsfrei Sünder.

Wir haben dich nicht gesucht. Der Blick auf mein, auf unser eigenes Tun ist die Antwort auf alle meine Zweifel. Unser eigenes Tun weist auf die Antwort. Denn so muß wohl eine Antwort lauten: Mein Zweifel war ein Versuch, über dich zu richten.

Dir Schuld nachzuweisen. In Wirklichkeit aber sind wir diejenigen, die gerichtet werden.

Mein Zweifel hat wohl nur ablenken sollen von mir, von uns.

Wir haben schreiendes Unrecht getan. Dieses vor allem. Was frage ich nach deiner Schuld, wo doch unsere offenkundig ist.

Wo doch unausweichlich ist, daß du der Richter bist und nicht wir. Das ist einfach so und ist so anzunehmen. Ohne jede Frage: Unsere Schuld ist offenkundig. Der Weg zur Wahrheit führt über uns selbst. Kehren wir vor der eigenen Tür, statt dich zu belästigen.

Doch nicht genug: Denn dann bist du vor allem einen Schritt weiter gegangen: Angesichts Jesu Christi haben wir dieses eine, Unersetzliche bemerkt: Deine Gerechtigkeit ist nicht nur deine heilige Eigenschaft wie ein totes Attribut. Sondern deine Gerechtigkeit besteht darin, daß sie lebendig geworden ist in Richtung auf uns. Daß du auf uns zugegangen bist. Es blieb nicht deine steile Heiligkeit, sondern du warst wirklich gerecht, sozial, wolltest und willst Gemeinschaft.

So war und ist deine Gerechtigkeit nicht ferne, untadelige Hoheit, sondern sie wurde wirklich als Initiative, du hast Gemeinschaft mit uns gewollt. Dafür danken wir dir. Vor allem angesichts Jesu Christi hast du meine Zweifel in Dankbarkeit gewendet. Daran erkenne ich für immer deine Liebe.

Amen.

Sünde (II) (3,9–18)

Es sei gestattet, die Aussage des Paulus über die radikale Verfallenheit aller Menschen an die Sünde in diesen Versen zu kommentieren mit einem Gebet, das Hiob 14,1–6 entfaltet. Paulus bedient sich in 3,10–18 verschiedener Schriftzitate, und so war es die Absicht, diesen Teppich aus Zitaten durch Konfrontation mit einem weiteren Zitat aus der hebräischen Bibel Leben gewinnen zu lassen. Die Worte des Paulus werden nicht wiederholt, aber sie werden in der Abgründigkeit des Gemeinten erfaßbar, indem sie neben einem vergleichbaren Text stehen:
Hiob 14,1–6: »Der Mensch, vom Weibe geboren, lebt kurze Zeit und ist voll Unruhe, geht auf wie eine Blume und fällt ab, flieht wie ein Schatten und bleibt nicht. Doch du tust deine Augen über einem solchen auf, daß du mich vor dir ins Gericht ziehst. Kann wohl ein Reiner kommen von Unreinen? Auch nicht einer! Sind seine Tage bestimmt, steht die Zahl seiner Monde bei dir und hast du ein Ziel gesetzt, das er nicht überschreiten kann: so blicke doch weg von ihm, damit er Ruhe hat, daß er sich wie ein Tagelöhner seines Tages freut.«

Herr, es kann ja sein, daß andere bitten, du mögest auf sie blicken. Du mögest dich ihnen zuwenden und dein Auge auf sie richten. Du mögest dein Angesicht leuchten lassen über ihnen. Nicht mehr fern sein, sondern lebendig und nahe.
Aber ich kann nicht so beten. Ich bringe es nicht fertig. Ich kann nur sagen: Herr, schau nicht hin, guck weg, wende dein Angesicht anderswohin, nur nicht auf mich. Denn es macht mich wahnsinnig, dich ertragen zu müssen, deine Gegenwart nervt mich, sie macht mich mürbe. Ich kann dich nur bitten: Laß mich in Ruhe mit deiner Gegenwart, laß mich in Ruhe mit dir. Verschone mich mit deinem Angesicht. Schau du weg. Vielleicht gibt es Menschen, die dich ertragen können, aber ich gehöre nicht dazu.
Die Schuld der Väter, auf die jetzt alle weisen, sie lenkt manche nur ab von der eigenen, mich nicht. Du holst mich immer wieder ein. Ich habe das Gefühl, ein Gejagter zu sein. Gejagt von jemandem, der gegen mich einen Prozeß führen will, bei dem ich sicherer Verlierer bin. Wie ein Inkasso-Vollzieher, der den Leuten in die Wohnung rückt,

um auf Deubel komm heraus die Schuld einzutreiben. Immer wieder begegnet mir meine Schuld in dir, unsere Schuld.

Denn du hältst dein Auge sehr wohl offen über mir. Du bist hinter mir her als der Unheimliche, der meine Schwäche und mein Versagen kennt. Ein schlechtes Gewissen ist nichts gegen dich. Denn jeder Versuch der Verdrängung mißlingt. Du holst mich ein, wie mit moderner Kettenfahndung. Alle meine Merkmale sind bei dir gespeichert. Alles Verdrängte wird nur zu tausend neuen Ängsten in anderer Gestalt.

Nur dieses weiß ich eigentlich von dir: Was ich vor dir als dem Gegenüber bin. Du bist das Geheimnis, der Verborgene, vor dem mein Leben gerinnt. Nicht dich kann ich nicht ertragen, sondern ich kann mich nicht ertragen vor dir.

Herr, gibt es denn keine Schonzeit für Menschen, in der wir nicht gejagt werden. In der wir nicht immerfort erinnert werden an unsere gemeinsame Schuld?

Herr, ich höre immer wieder von Haftunfähigkeit und Prozeßunfähigkeit. Erkläre mich für prozeßunfähig. Kannst du mir nicht bitte gewähren, in deinem toten Winkel zu stehen, wo du mich nicht siehst. Kannst du mich nicht vor dir und damit vor mir beschützen?

Alle Unruhe, die es gibt in meinem Leben – es ist die Unruhe nicht des Gottsuchers, sondern dessen, der endlich in Ruhe gelassen sein möchte, nicht mehr verantwortlich.

Ebenso wie der Tagelöhner, der in der Nische zwischen Sonnenuntergang und Nacht aufatmet und für den dieses die Zeit ist, da er absolut keinem Herrn untersteht. Nicht wie ein Sklave laß mich sein, der Tag und Nacht einem Herrn gehört, in dessen Haus er ist, sondern wie ein Tagelöhner, der zwar wenig besitzt, aber abends wenigstens keinen Herrn mehr über sich hat. Ohne Beaufsichtigung ist. Herr, befreie uns von dir, von der ewigen Verantwortlichkeit vor dir. Ja, um solche Art Freiheit von dir und deinen Ansprüchen und Forderungen wage ich zu bitten.

Solche Freiheit ersehne ich. Wenn du wegguckst, übernimmst du für einen Augenblick die Verantwortung. Die einzige Weise, verantwortlich Verantwortung loszuwerden, ist, wenn du sie übernimmst. Du bist der einzige, der sie tragen kann. Nur du kannst mir meine Verantwortlichkeit nehmen. Werfet eure Sorgen und Sünden auf den Herrn.

Vielleicht ist das dann, wenn du wegsiehst, wenn du uns einfach eine halbe Stunde in Ruhe läßt, wenn wir nicht immerzu verantwortlich sein müssen, der höchste Ausdruck wirklich geschenkter Freiheit und deiner Liebe? Könnte es sein, daß alles übrige Reden von Deiner Liebe viel zu blumenreich ist? Ist Entlastung von unserer ewigen Verantwortung, ist die halbe Stunde des Tagelöhners am Abend nicht ein schlichteres und wahreres Bild? Vielleicht ist deine Liebe zu uns am größten, wenn du uns eine Atempause lang von deiner Allmacht verschonst.

Wir können immerzu nicht verantworten, was wir tun – du übernimmst die Verantwortung, wenn du wegsiehst. Deshalb wohl verwende ich die schäbigen Bilder vom Weggucken und vom Feierabend. Jedes Kind weiß schon, was das ist. Mehr geben wir nicht her.

Verdrängen durch mich wäre Unrecht, Gejagtwerden durch dich wäre Recht. Aber so bitte ich um etwas, das dazwischen liegt, um etwas Menschliches, um etwas, das gütige Eltern tun: Nicht-Hinsehen. Um etwas Nicht-Prinzipielles, um etwas in der Grauzone, wo weder Recht noch Unrecht, sondern ein ganz kleiner, ganz schlichter menschlicher Gestus steht: Nicht-Hinsehen. Ich weiß, es ist eine Zumutung, weil es fast zu menschlich ist. Weil es weder der Größe meiner Schuld noch deiner Größe angemessen ist. Es ist genau jenes Fünfe-gerade-sein-Lassen, genau jene leichte Inkonsequenz, die allein menschlich ist. Ich weiß, ich fordere dich fast zu etwas Unrechtem auf. Ich fordere dich auf zu mangelnder Dienstaufsicht. Ich weiß: es ist eine Zumutung für dich, der du der Anwalt der Gerechtigkeit selber bist, und eine Unverschämtheit angesichts meiner Schuld.

Wie Sühnung von Sünden geschehen soll, das können wir heute kaum noch verstehen. Auch von Vergebung wage ich gar nicht zu sprechen, weil das so einfach niemand glauben kann. Vergebung, ein schönes Wort, kann wohl höchstens das äußerste Ende eines langen Weges und nur striktes Geheimnis sein, aber nicht eine billige Vokabel, die, als erstes gebraucht, alles andere zudeckt. Ich begreife, es ist nicht so einfach mit solchen Worten zu machen. Die großen Worte wie Gnade und Vergebung sind wie abgenutzte Formeln. Ich entdecke heute, daß ich dich einfach um das Weggucken bitten sollte.

Wenn ich dich bitte wegzusehen, so betrifft das doch in Wahrheit mich. Denn ich selbst bin es, der den Ernst der Erinnerung nicht ständig ertragen kann. Herr, laß mich ehrlich sein und dieses frei bekennen: Ich kann nicht ständig an meine Schuld denken. So groß sie auch ist – in Wirklichkeit kann ich nicht glauben, daß man immer daran denken kann. So habe ich sogar davor Angst: die Schuld einfach zu verdrängen, weil die Konfrontation damit mir auf die Nerven geht. Die Gefahr ist viel zu groß, daß ich anfange, die Schuld zu manipulieren. So fürchte ich, daß alle neue Rede von Buße jetzt und die Pläne, angesichts der Jubiläen des Schreckens eine neue Bußbewegung zu starten, nur zu um so größerer Verdrängung führen. Könnte es nicht auch sein, daß alle unsere ehrlich gemeinten Schuldbekenntnisse in Wahrheit niemand hören will – auch deshalb nicht, weil es keinen Ausweg zu geben scheint? Und bei nächster Gelegenheit haben wir es dann wieder vergessen. Im Verdrängen sind wir Meister. War es nur eine neue Medienwelle? Ist es nicht so: Unser hauptsächlicher Defekt, daß wir nie und nimmer imstande sind, Fremdes, das nicht gerade so ist wie wir, wahrzunehmen und gelten zu lassen, genau diese Unfähigkeit dem Fremdartigen gegenüber läßt uns auch die Irritation durch Schuld immer wieder verdrängen. Und die Heftigkeit, mit der die Medien uns mit Erinnerung an Schuld schierwegs ersticken, ist doch nur die Kehrseite des Verdrängens.

Gibt es keinen Ausweg aus Verdrängen einerseits oder auswegloser Erinnerung andererseits? Gerade bei uns Evangelischen ist das Verhältnis zu Sünde und Schuld merkwürdig: Die Rede von Sünde ist geblieben, das Reden mit dir darüber ist abgebrochen.

Gerade die Besten unter uns sind wie Menschen, die den Augenblick der Begegnung mit Sünde und Mangel, mit Negativem festgeschrieben haben zur Grundhaltung. Sie machen sich selbst fertig, finden nicht heraus aus aller Negativität, sind wie gelähmt. Gerade deshalb die vielen Grüppchen der benachteiligten Minderheiten in der Kirche. Doch jeder, der sich halbwegs normal fühlt, der meint stark zu sein, will mit Christentum nichts zu tun haben. Kommt das nicht daher, daß wir, die Armesünderkirche, keinen Weg aus dem dunklen Tunnel herausfinden? »Es gibt keine Vögel mehr im Wald«, hat mir neulich mit Traurigkeit und Bestimmtheit ein Pfarrerskind erklärt.

Sind nicht viele Emanzipationen der Neuzeit nur die gewaltsame Reaktion darauf, daß Christen meinten, sich total durchstreichen zu müssen, daß aber eben das nicht gelingt? Vielleicht ist alle Säkularisierung nur ein Versuch in die andere Richtung, von dir befreit zu werden, von deiner stets überfordernden Gegenwart.

Es ist aber überhaupt kein Ausweg zu sagen, daß es neben Schatten auch Licht gäbe. So zu reden, müßte ich mich noch einmal schämen. Vielmehr: Ich bin schwach geschaffen und prozeßunfähig, doch ich denke: Solange ich noch mit dir reden darf, werde ich weder gejagt, noch brauche ich zu vergessen. Ja, deshalb bete ich zu dir, Herr, weil solange dieser Augenblick dauert, das wie die Ruhe ist mitten im Sturm. Ob deshalb wohl überhaupt Menschen beten?

Ich stelle mir das so vor, daß du, wenn wir mit dir sprechen, dich zur Seite drehst, um uns dein Ohr zuzuwenden, und dann hörst du uns nur, siehst uns aber nicht, weil du zur Seite guckst. Solange wir mit dir sprechen, siehst du uns nicht. Hältst du einen Augenblick inne in der Prozeßvorbereitung.

Und ich begreife: Mein Gebet jetzt steht genau in der Mitte zwischen Vergessen oder Verdrängen und Gejagtwerden. Dann bin ich nicht mit meiner Schuld allein, sondern ich kann versuchen, dieses als Begegnung mit dir aufzufassen, mit dir darüber zu reden.

Wenn ich bedenke, was ich vor dir bin, den Abgrund des Bösen zu ermessen versuche und Jagd und Prozeß, denen du mich aussetzen könntest, dann wird mir deutlich, wie zerbrechlich mein Alltag ist. Daß er wie ein Kartenhaus ist, leicht gebaut aus dünnem Holz und aus Pappe. Am rutschigen Abhang gebaut. Das ist wohl deine Liebe, daß es nicht immer nur die Folgen unseres Tuns gibt. Daß du uns in harmloser Alltäglichkeit beläßt. Daß du den Alltag bestehen läßt, ist deine Liebe. Daß wir nicht immerzu an unsere Schuld denken müssen.

Daß du uns vor der Unmenschlichkeit ständiger Erinnerung bewahrst und uns die Möglichkeit des Betens gabst, damit wir doch auch dem Verdrängen entgehen könnten.

Vielleicht sind Gejagtwerden durch die Größe der Schuld und die anfallsweise auftretenden Ängste vor dem Verdrängten gerade bei uns Deutschen nur zwei Seiten desselben unglücklichen Weges. Vielleicht ist es der glücklichere Weg zu versuchen, mit dir darüber zu reden. Weil du vielleicht und doch offensichtlich menschlicher bist als Größe und Abgrund.

Zwischen deiner Größe und meiner Schuld, beides sind Abgründe, liegt die Gnade der Alltäglichkeit. Ein Weiterleben ohne die ständige wahnsinnige Angst vor dem Gejagtwerden ist nur möglich, wenn wir dich immer und immer wieder darum bitten, so die Verantwortung zu übernehmen. So wird mein alltägliches Dasein psychisch möglich. Als Unterbrechung meiner Totalverantwortlichkeit. Das ist es, glaube ich, unsere geistige und moralische Existenz ist überhaupt nur denkbar als fortgesetzte Unterbrechung unserer Verantwortlichkeit. Aber gerade dieses gibt es nur mit der Bitte an dich, immer wieder wegzusehen. Und wir müssen oft so bitten, damit es dir nicht doch wieder einfällt hinzusehen. Daß uns nicht alles wieder einholt.

Zwischen Eingeholtwerden von Schuld und Verdrängung ist Alltag in Wahrheit nur möglich als Gebet vor dir, als Bitte, das zerbrechliche Kartenhaus bestehen zu lassen. Ich weiß, daß das leicht als Frömmelei verstanden werden kann. Doch ist nicht all unser Gespräch mit Menschen nur eine Abzweigung des Gesprächs mit dir, das wir immerfort führen, auch wenn es wie vor einer Mauer und vor einem großen Geheimnis ist? Ist nicht all unser Denken zwischendurch mit den Fetzen von Sinn wie eine verschwiegene Rede vor dir und vielleicht mit dir? Ist nicht unser Denken so den Tag über zwischen unseren Gedanken wie ein Sammeln unserer Wege vor dem Geheimnis unseres Seins?

So ist das Wichtigste nicht der Kontrast zwischen deiner Größe und unserer Schuld, sondern daß wir mit dir darüber sprechen und dankbar sind für jedes Weggucken. Denn wenn du uns so vor dir selbst schützen kannst, dann ist das offenbar stärker und größer als unsere Schuld. Daß du wegsehen kannst, zeigt schon immer, daß du stärker bist als unsere Schuld. Dann ist es ja schon geschehen, daß deine Güte größer ist als aller Abgrund. Weil wir dich darum bitten dürfen, weil wir mit dir reden dürfen, nur deshalb und unter dieser Bedingung, darf es auch nach Auschwitz noch Gedichte geben. Nur deshalb und unter dieser einzigen Bedingung ist reiner, kindlicher Jubel noch immer der einzige und absolute Sinn unseres Daseins.

So bitte ich und so danke ich durch Jesus Christus unseren Herrn. Amen.

Gottes Gerechtigkeit, offenbar geworden ohne Gesetz (3,21)

Der Gemeinschaftscharakter von Unheil und Heil

Paulus kann Unheil wie Heil nur sozial, d.h. in bezug auf Gemeinschaft denken. So ist »die Sünde« bei ihm ein umfassender, alle betreffender Zusammenhang, so kann Paulus die Gemeinschaft der Glaubenden als »Leib Christi« beschreiben; so sagt er statt »Seligkeit«: »mit dem Herrn sein«, und das häufige Thema Sich-Rühmen zeigt, daß Paulus den einzelnen ganz von seinem Selbstwert-Anspruch in der Gemeinschaft her versteht. Und ganz ähnlich ist auch »Gerechtigkeit Gottes« zu verstehen im Sinne der »Gemeinschaftstreue Gottes«. Gott will mit den Menschen sein, und seine Gerechtigkeit ist das, was er dazu tut.

Und wenn so unterschiedliche Partner wie Gott und Menschen zusammenleben wollen, der heilige Gott und die sündigen Menschen, dann wäre das eigentlich ein unmögliches Unternehmen. Denn Heiligkeit und Sünde stoßen sich ab. So ist also hier, wo es um so große Unterschiede geht, von seiten Gottes her besonders viel Aktivität nötig, um dieses Zusammenleben dennoch zu ermöglichen. Und seine Gemeinschaftstreue muß, bei solchen »Qualitätsunterschieden« vor allem auf deren Beseitigung gerichtet sein.

»Zusammenleben« ist daher das Schlüsselwort, um die paulinische Rede von Gottes Gerechtigkeit zu verstehen: Gerechtsein heißt: Jemandem das Zusammenleben ermöglichen, indem ich, wenn ich es nur kann, Störendes beseitige. Und umgekehrt: Der Gerechte kann mit dem Ungerechten nicht zusammenleben. Wer daher die Annahme von Gottes Gemeinschaftsleistung und -treue verweigert, der bleibt draußen. Und dem gegenüber äußert sich dann die Gerechtigkeit Gottes von ihrer »strafenden« Kehrseite; aber es geht nur um die Konsequenzen aus der Verweigerung der Gemeinschaft dabei.

Alle Rede von »Gerechtfertigtsein« meint daher den neuen Anfang des Zusammenseins mit Gott. Im Hintergrund stehen daher alttestamentliche und jüdische Verheißungen wie »ich will ihr Gott sein, und sie sollen mein Volk sein, und ich will in ihrer Mitte wohnen«. Daß es hier um Gemeinschaft geht, hat man allzu oft vergessen, wenn man vor allem an die Rechtfertigung des einzelnen dachte.

Das führte in eine Sackgasse. Das Denken des Paulus dagegen ist gemeinschaftsorientiert und kann unsere Deutung auf den einzelnen korrigieren. Das eröffnet dann auch den Blick auf unsere Gemeinschaftspflichten. Wieder entdecken wir, wie nüchtern Paulus in ganz zentralen Aussagen des Christentums denkt. Natürlich spricht aus dieser Theologie auch der Gemeindegründer und -organisator Paulus, wie wir ihn vor allem aus den Korintherbriefen kennen. Aber hier spricht auch der an der Torah orientierte pharisäische Jude Paulus, für den das soziale Zusammenleben der Menschen in Gerechtigkeit Gottes als Volk von der Anerkennung Gottes nicht zu trennen ist.

Eine sanfte Revolution

Aus 3,21-26 wird ganz deutlich: Ziel des vorangehenden Eingreifens Gottes mit seiner »Gerechtigkeit« ist es, nun den Menschen Gerechtsein zu ermöglichen. Der Mensch wird gerecht (Gott spricht ihn gerecht), wenn er nur Gottes Erweis seiner Gemeinschaftstreue annimmt, und zwar im Glauben. Das heißt: Der Mensch muß sich nur auf Gottes Tun einlassen, die ausgestreckte Hand Gottes ergreifen und sie nicht ausschlagen.

Bisher war dagegen »Gerechtsein« für Menschen zumeist (oder sogar: in der Regel) ein fernes Ideal, das bisher nur die ganz Großen wie Abraham, Isaak und Jakob verwirklichten. Für alle anderen war dieses nur mögliche Hoffnung, Ziel eines langen Weges der Bewahrung der Gebote Gottes. Die Revolution besteht nun darin, daß dieses, was bisher als lobendes Urteil höchstens für Vollkommene am Ende ihres Weges gesprochen werden konnte, daß dieses an den Anfang des Weges, eines neuen Weges gestellt wird. Die sanfte Revolution besteht darin, daß das Endurteil am Anfang steht.

Das ist eine wirkliche Revolution: Daß eine vollkommene Bejahung jedes einzelnen Menschen hier am Anfang des Christseins steht. Jedem wird gesagt: Wegen deiner Unvollkommenheit und Fehler und Schwächen brauchst und darfst du keine Angst mehr haben. Wenn du diese ausgestreckte Hand nur ergreifst, kann dir auch kein Weltgericht etwas anhaben.

Man kann diese Revolution auch pädagogisch betrachten: Angst vor Strafe kann bei Menschen manches bewirken und hat sie zu manchem angestachelt. Natürlich geht es dabei nicht nur um Angst, sondern auch um Hoffnung, aber doch um eine, die zaghaft und zitternd ist. (Es geht nicht an, das Judentum vor Paulus als eine Religion der Angst darzustellen. Denn es ist eben gleichzeitig eine Religion der Hoffnung und des Ringens um Gottes Barmherzigkeit; viele ergreifende Gebete zeugen davon.) Und jetzt wird vom Christen Paulus der große, kühne Versuch unternommen, nicht die Angst, sondern die ungeteilte, volle und endgültige, unaufhebbare Zuwendung Gottes zum Anfangspunkt des Weges zu machen. Geliebtwerden und Bejahtwerden sind jetzt zur Voraussetzung des Weges geworden, und Paulus erwartet und erhofft, daß es jetzt viel leichter sein müßte, Zusammenleben unter Menschen und mit Gott zu ermöglichen. Weil die Erfahrung von Wärme und Liebe am Anfang steht und doch nur weitergegeben werden muß. Sie ist nicht etwas, das man erst erhoffen müßte, sondern ist schon da, sichtbar in Raum und Zeit, nämlich im Kreuz Jesu.

Sünde und Angst als Gegenmächte

Gottes Gerechtigkeit steht immer wieder der Sünde gegenüber; und von daher wird Sünde noch einmal faßbar als das Handeln, das Gemeinschaft überhaupt zerstört. So setzt Gott sein gemeinschaftsstiftendes Handeln dazu ein, die Sündenschuld der Menschen zu beseitigen, das heißt: als kultische Sühne. Gottes ausgestreckte Hand, die es zu ergreifen gilt, ist daher die durch ihn verursachte Wegnahme aller Sündenschuld.

Nicht eine moralische Erneuerung bietet Gott jetzt an (das war das Angebot des Gesetzes, das seit langem bestand), sondern eine vor allem vor-moralische. Denn die Sühne, von der die Rede ist, ist ein im wahrsten Sinne des Wortes schreckliches magisch-zeichenhaftes Geschehen. Wie auch immer man sich dieses denken mag – entscheidend ist: Gottes Gerechtigkeit äußerte sich als konkrete Tat, um das, was trennend zwischen Gott und Mensch stand, alle Sündenschuld, aufzuheben. Die Aufhebung aller Angst, auch unser aller Angst, geschieht durch dieses Zeichen des Schreckens. Auf das Kreuz ist aller

Horror konzentriert, alles Furchtbare, das man nur erdenken kann, ist darauf gelenkt. Wer alle Grausamkeit bedenkt, die ihn getroffen hat oder sie sich angesichts eines Kruzifixes vergegenwärtigt, kann wohl zu dem Schluß kommen: Das ist genug.

Ein moralischer Weg der Erneuerung wäre bestenfalls endlos gewesen, bedenkt man, wie mühevoll angesichts der zu erwartenden Rückschläge eine Verbesserung des Menschengeschlechtes erscheinen muß. Damit aber wären Ungewißheit über Gottes Reagieren, die Angst vor ihm und vor den Folgen des eigenen Tuns geblieben. Das aber wäre »mit Gesetz« gewesen; nun aber ist Gottes Gerechtigkeit ohne Gesetz offenbar geworden, und das heißt: nicht auf dem moralischen Weg. Nicht Besserung wird gefordert oder begonnen, sondern eine Zusage wird gegeben. Und zwar anhand des symbolischen Horrorgeschehens der Kreuzigung.

Wovor befreit dieses in Wirklichkeit? Was Theologen hier Sündenschuld nennen, kann man vielleicht wiedergeben mit »Angst vor Gott« oder auch mit der Angst vor der eigenen Unsicherheit und ziellosen Ungeborgenheit. Wenn wir sagen, wir erführen Gott heute als das abweisend Ungewisse, dann doch nur, weil wir selbst so sind; es ist auch die Angst vor der eigenen Unheimlichkeit und Treulosigkeit. Und genau dagegen wird hier als das Evangelium des Paulus ein klares Ja gesetzt, damit wir selbst klar werden können. Paulus bietet alles, was er über Gott zu sagen hat, dazu auf, uns zu sagen: Der letzte und äußerste »Sinn«, den die Rede von Gott hat, und daher seine letzte und äußerste Tat, ist das Geschenk, daß wir von der Angst befreit werden, im Ortlosen jetzt und dann verloren zu gehen. Der Anfang des neuen und endgültigen Verhältnisses zwischen Gott und Mensch ist dieses unumstößliche Ja zu uns. Nicht im Ortlosen verloren zu gehen, heißt: Eine Orientierung haben, die alles, was wir sagen und tun, wie ein Wasserzeichen durchzieht. Nicht verloren zu gehen heißt dann: Auferstehung.

Anders gesagt: Unsere Angst in der Ortlosigkeit ist immer auch die vor dem Scheitern von Beziehungen. Genau deshalb aber redet Paulus von Gerechtigkeit Gottes, weil sie die Beziehung ist, die alle weiteren Beziehungen stiften und tragen kann wie ein Netz. Es mag sein, daß wir heute in unserer Psyche weniger mit dem Tragen von »Schuld« oder mit dem Nicht-Fertigwerden damit zu tun haben, aber dann doch dafür um so mehr mit Unsicherheit und Perspektivenlosigkeit. Gerade dem aber entspricht in diesem Text das Angebot des Glaubens, denn Glauben ist, sich festzumachen und den Standort zu gewinnen.

So redet unser Text vom Ende der Flatterhaftigkeit und Ortlosigkeit, doch nicht im Sinne einer Totenstille, sondern so, daß auch wir den Horror unserer Untreue auf ihn schieben können und neu beginnen können zu glauben, treu und standfest zu sein, weil es nicht mehr wir selbst sind und unsere eigene Moral, an der wir uns erbauen müßten.

So ist das Geheimnis Gottes nicht mehr das abweisend ungewisse, sondern dasjenige, das »für uns« und nicht »gegen uns« ist.

Wie läßt sich das vermitteln? Durch Verkündigung in neuen Worten und Bildern, aber auch durch liturgische Inszenierung, wenn man etwa an den Schatz der Liturgie der Karwoche aller christlicher Kirchen denkt. Sie dienen der persönlichen Aneignung der Botschaft durch an Zeichen gebundene Erfahrung.

Gerechtigkeit Gottes und Handeln der Christen

»Gerechtigkeit Gottes« als Gemeinschaftstreue Gottes liegt nach Paulus auch dem Handeln der Christen zugrunde als deren Ur- und Vorbild. Ausdrücklich spricht Paulus von der Gerechtigkeit der Christen im Zusammenhang der Kollekte in 2 Kor 9,9f (Gott wird die Saat eurer Gerechtigkeit mehren); maßgeblich ist sie der Sache nach besonders in Röm 12–13, im Bild des Leibes in 12,4–7 und im Grundsatz, jedem sei das ihm Zukommende zu geben in 13,7. Schließlich sind alle Äußerungen zu nennen, wonach die Gegenseitigkeit der Maßstab ist, so ausdrücklich Röm 13,8 (einander lieben); 14,19 (einander auferbauen) und Gal 6,2 (einander die Lasten tragen), aber auch 1 Kor 7, wo die Regeln für den Mann fast regelmäßig dann entsprechend abgewandelt für die Frau wiederholt werden. So bestimmt die Art und Weise, in der vom durch Gott geschenkten Heil gesprochen wird, auch das, was Menschen davon in ihr Handeln einfließen lassen können: Das Soziale und die Gegenseitigkeit stehen im Vordergrund.

Stellvertretender Sühnetod (3,25)

Tod und Schuld

Tod hat etwas mit Schuld zu tun. Dieses ist eine der Deutungen und Erklärungen des Todes auch im neutestamentlichen Zeitalter. So versucht auch Paulus, den Tod zu erklären als Erbtod von Adam her (Röm 5,12). Diese Deutung legte sich auch dort nahe, wo alle Weisheit und alle Gebote auf Bewahrung des Lebens ausgerichtet waren, auf dessen Schutz, Verlängerung oder Wiederherstellung. Der Tod wird nicht als Bruder hingenommen, sondern als Gottferne, als Strafe. Denn er ist der Feind, das um jeden Preis zu Vermeidende. Der Tod ist wie die Wüste, und die nimmt man nicht hin, sondern diese Gefahr ruft alle Widerstandsgeister wach. Und wenn man hineingerät in die Wüste und darin umkommt, dann, weil man die Regeln des Lebens nicht beachtet hat. Sie sind Wasser des Lebens. Der Tod ist Verdursten. Weil das Leben so kostbar ist, deshalb kann der Tod Strafe sein für den, der mit dem Kostbarsten leichtfertig umgegangen ist. Mit dem Tod ist dann auch die Schuld bezahlt: Die verdiente Folge ist eingetroffen.
Ein Volk, das Auschwitz und zwei Weltkriege veranlaßt hat, sollte wissen, was es heißt: Unsere Schuld ist so groß, daß wir selber den Tod verdient hätten. Denn warum sollte der mutwillige Täter besser wegkommen als die Opfer? Auch unsere Sünden gegen die Umwelt und die nicht gebannten nuklearen Gefahren machen uns drastisch deutlich, daß wir mit der Gesamtheit unseres Verhaltens Tod produzieren, auch im wörtlichsten Sinn des Wortes. Der biblische Zusammenhang von Tun und Ergehen, von Sünde und Tod, war nie einleuchtender zu belegen als im Zeitalter der Umweltverbrechen. Denn Tod kann nicht nur die Folge sein, er ist schon die Folge und ist mit Händen zu greifen. Wir verursachen uns selbst und anderen Tod.

Nicht schuldig

Bei Jesus hatten alle Beteiligten, Nahestehende wie die Jünger und Fernstehende wie Pilatus, die Überzeugung: Dieser ist unschuldig. Zumindest dieses eine Mal ging es um ganz offenkundige Unschuld.

Wenn man es recht überlegt, ist es auch heute noch zum Weinen: Der den Frieden und den unschuldigen Jubel predigt und lebt, ausgerechnet er muß nach einem Schnellprozeß hingerichtet werden. So gehen wir mit Menschen um, so mit Gerechten. – Sein Tod, vielleicht allein sein Tod steht außerhalb des Geflechts von Schuld und Mitschuld. Hier hat es garantiert einen getroffen, der nicht schuldig war. Wenn irgendjemand hätte müssen leben dürfen, dann er.

Unserer Schuld nicht gewachsen

Wir zum Beispiel sind unserer Schuld nicht gewachsen. Wir Deutschen haben es mit Verschweigen und Verdrängen versucht; aber es half nichts, die Schuld holte uns ein. Aber auch bloße Konfrontation mit der Schuld bringt oft nur mit der Ratlosigkeit auch mit sich, daß wir stumm und stumpf werden – und also wieder verdrängen. Und auch das Bessermachen (»Jeder muß bei sich selbst anfangen«) hilft nichts angesichts der Verbrechen eines ganzen Volkes. Die Größe dieser Schuld ist ein Fall nur für Gott. Vor ihm dürfen wir sie herausschreien. Aber damit nicht genug. Menschliche Schuld kann so groß sein, daß sie nicht mit der Bitte um Entschuldigung oder mit irgendeiner Wiedergutmachung zu beheben ist. Die Größe nicht nur dieser Schuld weist in den religiösen Bereich, in einen Bereich, in dem mit den alltäglichen Mitteln der Bereinigung von Konflikten nicht auszukommen ist. Weil unsere bescheidenen Mittel und Ansprachen hier verblassen.

Stellvertretung

Bei Kindern ist das so: Wenn bei den Eltern etwas durchzusetzen ist, wird das Kleinste geschickt. Denn aus dem Maß der Fürsorge, das die Eltern diesem angedeihen lassen, meint man schließen zu können: Das Kleinste lieben sie am meisten. Und sie vermuten bei ihm am wenigsten Mißbrauch oder List. Jesus geht mit seinem Leben, so denkt es die frühe Gemeinde, für uns als Fürsprecher zum Vater. Denn ihn liebt der Vater am meisten. Ihn können wir vorschicken. Er ist rein und hat ein gutes Gewissen und kann für uns dort ein Wort einlegen.

Er wagt sich vor. Und so denkt man das: Er ist wie das kleine Kind, das dann den Eltern alles anbietet, was es hat, um sie zu besänftigen, alle seine Sachen und Kleider und sich selbst. Damit nicht alle Schuldigen bestraft werden. Ein hilfloser Gestus: Jesus versucht, uns alle herauszureißen. Wenn ihn doch Gott liebt, dann wird er auf diesen hilflosen Gestus reagieren. Auf ihn wird Gott schauen, wenn er sogar sich selbst geben will.

Einen vorschicken, das ist Stellvertretung. Ein Volk, in dem jeder nur an sich denkt, hat die wichtige Dimension der Stellvertretung verlernt. In Holland und in Polen gab es während der Nazizeit Christen, die sich für jüdische Familienväter haben vergasen lassen. Bei der Stellvertretung Jesu geschieht mehr: Er geht nicht nur für *einen* anderen Menschen in den Tod, sondern er kann es für alle tun. Weil er der einzige Gerechte ist, zählt sein Tod für alle. Daher ist umfassende Stellvertretung hier möglich, weil sein Tod außerhalb der Verflechtung von Sünde und Tod steht. Aber selbst unter dieser Voraussetzung liegt kein automatisches Geschehen vor. Stellvertretung ist nur möglich im Angesicht Gottes, der diesem hilflosen Gestus zustimmt und zustimmen will.

Stellvertretung vor Gott setzt eine Gebärde der Hilflosigkeit voraus: Denn es geht doch um so etwas wie einen Tausch. Da wir angesichts des namenlosen Geheimnisses Gottes eigentlich hilflos und sprachlos sind, greifen wir auf das vorkulturelle Zeichen des Tausches zurück. Und wir denken, daß Gott sich auf diesen Tausch einließe: Ein Gerechter für alle Ungerechten. Tausch als eine Form des Handelns, des Miteinander-ins-Geschäft-Kommens auf einfachster Stufe, auch wenn man sonst kein Wort wechseln kann: Das ist das, was wir bei Stellvertretung als Vorgang denken. So ist deutlich, daß das »für uns« nur ein Symbol sein kann dafür, daß Gott mit uns Gemeinschaft haben will. Wir glauben, daß so die Angst gegenüber dem Unsichtbaren besiegt worden ist.

Paulus formuliert in 3,25 seine Aussagen in der Sprache kultischen Denkens, weil Menschen schon immer durch Institutionen von Ritual und Magie die Angst gegenüber dem Unsichtbaren bekämpfen wollen. Sie sind wie Selbstgespräche mit Zeichenhandlungen vor dem Unsichtbaren. Diese Angst vor Gott wird hier verstanden und »zu Ende geführt«, indem wir die endgültig gültige Stellvertretung annehmen.

Doch Stellvertretung verändert auch diejenigen, die vertreten werden, läßt sie angesichts des einen, der sie vertritt, zu Schwestern und Brüdern werden. Durch den einen, der ihnen allen gemeinsam das Leben schenkt.

Wer ist hier grausam?

Hätte aber Gott nicht diesen Gestus des Kindes, alles geben zu wollen, abweisen müssen und hätte er sich nicht auch ohne den vollzogenen Tod Jesu versöhnen lassen müssen? Wozu bedurfte es überhaupt irgendeiner Stellvertretung vor ihm? Hätte er sich nicht einfach gnädig zeigen können? Und war es nicht auch so: Der barmherzige Vater im Gleichnis vom verlorenen Sohn kommt ohne Opfer aus. Und Jesus sagt vor Ostern fast nichts über seinen Tod und hat gleichwohl von der Zeit der Barmherzigkeit Gottes sprechen können, die nun, mit seinem Auftreten angebrochen sei. Hat Gott sich anders besonnen und dann doch den grausamen Weg gefordert? Wie kann das Opfer des Sohnes Ausdruck von Liebe sein, wo es in Wirklichkeit eine Zumutung ist, solchen Tod überhaupt mit Gott in Verbindung zu bringen?
Aber: Nicht Gott hat Jesus getötet, sondern Menschen. Nicht er ist grausam, sondern wir. Dieser Tod hält uns wie ein Spiegel alle unsere Grausamkeit vor Augen. So ist das, was wir anrichten. So gehen wir mit reinstem Leben um. Schonungslos wird hier die Wirklichkeit von Tätersein und Opfersein ausgesprochen. Menschenopfer ist die Realität dessen, was wir uns antun. »Das Geheimnis der Erlösung heißt Erinnerung.« Der religiöse Horror des Kreuzes darf nicht überspielt werden. Hier wird all das öffentlich, was in uns ist. Alles Elend, aller Tod, alles Sterben. Wir als Opfer und Täter. Gerade so sind wir.
Nur ist dieser Skandal ein besonderer: Er ist der größte denkbare. Jesus zu kreuzigen, diese Absurdität ist so schreiend und grenzenlos, daß frühe Christen alsbald zu der Überzeugung kamen: Hier war mehr als ein Skandal, hier ist ein Knacks geschehen, der für alle Schuld aller Zeiten etwas bedeutet.
Und: Gerade an diesem Ort, an dem wir uns als Täter und als Opfer, als Mörder und als Gemordete im Gekreuzigten wiedererkennen, gerade an diesem Ort ist Gott. In dieser äußersten Zuspitzung von Schuld und Folge der Schuld begegnen wir Gott selbst. Und zwar als

dem Vergebenden. Gerade so, wie Jesus ihn gepredigt hat. Und mehr Vergebung kann nun nicht sein. Mehr Vergebung ist nicht denkbar. Dieses ist die äußerste Vergebung, die sein kann. Wenn Gott dieses vergeben hat, dann hat er alles vergeben.

Es wäre ja auch anders denkbar, und so haben frühe Christen auch bisweilen gedacht: Daß Gott auf diesen äußersten Skandal nun mit äußerster Härte reagiert, Jerusalem deswegen zerstören läßt, Israel deswegen verstößt.

Aber am Ende versteht man den Tod Jesu als eine Begegnung mit dem bis zum äußersten barmherzigen Gott. So nämlich: Wir sind es, die hier alle Schuld auf die äußerste Spitze treiben. Wir sind es, die Jesus zum Opfer machen. Wir sind es, die hier alle Schuld der Weltgeschichte in geballter Form aufhäufen. Wir haben ihm alles Unrecht angetan. Wenn es der schimpflichste und der qualvollste Tod ist, der den gerechtesten Menschen trifft, den heiligsten Sohn Gottes selbst, dann ist hier alle nur denkbare Schuld beisammen.

So haben eigentlich wir ihn zu unserem Stellvertreter gemacht, auf makabre Weise. Um in dem Bild von den Kindern zu bleiben: Die älteren Kinder hätten dem jüngsten alles nur erdenkliche an Scheußlichkeit, was sie je in sich hatten, angetan. Und die Eltern hätten das Kind so gefunden. Und ihre Reaktion angesichts des mißhandelten und verstümmelten Lieblings: »Was ihr als Grausamkeit getan habt, bleibt Grausamkeit. Seht nur, was ihr angerichtet. Was ihr jetzt noch viel mehr verdient hättet, wißt ihr. Aber wir tun so, ja wir wollen das so tun: Was ihr als Grausamkeit geplant habt, das betrachten wir so, wie wenn ihr den Jüngsten wie auch sonst mit einer Bitte zu uns geschickt hättet. Wie wenn er alles, was er hatte, und sich selbst für euch, nicht gegen euch hätte uns anbieten wollen. Wir nehmen es so.«

Ich weiß, solche Eltern sind unter Menschen undenkbar, die auf die Hinrichtung ihres Lieblingskindes, und gerade dann, mit äußerster Liebe reagieren und sagen, nun sei alles gut. Gerade dieses mißratene Gleichnis (auch bei den Gleichnissen der Evangelien gibt es solche extravaganten Züge) kann aber verdeutlichen, eine wie ungeheuerliche Botschaft die Rede vom Sühnetod ist: Daß hier, wo Entsetzen das Mindeste, Feindschaft und verdiente Tötung aller – um im Gleichnis zu bleiben: aller älteren Kinder – das Normale und Erwartbare gewesen wäre, daß hier von Gott Feindesliebe in äußerster Konsequenz gepredigt wird.

Die Rede vom Sühnetod ist wie kein anderes Stück aus dem frühen Christentum eine Predigt über das unvorstellbare Wunder der Liebe Gottes. Denn die äußerste Grausamkeit, die Summe aller Grausamkeit, hätte Rache bis zum letzten bedeuten müssen. Dann wäre die Welt in Ordnung. Aber gegen jede Wahrscheinlichkeit und Normalität, gegen jede typisch menschliche Reaktion wird gerade hier aller Rache und Vergeltung Gottes ein Ende gesetzt. Indem Gott sagt: »Ich werde mich gerade so verhalten, als sei dieser Jüngste zu mir gekommen, um mir alles anzubieten, was er hat, alle Spielsachen und sein Leben, nur für euch. Ich will eure Grausamkeit so werten. Denn eure Wege des Hasses sind nicht die meinen. Wißt ihr, was der Tod eines Lieblingskindes bedeutet? Dann wißt ihr auch, was es für mich bedeutet, daß ihr Jesus ermordet habt. Dann wißt ihr aber auch, was es bedeutet, wenn ich das als Stellvertretung, als Herausreißenwollen zu euren Gunsten werten will. Daran seht ihr, wie unvernünftig und über alle Maßen ich auch euch liebe.«

Nicht Gott ist hier grausam, sondern die Grausamkeit der Menschen ist der Anlaß, von der äußersten Liebe, der schlechthin wunderbaren, durch nichts mehr zu begreifenden Zuwendung Gottes zu den Menschen zu sprechen. Die Grausamkeit der Menschen, der Gott sich konfrontiert sah, hat er zum Ausdruck äußerster, unvorstellbarer und anstößigster Liebe seinerseits werden lassen. Er hat sie völlig umgewandelt, wie nur er Haß und Unglück verwandeln kann.

Das heißt: Gott bedurfte dieses Todes keineswegs. Seinen Vergebungswillen hat er schon zuvor durch Jesus Christus verkünden lassen. Doch dieser Tod wird im Sinne gerade dieser liebevollen Zuwendung, als deren äußerstes und letztes Konkretwerden aufgefaßt. Nicht nur ohne Grund, sondern gegen alle Gründe liebt Gott.

So ist die Deutung des Todes Jesu als Sühnopfer nicht ritualistische Verzerrung der reinen, humanistischen Botschaft Jesu, wie es das 19. Jh. glaubte, sondern Ausdruck der unvernünftigen Feindesliebe Gottes selbst, die sehr wohl zur Verkündigung Jesu paßt.

Umwertung

Der Kern dieser Bemühung um ein Verständnis der Aussagen über den Sühnetod (in Röm 5,7f sagt Paulus das mit der Feindesliebe ausdrücklich) ist: Gott habe das, was als Bösestes, Feindseligstes gedacht war, umgewertet, als habe er von sich aus den gleichen sichtbaren Tatbestand der Kreuzigung Jesu umgeschmolzen in das Gegenteil. Nämlich darin ein äußerstes Eintreten Jesu für die Menschen sehen wollen und den Tod als Ausdruck der Liebe Jesu gewertet. Diese Wertung aber ist Ausdruck der absoluten Barmherzigkeit Gottes. Er macht aus unserer Feindschaft einen Ausdruck der Liebe Jesu, und er tut dieses aus Barmherzigkeit.

Und diese Barmherzigkeit gestattet es ihm zu sagen: »Das höchste Verbrechen ist der Ort geworden, gerade hier meine Barmherzigkeit zu äußern.« Und zu sagen: »Gerade angesichts dessen soll nun ein Ende sein mit allem Zählen von Schuld auf meiner Seite. Ich will jede Rechnung dieser Art für alle Zeit vorher und nachher aufheben. Jetzt habe ich mich da in diesem Geschehen selbst festgelegt. Nein, ich hatte es nicht nötig, dieses zu fordern, es ist überhaupt keine Art von Genugtuung vor mir nötig. Aber ihr habt es getan, das Schreckliche, und ich habe es ergriffen und umgewandelt, und so ist daraus ein unumstößliches Zeichen geworden dafür, daß euch das zuteil wurde, was ihr nötig habt. Und auch wohl das Zeichen selbst als Zeichen habt ihr nötig, damit ihr wißt, daß ich es ganz, ganz ernst meine. So, daß jetzt niemals mehr irgendjemand etwas weggeben muß, um Fürbitte zu leisten für euch vor mir, denn niemand hätte es besser vermocht als mein Sohn, weil niemand meinem Herzen näher stand.« Gott hat gesagt: »Dieses Geschehen ist ein Ende aller Opfer, weil ich dieses so werte. Weil ich mehr und intensiver nicht vergeben kann.«

Es kann keine Rede davon sein, daß Gott dieses Opfer gebraucht hätte oder doch »ganz gerne gesehen« hätte. Gott benötigt es überhaupt nicht für seinen Vergebungswillen. Nach dem Gleichnis vom verlorenen Sohn vergibt Gott auch ohne jedes Blutvergießen. Man kann daher auch nicht sagen, Gott hätte seinen Sohn irgendwem oder irgendwie »geopfert« – den Menschen oder gar sich selbst. Auch das führt in eine Sackgasse, da für irgendein Opfer keine Notwendigkeit bestand. Und wenn es heißt, Gott habe seinen Sohn »(dahin-)gegeben«, dann in dem Sinne, daß er ihn den Menschen und damit ihrer Willkür und so auch dem Risiko der Ermordung auslieferte. Aber damit ist nicht gesagt, daß er ihn opferte.

Vielmehr gilt es, die menschliche Grausamkeit, und sie ist die einzige Grausamkeit dabei, durch nichts abzumildern.

Wenn dann aber doch dieser Tod als »Sühnopfer« angesehen wurde (gegen alle Bestimmungen der Torah), dann in dem hier geschilderten Sinne der Umwertung: Gott hat diese Tat »auf die Reihe gebracht«; er hat auf unsere Schandtat eine Kategorie angewandt, die es ermöglichte, die Tat im Sinne der Vergebungsbotschaft Jesu zu deuten, nämlich die des Sühnopfers. Die Anwendung dieser Kategorie geschah ausnahmsweise; denn weder erlaubt die Torah Menschenopfer noch wollten die Täter ein Opfer bringen. Aber Gott hat dennoch diese Tat eben so gewertet. Und diese Wertung entsprach vollständig seiner Absicht bei der Sendung Jesu, war er doch Anwalt der Menschen und Verkündiger der vergebenden Barmherzigkeit Gottes zugleich. Und genau so ist er jetzt beides zugleich auch in seinem Tod, weil Gott es so wertet, weil er diesen Tod so einstuft.

Stellvertretung verstehen wir – daß Jesus Fürbitte leistet für uns. Und wir fragen uns: Warum mußte sie bis zu diesem Ende kommen? Antwort: Sie »mußte« es nicht. Aber als wir Jesus umgebracht hatten, hat Gott gnädigerweise diesen Tod in halsbrecherischer Anwendung kultischer Kategorien Israels als Vollendung dieser Stellvertretung gelten lassen.

So ist das Kreuz Ausdruck und Summe unserer Grausamkeit und Ausdruck und Summe der Feindesliebe Gottes. Den wir unverständig hingemordet haben, diesen hat Gott gerade angesichts dieses Geschehens als den Grund angesehen, uns zu vergeben. Das ist wirklich um des Sohnes willen: Denn Gott hat seinen Tod gewertet als die Bereitschaft, alles für uns zu geben.

Damit ist der Tod am Kreuz über die Worte Jesu vom Vergebungswillen Gottes hinaus deren Festwerden in einem Geschehen. Die Botschaft Jesu ist der Kommentar, in dessen Licht man seinen Tod richtig verstehen kann.

Sich rühmen (3,27)

»Sich rühmen« ist für Paulus immer ein wichtiges Thema, weil es um den Ort im Netz der sozialen Beziehungen zwischen Personen geht, die für Paulus in jeder Hinsicht zentral sind. Dabei rühmt man sich aber nie seiner selbst, sondern immer eines mehr oder weniger umstrittenen Wertes (Tat oder Eigenschaft oder anderer Personen). Wer sich nun des in Wahrheit Ehr- und Glanzlosen rühmt, ist töricht. Paulus nimmt hier wohl Bezug auf das Rühmen von 2,17: Durch das (jetzt besonders aussichtslose) Festhalten am (endlosen) Weg der Werke des Gesetzes ist das (törichte) Sich-Rühmen nicht zu beseitigen. Denn das bleibt immer leeres Sich-Rühmen ohne solide Grundlage. Man kommt nur zu einem Verzicht auf das sinnlose religiöse und auch soziale Prestigestreben, wenn man den Weg des Glaubens wählt. Glauben aber hieße: Sich Gottes rühmen, und das ist so etwas wie die Neufassung des Ersten Gebotes für Paulus.

Zum Verständnis des Textes nehmen wir Jer 9,22 hinzu und erläutern auch daran, warum »Glauben« das unsinnige Sich-Rühmen ausschließt.

Jer 9,22f: So spricht der Herr: Nicht rühme der Weise sich seiner Weisheit, der Starke rühme sich nicht seiner Kraft, der Reiche rühme sich nicht seines Reichtums! Nein, wer sich rühmen will, der rühme sich dessen, daß er klug sei und mich erkenne, daß nämlich ich, der Herr, es bin, der auf Erden Barmherzigkeit, Recht und Gerechtigkeit schafft! Ja, an solchen Leuten habe ich Wohlgefallen. Spruch des Herrn.

Prestigeverzicht

Der Karfreitagsgottesdienst in der katholischen Liturgie beginnt mit einer ungewöhnlichen Szene: daß sich Priester und Diakone schweigend einfach auf den Fußboden der Kirche vor dem Altar niederwerfen, daliegen mit dem Gesicht auf dem Boden. In der ganzen Kirche herrscht Schweigen. Das dauert drückend lange. Zehn Minuten, eine Viertelstunde liegen sie da, mit dem Gesicht auf den nackten Kirchensteinen. Wie tot und wie Opfer. Im Lauf des Kirchenjahres gibt es so etwas nur an dieser Stelle. Symbol für unsere Lage, für unseren wahren Status im Angesicht von Kreuz und Schuld und im Angesicht Gottes.

Die Sucht nach Prestige auf den Gebieten Wissen, Macht und Reichtum hat dabei nicht nur eine individuelle, sondern eine vielleicht noch bedeutendere kollektive Variante. Das Pochen auf das deutsche Wesen, an dem die Welt genesen muß, ist nur die gemeinschaftliche Variante dessen, was Jeremia ablehnt. Es ist alles allemal Streben nach Macht.

Doch unser Text setzt diesem Streben nach Macht nun keineswegs entgegen, daß man anders handeln soll. Vielmehr heißt es: Wer sich rühmen will, soll sich rühmen, daß er mich erkenne, daß ich es bin, der auf Erden Gnade, Recht und Gerechtigkeit schafft. Wer hier etwas tut, wer hier das Entscheidende tut, das ist nicht der Mensch, sondern das ist Gott. Nun liegt auch hier wieder die Versuchung sehr nahe, einfach in frommen Reden zu bleiben und zu sagen: Wenn alles sowieso nur Gott tut, kommt es auf das Handeln des Menschen so sehr gar nicht an. Ist das gemeint: Der Mensch als Zuschauer? Doch so einfach wird sich das Jeremia kaum vorgestellt haben. Wie aber soll das denn konkret geschehen, daß Gott auf Erden Barmherzigkeit, Recht und Gerechtigkeit schafft? Denn Gott ist offenbar weit weg, und hier herrscht Unrecht. Merkwürdig ist also, daß in dem Text weder gesagt wird, warum der Mensch sich nicht rühmen soll, noch wie Gott auf Erden wirkt. Also ein Wort zum Nachdenken.

Auch bei Paulus soll und kann sich der Mensch nicht rühmen; an der Stelle des Erkennens Gottes steht bei ihm der Glaube. Und Gottes Handeln, daß er Barmherzigkeit tut, eben das geschah in Jesus Christus. Bei Paulus wie bei Jeremia wird das rechte Sich-Rühmen neu geortet, es bekommt einen neuen Bezugspunkt, bei beiden handelt Gott. Bei Paulus ist deutlich, wodurch Gott gehandelt hat: In Jesus Christus.

Doch bei Paulus geht es nicht nur um Reichtum, Besitz und Ehre als Prestigegüter, er denkt den Gedanken noch weiter: Für ihn ist der moralische Anspruch, den Menschen erheben können, der hauptsächliche Bezugspunkt menschlichen Prestigestrebens.

Paulus beobachtet menschliches Zusammenleben sehr genau: Er bemerkt, daß die Moral für sich zu beanspruchen die schärfste Waffe im

Sich-Durchsetzen ist. In unserem Jahrhundert gelingt das besonders gut mit den Stichworten »sozial« im Westen oder »antifaschistisch« im Osten. Wer dieses gegen andere zum Programm erhebt, kann sich sehr lange und gut getarnt dahinter verstecken, um nur um so ungenierter nach Macht zu streben. Paulus beobachtet diesen Fehler im Judentum seiner Zeit (Röm 2,17–24). Und er sagt: Wer sich auf das Prinzip des moralischen Ansehens einläßt, der bleibt, ganz gleich, wieweit das durch sein wirkliches Tun gedeckt ist, immer auf der Seite eines zweideutigen Ruhmes (das meint Paulus hier wohl mit der Aussage »durch das Gesetz der Werke? Keineswegs«). Prestigestreben ist nur dann ausgeschlossen, wenn man sich einem ganz anderen Weg zuwendet, wenn man das Feld des menschlichen »Machens«, nämlich Stück um Stück so sein eigenes moralisches Prestige aufzubauen (und doch immer dahinter zurückzubleiben), verläßt. Damit ist nichts gegen Handeln und Werke gesagt, nur gegen die Perspektive, unter der man lebt, nämlich: moralische Geltung als wichtigstes Motiv und Leitregel, man könnte auch sagen: »als anständiger, ehrenwerter, wohlangesehener Mitmensch« zu gelten. Paulus fordert demgegenüber, das Handeln für einen Augenblick der Besinnung zu unterbrechen und dann unter anderer Perspektive neu zu beginnen. Dieser Neuansatz heißt: Gott die Ehre geben, sein Handeln anerkennen, sich im Glauben darauf beziehen, sich in dieses Handeln Gottes hineinnehmen lassen.

Die Logik des Jeremia-Satzes ist offenbar folgende: Wenn man fragt, wie Gott Barmherzigkeit, Recht und Gerechtigkeit schafft, dann offenbar so und unter der Bedingung, daß der Mensch sein Prestige- und das ist eigentlich: sein Machtstreben aufgibt. Vielleicht beschreibt der Satz einen Zirkel: Wenn der Mensch sein hemmungsloses Streben nach immer mehr Prestige aufgibt, dann kann Gottes Handeln sichtbar werden. Daher die Verknüpfung: Wessen man sich nicht rühmen soll und wessen man sich dagegen wohl rühmen soll. Aufgabe des moralischen Prestigestrebens heißt auch: Zum Beispiel frei zu werden von dem Zwang, immer wieder den anderen, den politischen Gegner als den wahren Nazi beschreiben zu müssen. Daß wir davon frei werden, auf die Schuld zu starren und zum ungeliebten Nächsten sagen: Du, gerade du bist so.

Nur unter der Bedingung, daß wir uns niederwerfen, daß wir eingestehen, kann das sichtbar werden, was danach kommen soll. Daher meine ich, daß das Verharren im bloßen Entsetzen gott-los ist, weil Entsetzen vor Gottes Angesicht mehr ist als bloßes Entsetzen, nämlich zugleich Nicht-Alleinsein. Denn das, was wir ersehnen wie ausgedörrtes Land, wie es unser Text sagt: nämlich Barmherzigkeit und Recht und Gerechtigkeit, kann erst sein, wenn wir bekennen und zugleich unsere Streberei loslassen können. Denn im Sich-Niederwerfen geschieht beides: Schuldbekenntnis und Beschenktwerden.

Jeremia fordert nicht auf, Barmherzigkeit und Recht und Gerechtigkeit endlich zu tun. Das ist das Ärgernis seines Textes. Sondern er fordert auf, Gott zu erkennen. Und das geschieht im Verzicht auf Machtgewinn durch Prestige. Alles übrige geschieht dann von selbst. Und genauso fordert auch Paulus skandalöserweise statt der Werke, die jedermann erwarten müßte, »nur« den Glauben.

Unterbrechung des Tuns

Und für die Frage der Schuld im Dritten Reich und danach für die Schuld des Verschweigens bedeutet dieses: Gott die Ehre zu geben und nicht uns selbst, das ist wie Sich-Niederwerfen vor ihm. Denn das ist Schuldbekenntnis und Beschenktwerden zugleich. Wir brauchen nicht sogleich irgendeinen Aktivismus, sondern eine Denkpause. Wir können nicht fortschreiten zum aufrechten Gang. Nur nach dieser Unterbrechung ist verantwortbares Weiterleben möglich. Unser Text spricht vom Erkennen, daß es der Herr ist, der handelt. Dafür müssen wir einen Augenblick unser Streben nach immer mehr Macht aussetzen, darauf hören, was Gott will (das ist so, wie wenn man das Gras wachsen hört) und sich in sein Handeln einfügen. Um das Gras wachsen zu hören, muß man sich niederbeugen, für andere und anderes empfindlich sein und eine besondere Art von Zeit haben. Gelassenheit. Wir sollten lieber erst einmal das Gegenüber zu bedenken versuchen. Höchstens dies: Einüben in die Geborgenheit durch Ehre, die wir Gott geben. Ein Fall für Gott allein sind wir. Im Blick auf das Kreuz nehmen wir wahr, daß immer dort, wo Menschen Geschichte machen wollen und dieses nicht Gott überlassen, daß immer dort zwischen Schuldigwerden und Opfersein kein großer Unterschied besteht. Wer ist Täter, wer Opfer? Die vor dem Altar ausgestreckten sehen aus wie Schuldige oder wie Opfer. Opfer wie der am Kreuz.

Die Botschaft der Deutschen

Könnten wir nicht die Denkpause dazu nutzen, im Angesicht des Gekreuzigten in unserer Geschichte zu lesen: Wahrzunehmen, daß wir nicht in Schuldige, Opfer und glückliche Nachgeburten einzuteilen sind, sondern daß wir gemeinsam vor Gott stehen. Ich meine damit auch unsere Identität als Deutsche. Unser Kranksein an diesem Punkt war auch schon rein historisch gesehen entscheidend für das Nazitum, auch von wegen der Schmach von Versailles.

Auf eindrückliche Weise berichtet der griechische Sänger Mikis Theodorakis in seiner Autobiographie, die SS-Leute hätten seinerzeit von seiner Folterung abgesehen, da er die Namen Bachs und Beethovens genannt hätte. Mit ihren Stiefeln hätten sie in den Blutlachen des Kerkers bekannte Melodien dieser deutschen Meister intoniert. Die Kehrseite des Volkes der Künstler und Denker. Schwierigkeiten mit dem Rühmen und dem Prestige. Probleme mit unserem kollektiven Rühmen.

Und damit erging es uns wie in der Wüste, zwischen höchsten und tiefsten Temperaturen zerrissen. Wäre es nicht unsere deutsche Botschaft an die übrigen Völker der Welt, über das Verhältnis von Ohnmacht und Schuld, von Prestige und Absturz, von Eingeständnis und Beschenktwerden, von Macht und Kreuz etwas zu sagen? Von daher, eben von daher unsere Identität zu gewinnen? Sich vor dem Kreuz als Volk begreifen?

Gibt es nicht an dieser Stelle – daß wir kein Volk sein können – einen tiefen Zusammenhang zwischen unsicherem individuellem und unsicherem kollektivem Streben nach Ruhm? Wir können doch nicht sofort radikal anders sein, doch wir sollten zunächst unsere Erfahrungen erkennen. Wäre es nicht sinnvoll, darüber nachzudenken, statt auf die Schuld zu starren und zu sagen: Du warst es? Als Volk uns wahrnehmen in gemeinsamer Verantwortlichkeit, nicht nur als Wirtschaftsverbund. Barmherzigkeit, Recht und Gerechtigkeit, von denen Jeremia spricht, sie sollen doch ihren Ort vor allem in einem Volk haben. In dem Abschlußbericht der Kommission über den »Kieler Sumpf« angesichts des Selbstmords von Barschel hieß es: »... aus dem niedrigen Beweggrund des Machterhalts für sich und seine Partei.« Seit wann »niedrig«? Üblicherweise ist Machterhalt für mich und jede unserer Cliquen der höchste Beweggrund.

Werkzeuge Gottes

Und dann erinnere ich mich: Das Niedergeworfensein vor dem Altar gibt es im Ritus außerhalb des Ablaufes des Kirchenjahres auch noch an einer einzigen anderen Stelle: Bei der Priesterweihe (Ordination), wenn die Kandidaten auf dem Boden liegen, um ihren Auftrag, ihre Sendung entgegenzunehmen. Für uns ist das ein Bild. Aber genau in diesem Sinne können wir uns in die Worte des Franziskus einfügen, der betet: Herr, mache mich zum Werkzeug des Friedens. *Dann* kann das gelten: Der Herr ist es, der Barmherzigkeit und Recht und Gerechtigkeit schafft auf der Erde.

Barmherzigkeit und Recht und Gerechtigkeit – genau das hat Gott jetzt in Jesus auf der Erde getan. Gerechtigkeit und Langmut nennt Röm 3 selbst. Und dieses Handeln Gottes kann sich auswirken, wenn wir ihn erkennen; Paulus nennt das Glauben. Er gibt Raum für das Wirklichwerden von Gottes Tun. Unterbrechung des Machens, nicht um zu verstummen, sondern um dann sich zum Werkzeug des Handelns Gottes machen zu lassen.

Und was bei Gottes Wirken an uns geschieht? Der Schlußsatz des alten Hymnus »Veni sancte spiritus« lautet: Da perenne gaudium. »Ewige Freude gib«. »Ewige Freude« – ein paradoxer, vielleicht in sich widersprüchlicher, jedenfalls unfaßbarer Begriff. Berufen zur ewigen Freude durch den Geist Gottes, der uns seit der Taufe berührt. Hängt nicht unsere Trostlosigkeit auch damit zusammen, daß wir darüber nicht nachdenken, dessen eingedenk sind? Nicht den Mut haben, daran zu denken, uns nach so etwas zu sehnen? Und ist nicht diese ekstatische, widersprüchliche und exotische und ganz ferne Unbegreiflichkeit, ewige Freude, doch am Ende die stärkste Kraft?

Glaube ist kein Werk (3,27-4,5)

Gerade evangelische Verkündigung konnte sich nicht genug damit tun, Glaube und Werk strikt zu unterscheiden. Bei aller Berechtigung dieser Trennung ist dabei doch für viele Menschen der Glaube selbst zum Werk geworden: Zu einem überaus anstrengenden Hindernis-

lauf über viele Mauern (Glaubenssätze) und Gräben (Forderungen nach praktischer Umkehr). Bei all den Forderungen und (Selbst-)Vorwürfen blieben jedoch Freude und Gelassenheit auf der Strecke; und es ist einfach eine Erfahrungstatsache, daß Glaube oft zum größten Krampf hat werden können. Die Meditation richtet sich vor allem gegen diese fehlgeleitete Auffassung von Glauben und plädiert für eine ganz andere Gelassenheit, als sie üblich ist.

Dazu wird der bekannte Text aus Koh 3,1-14 zu Hilfe genommen (»Ein jegliches hat seine Zeit . . .«) besondere Betonung liegt auf 3,11 (»auch hat er die Ewigkeit in ihr Herz gelegt«).

Wandel und Ewigkeit

Lachen und Weinen, Tanzen und Trauern sind wie Ebbe und Flut. Der Rhythmus von Haben und Verlieren ist Gottes Handschrift. Und weise dünkt uns, wer so spricht. Aber: Soll dieses die letzte Weisheit sein, daß es eine Zeit für alles gibt? Daß es keine leere, nur gefüllte Zeit gibt und daß sie stets, wie auch immer gefüllt, begrenzt ist? Daß Abwechslung herrscht, denn dann kommt wieder eine andere. Soll hier nur gesagt werden, daß es solche Zeiten gibt und solche und daß man sich nur darauf einstellen muß wie Opportunisten?

Nein, denn Gott hat »Ewigkeit« in das Herz des Menschen gelegt. Das aber heißt: Gegen all die begrenzten Zeiten steht die Ewigkeit in unserem Herzen. Es gibt etwas, das in allem Wechsel Dauerhaftigkeit will und darstellt. Unser Herz. Es kann sich nicht immerzu ins Gegenteil verändern, sondern will und soll identisch bleiben. Verschiedene Zeiten, aber ein Herz.

Eben aus so einem Grund habe ich zum Beispiel in meinem Dienstzimmer im Theologischen Seminar in Heidelberg die Burg aus Bauklötzen aufgestellt, die ich als fünfjähriger Junge 1945 zu Weihnachten bekam; mein Vater und meine Tante hatten sie selbst gemacht, mit Türmen und Zugbrücke und Außenmauern, das Fachwerk mit Stricknadeln eingebrannt, die Burgtürme und die Dächer rot angemalt, die Zugseile der Zugbrücke aus brauner Wolle. Die Burg vermeldet so, wie sie dasteht, jedem Besucher: Der Hausherr hier versteht sich noch immer ein wenig als der kleine, große Junge von damals, er hat seine Träume von so einer herrlich schönen Stadt nie aufgegeben, die für alle seine Träume stehen. Der kleine Junge, der an Weihnachten 1945 denkt. Ich habe nicht vergessen, daß sich mein Bubenherz dafür begeistern konnte. Wie wenn auch andere nach langen Jahren doch die gleichen geblieben sind. Daß sie ihren Kern bewahrt haben. Was bleibt, ist vor allem die je eigene Sehnsucht, die Art zu hoffen, die Vorlieben, das Herz.

Unser Text sagt nicht, daß in allem Wandel Gott oder das Wort Gottes beständig seien. Vielmehr hat Gott in unser Herz Ewigkeit gelegt. Dort, in unserem Herzen, gibt es das, was Dauer stiftet über alle Zeiten hin, nur dort – als Gabe Gottes allerdings. Nicht ein Glaubensbekenntnis oder -gegenstand ist ewig, sondern Kontinuität ist, wenn überhaupt, dann immer nur in uns. In Erinnerung und Hoffnung.

Wie bleiben wir wir selbst in all dem Wechsel? Unser Text ist wohl deshalb so eindrücklich, weil er selbst unser Herz berührt, weil er genau das vollzieht, was er sagt: Darin erkennen wir uns alle wieder: Es gibt eine Zeit zu lachen und eine Zeit zu weinen. Berührt nicht der Text wirklich unser Herz, weil genau diese Erinnerung an Lachen und Weinen, Tanzen und Trauern, weil die Fähigkeit zur Erinnerung selbst schon mehr ist als das bloße Ausgeliefertsein an die verschiedenen Zustände? Daher empfinden wir den Text als weise, weil sein Standpunkt ein erster Schritt hinter die bloße bunte Abfolge ist. Der erste und entscheidende Schritt. Vorsichtig, aber genau gezielt. Wer sich erinnert, ist nicht mehr preisgegeben. Daher wird unser Herz berührt, wenn wir den Text hören, weil genau dieses unser Herz ausmacht, die Mitte dessen, was wir Person nennen, weil Lachen und Weinen, Tanzen und Trauern unsere Erfahrungen sind, weil wir uns in dieser Gegensätzlichkeit wiedererkennen und doch zugleich von einer nur sinnlosen Gegensätzlichkeit frei werden, gerade indem wir dies bedenken. Denn alles ist nicht mehr sinnlos, wenn es in allem uns selbst gibt. Wenn es die Erfahrungen unseres einen und einzigen Herzens sind. Und genau diese Stelle hat etwas mit Gott zu tun: Den Wechsel so wahrzunehmen und im Herzen zu bedenken, das ist schon Identität.

»Ich« sagen dürfen

Das aber, was hinter der bunten Folge uns selbst ausmacht, ist nicht greifbar, ist überhaupt nicht machbar, sondern das, was hier Einheit stiftet, wird uns rein als Geschenk gegeben. Für mich war dieses Geschenk des roten Fadens schon immer die Erfahrung Gottes. Ich sagen zu können, das ist Gabe Gottes. Es ist die einzig entscheidende Gabe. Alle Rede von Sündenvergebung und Rettung und Auferstehung, die ganze Heilsgeschichte und die ganze Veranstaltung Christentum und alle Rede von Freiheit in West und Ost zielen auf diese Gabe Gottes: Bewahrung dieses Ich-sagen-Dürfens vor aller Zerstörung. Auch Auferstehung will nichts anderes. Daß wir selbst Ich sagen dürfen, hat mit Gott zu tun. Nichts anderes. Von dort erschließt sich Ewigkeit, von dort gewinnen wir einen neuen Zugang zur ganzen Religion. Und die Folgen dieser Ewigkeit in unserem Herzen, dieser Ahnung von Ewigkeit, die uns selbst ausmacht: Zu wissen, daß beides zu uns gehört und unvermeidlich ist, Liebes und Leidvolles – es bringt eine neue Einsicht in die Grenzen unseres Tuns, wir bauen nicht für die Ewigkeit, es würzt die kostbare Einmaligkeit jeder Stunde. Trost im Leiden, daß es nicht ewig dauern wird. Würze des Jubels, daß er Grenzen hat. Denn nicht wir sind der Herr. Wie langweilig, wenn immer nur Tanzen und immer nur Klagen wäre. Und vor allem jene Kunst: die Zeit wahrzunehmen und zugleich gelassen zu sein. Sie wahrzunehmen. Freude und Trauer zu bejahen. Und zugleich deren Grenzen einzusehen. Engagiert und aus einer Bindung heraus zu handeln und zugleich demütig und weise Grenzen zu sehen. Dabei zu sein und auch immer einen Schritt zurück treten zu können. Gelassenheit als Antwort des Gemütes auf die Gnade der geschenkten Einheit.

Eine Zeit des Glaubens und eine Zeit des Unglaubens

Und deswegen auch dieses: im Leben des Menschen muß es Ebbe geben und Flut, und beides hat einen Sinn. Es gibt eine Zeit des Glaubens und eine Zeit des Unglaubens. Das belastet viele, daß sie den Kinderglauben verloren haben, daß ihnen vieles nicht mehr sicher ist, sie vieles nicht glauben können. Es geht vielen so, die früher sehr sicher geglaubt haben und in der Kirche tätig waren. Aber wenn auch Paulus sagen kann: Gott hat alle zum Unglauben zusammengeschlossen, damit er sich aller erbarme, dann heißt das: Auch die Zeit des Unglaubens hat einen positiven Sinn, selbst sie. Die Zeit der Krise und des Zweifelns an allem ist notwendig, man muß Abstand gewinnen dürfen. Gegenüber der ganzen Bibel und der Last all der kirchlichen Traditionen. Denn Glauben heißt nicht etwas nachbeten. Damit man selbst sein kann, muß man sich von all dem, was nur vorgeschrieben ist, lösen können, einmal ganz gelöst haben. Wissen, was das Nein ist und was übrigbleibt, wenn wir nicht nur Fremdes glauben müssen. Unglauben ist ein Schritt, um zu sich selbst zu kommen. Um die Gnade schmecken und erfahren zu können, daß man sich selbst geschenkt wird. Nur noch das wird dann in der Folge wahr sein, was in unserem Leben wirklich vorkommt. Die Zeit des Unglaubens ist von Gott gewollt. Natürlich ist er dann der verborgene Gott.

Wir sollten gelassener werden gegenüber diesen Zeiten des Unglaubens und überhaupt gegenüber all dem, was nicht perfekt ist an unserem Glauben, was schwach ist und nur wie ein Strohhalm. Und Gott wird sich euer doch erbarmen, sagt Paulus zum Schluß. Die Zweifel, das Mündigwerden, die Distanz zur Kirche, zu finden, daß das meiste nicht geht. Alleinsein mit Zweifeln – all das ist notwendige und von Gott gewollte Durststrecke. Am Ende werden wir darauf stoßen, daß es nur noch Erbarmen gibt. Das Ende aller unserer Wege, unserer Zweifel und des Versagens der Kirche wird Erbarmen Gottes sein, das nur zu seiner eigenen Herrlichkeit da ist. Nicht die Hölle ist das Ziel, sondern dieses sanfte, wärmende Feuer der Barmherzigkeit Gottes. Sie wird triumphieren – das ist die Botschaft.

Wenn wir nicht zurechtkommen, dann müssen wir nur wissen: Es gibt eine Zeit des Unglaubens, gegenüber der wir gelassen sein können. Und es gibt eine Zeit des Glaubens, und zwischen beiden steht die Erfahrung von Liebe und Erbarmen. Triumphierendes Erbarmen Gottes am Ende.

Das wird das Ziel sein: Daß wir im Rückblick auf Ebbe und Flut unseres Glaubens Gott als den preisen, der uns durch beides geführt. Und das ist die Konsequenz für jetzt: Daß wir gelassener sind mit dem eigenen Unglauben und dem anderer. Denn Gott ist der Herr, und sein Erbarmen wird siegen.

Die rechte Gelassenheit ist dort am Platz, wo wir etwas nicht machen können, und das ist das meiste im Leben. Meistens üben wir falsche Gelassenheit dort, wo wir eingreifen müßten, und wollen mit dem Kopf durch die Wand, wo wir gelassen sein müßten. Denn in dem, was wir nicht machen können, entscheidet sich der Sinn. Ewigkeit ist nichts außerhalb, sondern der rote Faden durch alles hindurch. Aber dieses ist die höchste Gabe, Identität, »ich« sagen zu dürfen, hier als Gabe Gottes dargestellt, weil es an viel Liebe gebunden ist.

Nicht-Ich-sagen-Dürfen gab es auch in der Kirchengeschichte genug. Auch in der Kirche wurden hehre Ziele diktatorisch verwaltet. Doch darauf allein käme es an: Ohne die Erzeugung von Angst Spielraum zu gewähren. Auch vor der allerwahrsten Wahrheit muß jeder den Spielraum gewinnen können, ich sagen zu dürfen. Im Namen der Liebe, im Namen des Christentums und im Namen des Sozialismus sind die größtmöglichen Tyranneien ausgeübt worden: Daher gilt wohl für alle Macht im Zusammenhang mit Ideen und hohen Zielen, auch etwa der Liebe, die wir gegenüber Menschen ausüben: Gelassen dem Gegenüber den Spielraum gewähren, ich sagen zu können. Denn nur so geben wir Raum für das Kostbarste: Daß die Ahnung entstehen kann, unverwechselbar man selbst zu sein.

Die höchsten Ideale sind am meisten gefährdet, weil sich in diese Superlative auf Schleichwegen Tyrannei einnistet. Liebe, Sozialismus und Christentum werden zu trojanischen Pferden des Allerschlimmsten. Für kaum etwas sind mehr Menschen sinnlos umgekommen als für diese höchsten Ideale. Im Namen des Christentums bestand und besteht zum Teil auch weiterhin eine Unfähigkeit, Spielraum zu gewähren. Auch hier fehlt die Gelassenheit, Menschen in kritischer Sympathie eigene Positionen gewinnen zu lassen. Meinungskonformismus. Wir haben sie erdrückt und versklavt, haben es zugelassen über Jahrhunderte hin, daß Kirche mit Obrigkeit gleichgesetzt wurde. Und noch heute tragen wir als Talar ungeniert die Uniform höherer preußischer Staatsbeamter.

Nur im Herzen des Menschen ist Kontinuität. Wenn das zutrifft, dann müssen wir Menschen Luft dazu geben, die Zeit lassen, daß sie zu sich selbst finden. Zu dem, was Gott ihnen als ihr Selbst schenkt. Das gilt auch für unser Verhalten in allem, was wir Liebe nennen. Die Emanzipation der Frau ist gerade aus diesem Grunde parallel zur Emanzipation von Dogmatismus kirchlicher und sozialistischer Art. Aber nicht Emanzipation um ihrer selbst willen, sondern weil es hier um die Erfahrbarkeit von Gnade geht.

In der Woche vor dem 7. Oktober 1989 war ich in der DDR und hatte ein Pastoralkolleg für die Pfarrer der Brandenburgischen Kirche zu halten. Es war die Woche, in der die Spannungen ihren Höhepunkt erreichten. Die festliche Abschlußrunde fand in Gegenwart eines Mitglieds der Regierung der DDR statt. Sie wird zu den unvergeßlichen Erfahrungen meines Lebens gehören. Es war atemlose, gespannte Stille, als dieser Staatssekretär sein Grußwort sprach. Es ließ kaum irgendeine Hoffnung. Dann erhob sich einer der Bischöfe und schlug vor, zum Abschluß Lied 227 Strophe 8 zu singen. Nur an dieser Stelle der Veranstaltung erhoben sich alle spontan von ihren Sitzen, und sie sangen: »Erhalt uns in der Wahrheit, gib ewigliche Freiheit, zu preisen deinen Namen durch Jesum Christum. Amen.«

Abraham unser Vater (4,1–24)

Röm 4 macht das Verhältnis zwischen der bleibenden Bindung alles Heils an Abraham und der universalen Heidenmission ohne Beschneidung zum Thema. Es gelingt Paulus zu zeigen, daß an denen, die wie Abraham glauben, alle Verheißung an Abraham in Erfüllung geht. Nur der Glaube genügt, und auch Beschnittensein wird erst gültiges Zeichen, wenn es Zeichen für den Glauben ist.

Die alten Judenfriedhöfe Westeuropas haben ihre eigene Heimlichkeit und ihren unverwechselbaren Charakter. Die Steine stehen oft ohne besondere Ordnung da, ein wenig schräg, weil zu schwer für den Boden, keine Ziergräber sind um die Steine herum angelegt, erst recht keine Blumen. Jeder dieser Steine steht für einen Menschen. Auch die hebräische Inschrift ist von Moos eingehüllt und von Efeu umgeben. Melancholie ist das wohl und Bitterkeit des Todes, aber doch gerade durch untrüglichen Realismus, der ohne jedes verzierende Beiwerk leben kann, nicht hoffnungslos, nicht verzweifelt. Hier, an diesen Häuflein zusammengewürfelter dunkler alter Steine, die die Natur oft schon wieder heimholt in ihren Schoß – manche sind umgefallen – kann man erfahren, was Israel ist, wie Juden Tod und Leben erfahren haben. »Beth ha-Chajim«, Haus des Lebens, geben viele Steine als Titel an. Realismus und Ernst, Geborgensein in Gottes Erde. Und wenn man das bedenkt: Hebräische Schriftzeichen in unserer seit Jahrhunderten durch Kleinbürgertum geprägten Welt. Das ganze Ärgernis wird doch daran deutlich, daß hier Menschen wie selbstverständlich munter in der Schrift und Sprache des Alten Testaments weiter schrieben und sich durch das Fehlen des längst siegreichen Kreuzes auf den Steinen zu unterscheiden wagten. Diese Steine ragen wie das Unverständliche selbst in die wechselnde Weltlichkeit aller christlichen Jahrhunderte.

Das Thema unseres Textes ist das Verhältnis zwischen den Völkern der Welt und dem einen Volk Abrahams, zwischen der allgemeinen Menschheit und der Besonderheit der Erwählten. Der Übergang von der Urgeschichte zur Vätergeschichte (in Gen 11,28–12,4) wird daran sichtbar, daß Abraham einerseits persönlich gesegnet wird und die Zusage erhält, zu einem großen Volk zu werden – das ist das Besondere –, daß aber andererseits gesagt wird, alle Völker der Erde sollten sich segnen im Namen Abrahams – das ist das Allgemeine. Doch das eine ist so anstößig und unbegreiflich wie das andere.

Zum einen: Der höchst individuelle Charakter des Gottes, mit dem Abraham es zu tun hat, liegt darin, daß sich dieser Gott nicht damit begnügt, der eine und einzige Gott zu sein. Das wäre nichts weiter als klug, und viele Philosophen haben in dieselbe Richtung gedacht. Dieser Gott ist vielmehr auf höchst besondere Art einer, indem er auf sehr anfechtbare Weise in der Welt sich Vorlieben erwählt. Wobei noch die Besonderheit ist, daß diese Vorlieben dann keineswegs besonders privilegiert sind, sondern eigentlich immer alles ausbaden müssen, was Menschen gegen Gott den Herrn haben. So gibt es denn zahlreiche jüdische Geschichten, in denen sich Juden darüber äußern, daß sie lieber etwas weniger auserwählt und dafür etwas mehr verschont sein möchten. Es ist dieselbe Handschrift dieses auserwählenden Gottes auch im Falle Jesu. Bei ihm wird sich dasselbe wiederholen. Auserwähltsein als Zeichen des einen Gottes und seines Anspruchs – und alles ertragen müssen. Israel ist der Anker der Einzigkeit Gottes in der Welt.

Darin liegt das Ärgernis für Intellektuelle wie für Kleinbürger: Daß der eine Gott sich an besondere Menschen gebunden haben soll. Den einen Gott will man immer gerne zugeben, und Seligpreisungen und Gleichnisse Jesu sind wunderschön und tröstlich. Aber das andere will man immer nicht: Juden will man nicht, Glauben an die Auferstehung und den Sühnetod Jesu will man nicht, Kirche als Institution will man nicht, nicht Sakramente und Amt. Immer dort, wo es konkret wird, nicht nur schöngeistig, immer dort, wo der Bund Gottes mit schwachen Menschen wirklich sichtbar wird, fangen unsere Wenns und Abers und unsere Aggressionen an.

Doch gegen das schöngeistige Kleinbürgertum und seine Toleranzvorstellungen gilt: Es haben eben nicht alle denselben Gott, wie man immer wieder begütigend hört. Eben solche Toleranz ist nicht biblisch. Paulus geht es um den Gott Israels und den Gott des Gekreuzigten. In Röm 9 läßt er Gott ausdrücklich sagen: Jesus Christus ist gesetzt zum Stein des Anstoßes und zum Fallstrick. Gott selbst setzt so provozierende Unmöglichkeiten in die Welt. An die man einfach nicht glauben kann.

Kreuzestheologie ist nämlich nicht nur auf den Glauben an Jesus zu beschränken, eine Art Gedankenakrobatik kluger dogmatischer dialektischer Rede über den Auferstandenen als den Gekreuzigten. Jede Beschränkung darauf spart das genauso Unbegreifliche und Unangenehme aus: Israel und Kirche.

Daß es Menschen geben soll, die erwählt sind vor anderen, ist das Problem. Daß dieser Gott speziell bei diesen und nicht einfach überall sein will. Das ist provozierende Unmöglichkeit. Was ist das für ein Gott, der sich auf so ärgerliche Weise hier auf Erden festlegt? Die gelben Judensterne waren sichtbarster Ausdruck, daß sich Menschen über diesen Gott ärgerten. Wenn es in unserem Text heißt: Ich will die segnen, die dich segnen, dann bedeutet das auch umgekehrt: Wer dich angreift, tut es leibhaftig mir selbst an.

Natürlich, wir kennen auch dieses: Daß Erwähltheit zum Deckmantel für ungenierte Unmoral wird. Wir kennen es von Juden seit den Propheten wie von Christen. Vielleicht gibt es im Zeichen von Erwähltheit immer nur diese Extreme: Ärgernis sein und Verfolgtwerden oder Erwählung zum schönen Schein der Heuchelei mißbrauchen. Eben dieses erschwert das Verstehen von Gottes Neigung zu Vorlieben noch einmal auf ganz besondere Weise. Daß die Erwählten nicht nur Sünder sind, sondern daß Erwähltsein selbst auch mißbraucht werden kann. Mit der Konsequenz schlimmer Heuchelei. Von der Kirche seit der konstantinischen Wende. Und bei Leuten, die vorgeben, erwählt zu sein, ist Sünde um so schlimmer. Deshalb zeigen wir mit Recht immer spontan auf die Flecken bei den Erwählten.

Aber der Mißbrauch ist immer so augenfällig und so ärgerlich, der Widerspruch wird gerade bei der Kirche immer gleich so schreiend, daß auch daran zeichenhaft der Kontrast zu Gottes Erwählungstat

76

sichtbar wird. So könnte es sein: Der Sinn von Gottes Sich-Festlegen ist einerseits, ein Zeichen für seinen Anspruch zu setzen, die Unausweichlichkeit seiner Forderung kund zu tun. Wie wenn er sagen wollte: Hier kommt ihr nicht daran vorbei. Und zum anderen: Das Fehlverhalten der Erwählten wirkt immer gleich so schreiend, daß daran Sünde überhaupt überdeutlich erkennbar wird. So gilt: Als leidend Verfolgte wie als schäbige Sieger sind Juden wie Christen unentrinnbar Zeichen für Gottes Verhältnis zu den Menschen, für seine grundlose Liebe wie für menschliche Sünde und Heuchelei.

Das war also das eine: Abraham als der Erwählte und die Abgründigkeit von Gottes Erwählungshandeln zu allen Zeiten.

Und das andere ist: Alle Völker der Erde sollen sich in Abrahams Namen segnen. Das heißt: Wenn sie Abrahams Namen nennen, wird Gott sie sicher segnen. Auf Abrahams Nennung hin wird Gott reagieren. Auch hier haben wir eine ähnliche Denkweise im Neuen Testament: im Namen Jesu bitten. Die Völker werden daher nicht pauschal und für allezeit gesegnet, sondern nur um Abrahams willen. Er und seine Nachkommen sind nicht nur Mitte der Welt und Nabel der Erde, sie sind auch unerläßliche Bedingung für die Erfüllung jedes Gebetes und jedes Segens. Auf diese Adresse sind wir angewiesen. Wir sind nicht unmittelbar zu Gott. Abrahams Name steht dazwischen. Sein Name ist unerläßliche Bedingung für die Erhörung jedes Gebets. Paulus löst das Problem im Galaterbrief so, indem er sagt, Jesus sei eben der Same Abrahams, und von ihm gelte alles dieses. Aber der Grundansatz bleibt ganz ungeteilt erhalten: Auch wir Christen können keinen anderen Segen erlangen als den, der Abraham verheißen ist. Auch Jesus ist nur wie sein Sohn und Erbe. Nicht selbständig vom Himmel gefallen. So bleibt es dabei: Wir sind nicht gottunmittelbar, alles, was von Gott kommt und zu Gott geht, unsere Wünsche, alles läuft nur über Abraham, Gottes Liebling.

Und Segen ist nichts speziell Geistliches, sondern Segen ist einfach alles von Gott geschenkte Leben. Die Bibel kennt nur einen einheitlichen Lebensbegriff. Und wann immer wir uns wünschen, Gott möge uns etwas schenken, wie ein langes Leben, einen schönen Tag oder das Himmelreich, so geht das doch nur wegen Abraham, im Blick auf ihn. Wir haben keinen Allerweltsgott, sondern den jüdischen.

»Und du sollst ein Segen sein«, sagt Gott zu Abraham. Soll Gott zu einem wandernden Beduinen vor vielleicht dreitausendfünfhundert

Jahren gesagt haben. Ein merkwürdiger Fremdkörper in unserer Welt. Schon das Segnen an sich: Noch vor ein paar Jahren weigerten sich Vikare kurseweise, überhaupt Segensformeln zu sprechen, weil es magisch sei und nicht vernünftig und autoritär und nicht sozial-ethisch. Sie haben wenigstens noch auf ihre Weise darüber nachge-dacht. Segen ist archaische Rede, paradiesische Rede, wo das Wort noch bewirkt, was es besagt. Und ähnlich ist Abraham wie ein mythi-scher Name vor aller Geschichte, an deren mythischem Anfang. Oder vielmehr: An der Schnittstelle, wo das namenlose Allgemeine in das Besondere übergeht. Die Judenfriedhöfe predigen die Nicht-Assimi-lierbarkeit. Die Widerständigkeit gegen einen Allerweltsglauben. Ha-ben wir Christen nicht das jüdische Erbe zu einem Allerweltsglauben gemacht? Für allgemeine menschliche Erfahrung mit unbestimmten Gottheiten ist die Bibel nicht zu haben. Nur für konkrete mit einem bestimmten Gott. Wenn man also fragt, was derlei Glauben heute und für unser Handeln austrägt, so ist die Antwort: Kasuistik und Stehen zu einer Geschichte. Kasuistik heißt: Kein allgemeines Füh-len, sondern nur konkretes Tun an der Basis bringt weiter. Was sich aus diesem Glauben, aus der Besonderheit von Gottes Handeln, er-gibt, kann nicht konkret genug sein. Und das gilt für Kirche allge-mein: Der Streit um theologische Richtungen mit ihrer je besonderen Einfärbung unterscheidet sich in zwei Punkten von dem, was Konse-quenz aus Israels Gottesverhältnis ausmacht: durch Abstraktheit und den ungenierten Griff nach Macht. Und zum Streit gehören immer zwei, die sich gegenseitig aufs Glatteis locken.
Der exkommunizierte Erzbischof Lefèbvre hat der Kirche vor allem vorgeworfen, sie praktiziere den Ökumenismus, den Modernismus und den Zionismus. Das meiste davon hängt direkt mit unserem Text zusammen. Die Schere zwischen modernistischer Anpassung und Rechtskonservativismus ist auch unser Problem seit langem. Unse-rem Text und der Theologie der Auserwähltheit kommt zur Vermei-dung der beiden gleichermaßen unsympathischen Extreme eine wich-tige Schlüsselfunktion zu. Denn: Kann Ökumenismus nicht auch eine Krankheit sein, wenn etwa das Verhältnis zu Religionen, die au-ßerhalb von Judentum und Christentum stehen, von uns Christen ohne Rücksicht auf die Dimension der Erwählung Abrahams harmo-nistisch definiert wird? Wenn historisch gewordene Identität ver-schenkt wird? Ich will keine pseudo-amerikanische religiöse Coca-

Cola-Kultur. Ist das nicht ein Greuel: der Small-talk- und Shake-hands- und Make-love-Ökumenismus der Jet-Set-Theologen?

Ist bei der kirchlichen Reformerei – Stichwort Modernismus – nicht immer vergessen worden, daß Christentum beides braucht, ein Stand-bein und ein Spielbein, und mit dem Standbein meine ich die Kirche als geistliche Heimat, mit dem Spielbein alle Fragen der Gerechtig-keit. Gerechtigkeit sollte man ständig reformieren, weil man darin nicht fortschrittlich genug sein kann, nicht aber gleichzeitig auch fortwährend Liturgie und Gottesdienst und Glaubensbekenntnis. Denn man braucht ein Bein zum Stehen.

Und zum Stichwort »Zionismus«: Ist der christlich-jüdische Dialog nicht oft dadurch geprägt worden, daß Christen sich in eine sehr aus-geprägte Identitätskrise auch in der Christologie selbst hineinmanö-vriert haben und viel zu schnell alles Mögliche über Bord warfen, was der jüdische Dialogpartner nicht zu würdigen vermag. Und dabei kön-nen wir doch ganz sicher sein: Alles, was im Neuen Testament steht, ist zumindest einstmals auch eine jüdische Denkmöglichkeit gewe-sen. Dieses können und müssen wir vom Judentum lernen, zu unse-rer Geschichte zu stehen. Uns zu erinnern.

Das ist der wunde Punkt, den Bischof Lefèbvre ankreidet und dann freilich völlig pervertiert beantwortet: stehen zur eigenen Geschichte und Unverwechselbarkeit. Für uns heißt das: stehen zu der Ge-schichte seit Abraham. Zur Erwählung auch der Heidenchristen. Nicht Antizionismus als Ausweg, sondern besser vom Judentum ler-nen, was Erwählung und Identität und Nicht-Nivellierbarkeit ist. To-leranz, die wir alle ersehnen, hat etwas mit dem Wissen über Ge-schichte zu tun.

Die Wehmut und Stille der jüdischen Friedhöfe, der unendlich sanfte Trotz dieser Steine und Zeichen läßt dessen eingedenk sein, daß Iden-tität nur durch Außenseitertum und Martyrium hindurch und nur für den zu bewahren ist, der auf der Seite der Opfer steht.

Glauben und Gnade (4,3f)

Der Glaube Abrahams nach Röm 4 war grundlos und reines Ver-
trauen, und dem entspricht von seiten Gottes her das reine Geschenk,
die reine Gnade. Das Zusammengehören beider Aspekte stellt die fol-
gende Kurzgeschichte dar, die einer Landverheißungs- und Auszugs-
geschichte »nachgestaltet« ist. Dabei schildert der Text die Situation
moderner Glaubender, die gerade nicht ans verheißene Ziel gelangen
(daher hat die Geschichte auch keinen »Schluß«), wohl aber durch
das, was man Glauben nennen könnte, verändert werden. Sie wagen
den Auszug, sie nähern sich dem Tod, bereit, sich alles schenken zu
lassen.

Im Osten wohnte ein alter Mann mit seiner alten Frau. Sie waren arm
und dienten einem strengen und habgierigen Herrn. Eines Tages trat
auf den alten Mann ein Fremder zu, der sich als Bote eines ausländi-
schen Königs zu erkennen gab, von dem freilich der alte Mann noch
nie gehört hatte. Der Bote hatte indes eine schriftliche Mitteilung an
den Alten, was diesen erstaunt machte, denn er fragte sich, woher der
König in der Ferne seinen Namen wissen könnte. Doch in dem
Schriftstück redete er ihn regelrecht an und hatte ihm geschrieben:
»Wenn ihr immer weiter gen Süden zieht, du und deine Frau, dann
werde ich euch dort ein blühendes Stück Land schenken, das noch niemandem gehört als mir allein. Und ihr werdet frei sein und ohne Sorgen. Und kein räuberischer Herr wird eure Arbeit ausplündern. Und
ihr werdet eurer Tage froh werden.« Und der Alte sagte es seiner Frau,
und da sie nicht viel zu verlieren hatten an der Stelle, auf der sie dienten, nahmen sie von allem Abschied und fragten den Boten nach dem
Weg zu dem angesagten Stück Land. Der Bote sagte: Immer bei stern-
klarem Himmel werdet ihr die Orientierung sehen. Ihr müßt nämlich
in der Richtung des äußersten Sternes des Großen Bären wandern.
Und so zogen sie fort, ohne viel Worte zu wechseln. Als sie aber einen
Tag lang gewandert waren, fragte die Frau, die nicht ganz so wortkarg
und etwas neugieriger war als ihr Mann: »Sag, warum sind wir ohne
viel zu reden losgezogen?« Und der Mann antwortete: »Weil es
schlimmer als dort, wo wir waren, nirgends hätte sein können. Weil
jede Ansage von etwas Freiheit, von etwas mehr Freiheit und weniger

Sklaverei, Sehnsucht in mir weckte, auf die ich eingehen mußte.« Und die Frau schwieg, und sie schliefen des Nachts in ihrem Zelt und sammelten von den Früchten längs des Weges und wanderten in der angegebenen Richtung. Und auch am zweiten Tag gab es ein Gespräch zwischen der Frau und dem Mann: »Warum haben wir dem Boten getraut? Könnte es nicht jemand sein, der uns endgültig zugrunde richten will? Der uns unsere sichere Stellung in der Sklaverei rauben wollte und nun in eine leere Existenz treibt?« Und der Mann erwiderte: »Der Bote hat mich mit Namen angeredet. Und es war ein fremder Bote, niemand von denen, die als Betrüger in Frage kämen hier. Ich weiß nicht, woher er mich kennt, aber er kam von weit weg. Er hat das Landstück mir zugedacht.« – »Aber meinst du nicht«, fragte die Frau, »daß man gerade bei Fremden vorsichtig sein soll?« – »Meinst du nicht«, fragte der Mann, »daß man einfach das große Los ziehen kann, daß man einfach Glück hat, einfach etwas geschenkt bekommen kann?« – Und die Frau sagte: »Ja, das verstehe ich wohl, denn so hast du auch geredet, als wir uns kennenlernten und als wir einander lieben konnten und immer wenn wir glücklich waren: daß man einfach etwas geschenkt bekommen kann. Und ist es nicht so, daß wir all das wirklich Wichtige ganz offensichtlich nur geschenkt bekommen haben: daß wir da sind, daß wir uns lieben können, daß du deinen Beruf verstehst und ich meinen, daß wir gesund sind und trotz aller Plagerei noch leben. Daß es einen Sternenhimmel gibt bei Nacht und die Kühle des Abends. Und daraus folgt ganz einfach, daß wir auch das ganz Wichtige, die Freiheit und ein Stück Land, nur geschenkt bekommen können. Es könnte, dürfte gar nicht anders sein. Freiheit kann man nur geschenkt bekommen.« Der Mann: »Doch gleichzeitig ist es ein weiter Weg, den wir selbst gehen müssen und niemand anders.«
Und am nächsten Tag führte ihr Weg zusehends in unwegsameres Gebiet, und es wurde wie Wüste um sie herum, und dem Mann machte der Weg zu schaffen, und er fragte die Frau: »Glaubst du wirklich, daß das stimmt mit dem Landgut? Ich sehe so gar nichts davon, und die Richtung, in die wir gehen, wir haben sie doch gestern Nacht noch kontrolliert? Daran kann es nicht liegen. Aber wenn es so weitergeht, sind wir bald in der Wüste!« Die Frau erwiderte: »Wir haben dem Boten einfach vertraut. Meinst du nicht, daß wenn ein ferner König deinen Namen kennt, daß es dann ein König sein muß, der sehr mächtig

ist und überall Leute kennt?« – Der alte Mann: »Aber warum sollte dieser König gerade an mich denken?« – Die Frau: »Weißt du, wenn es ein großer, mächtiger, sehr mächtiger König ist, dann macht es ihm nicht viel, ob du nun Großgrundbesitzer oder Knecht bist, das spielt dann vor dem keine Rolle mehr.« – Der Mann: »Aber warum hat er gerade an mich gedacht?« – Die Frau: »Wenn das einer wüßte. Aber vielleicht ist es doch so überhaupt und mit allem: Daß wir sind und wie wir sind, ist immer eine Auswahl aus vielen. Da heutzutage viele kleine Kinder sterben: Es ist doch genauso zu fragen, warum gerade wir am Leben sein dürfen.« – Und sie gingen weiter und kamen in die Wüste, und der Weg wurde beschwerlich, und sie dachten daran umzukehren, denn so weit das Auge reichte, war keine Spur von Leben, nichts als Tod. Und der Mann fragte: »Meinst du, daß alles dieses plötzlich Leben werden kann, daß hier mitten in der Wüste ein fruchtbares Land für uns sein kann, wie mit einem Male hinter einer Wegbiegung?« Und die Frau sagte: »Es ist alles noch viel trostloser als dort, wo wir herkamen. Worauf haben wir uns nur eingelassen? Kann man überhaupt noch vertrauen?« – Und der Mann fragte: »Sollen wir umkehren? Denn wenn wir diese Hoffnung nicht mehr haben, welche denn sonst?« Aber es gab keine Antwort mehr.

Es war jetzt die Zeit, da sie einander mit Worten nicht mehr ermuntern konnten, doch seltsamerweise gingen sie weiter, schweigend, ohne Argumente. Und wenn es schwierig oder kälter wurde oder einfach nur so zwischendurch faßten sie einander bei den Händen. »Meinst du nicht, daß sich etwas geändert hat mit uns selbst auf unserem Weg?« fragte die Frau. »Und dies, obwohl wir nicht am Ziel sind und es fast aussichtslos erscheint«, fügte der Mann hinzu. »Es hat sich ja nichts gebessert«, erwiderte die Frau, »im Gegenteil, jetzt kommt es viel mehr denn je auf Tod oder Leben an, denn entweder sterben wir hier in der Wüste, oder das Leben kommt bald als Oase oder ein Garten.« »Aber das, was sich verändert hat«, sagte der Mann, »betrifft uns selbst: Wir sind freier geworden von allem Unwesentlichen, ruhiger und bereit, uns alles Entscheidende schenken zu lassen. Denn es gibt nur noch das Große, Einfache, Wichtige, das geschenkt werden kann oder muß.« »Und wir können zusammenhalten auf dem Weg, ganz einfach, auch dort, wo wir keine Argumente mehr haben«, sagte die Frau. »Und dieses zu können ist ein Geschenk, das auf das andere von gleicher Art, auf das Gut unserer Hoffnung, von sich aus verweist. Denn gerade von dieser Art wird alles sein, was auch immer uns zuteil wird.« »Und sind wir nicht, da wir das allein Wichtige wissen und erfahren«, sagte der Mann, »sind wir dadurch nicht geprägt worden und bereit, das Sklavendasein leichter aufzugeben?«

Gnade gegen Leistung? (4,4)

Aus der Abrahamtradition des Alten Testaments in der Auslegung des Judentums wird zitiert, daß Abraham für gerecht erklärt wurde, ohne ein Werk getan zu haben, aus Gnade. Für Paulus dient das im Kontext zur Illustration dessen, daß aus Werken des Gesetzes kein Mensch gerecht wird. Das heißt: Für Paulus geht es um Gesetzeswerke, um die Erfüllung des Gesetzes vor und außer Christus. In der gegenwärtigen Auslegung wird immer wieder das Problem der menschlichen Leistung mit dieser Frage verknüpft. Dies wird in der Meditation kritisiert.

Was ist gemeint?

Spricht Paulus zu Menschen, die unter Leistungsanforderungen in Wirtschaft und Gesellschaft zerbrechen? Die dem nicht gewachsen sind, weil sie sich überfordert fühlen? Und fühlen wir uns nicht alle immer überfordert? Richtet er sich also gegen eine Leistungs- und Ellenbogengesellschaft? Vielleicht gegen das Leistungsprinzip in Wirtschaft und Gesellschaft überhaupt? Will Paulus eigentlich, daß man sich vor jeder Überarbeitung hüten soll, weil es ja dabei um die Last der Werke geht? Also für mehr Freizeit und weniger Hektik?
Und Leistung ist: Was der Wille eines anderen von mir verlangt, was ich mit Mühe und Anstrengung, ja mit Schweiß gebe und womit ich etwas erreiche, vor allem Ansehen.
Will Paulus wirklich sagen: Alle Leistung wird euch abgenommen? Christus hat alle Leistung vollbracht? Ihr müßt nichts leisten. Christentum ist die Alternative zum Leistungsdruck, der krank macht. Damit wird christliche Religion zum Gegenbild des Alltagslebens, zum Ort des reinen Geborgenseins. Und christlich wäre, daß sich Ar-

beit und Lust innig verbinden, und es gilt, davon möglichst viel auch jetzt zu verwirklichen. Meint Paulus wirklich: Von deiner Leistung hängt nichts ab? Ist das Bild der überarbeiteten Diakonisse zu ersetzen durch das des stets temperierten und gemessenen Moderators?

Einwände

Nehmen wir Paulus in allen Briefen beim Wort: Er macht keineswegs den Eindruck des auf angemessenen Kräftehaushalt und genügend Freizeit Bedachten. Wer mit solcher Eile und unter solchen Strapazen die damalige Welt bis an ihre Grenzen durcheilen will, weil von seinem Einsatz alles abhängt, wird nicht ausgerechnet ein Leistungsverächter sein.

Und wenn Religion zum Gegenbild des Alltagslebens und zum Ort der Leistungsfreiheit wird, dann ist das durchaus problematisch: Hängt das nicht damit zusammen, daß jedenfalls bei uns Kirche zu einem der Dienstleistungsbetriebe geworden ist, der bestimmte Arten von Konsum ermöglicht (von Kirchenkonzerten bis zur Fürsorge für Behinderte)? Hängt das vielleicht damit zusammen, daß Menschen, die selbst in den Lebensjahren stehen, in denen sie am meisten leisten müssen, der Kirche regelmäßig denkbar fern stehen? Wird da nicht das Urteil vom Ressentiment der Christen wieder berechtigt: Kirche als Ort der Kinder und Alten und Behinderten – all derer, die nichts »leisten« (oder es von sich glauben) und sich nun vormachen, das sei überhaupt recht so.

Wird nicht für alle anderen Kirche auf den Feiertag und die »gute Stunde« und das Sein »wie bei Muttern« beschränkt?

Darf man Menschen – auch im Namen des Christentums – jemals den Stolz auf vollbrachtes Werk nehmen? Ist der freudige Ausruf: »Gottseidank ich habe es geschafft« (wohlgemerkt: mit »Gottseidank«) eine unchristliche Irrlehre? Wird nicht die Angst nur da noch größer, wo kein Werk mehr ist oder gilt, das man in die Welt gesetzt hat?

Wenn die Glaubensgewißheit genügt, dann fehlt in der Tat jeder Anreiz zur Leistung, fehlt jedes im guten Sinne Zwingende. Wäre es nicht umgekehrt viel wichtiger, gerade bei Kindern und Alten und Behinderten, auch die kleinste Leistung zu loben und Menschen zu ermutigen, stolz darauf zu sein?

Ist der Gott des Christentums wirklich so eifersüchtig, daß er den Menschen ihr bißchen Stolz nicht gönnt? Ist er dann gleich in seiner Allmacht tangiert, wenn wir ein wenig stolz sind? Menschen, die erklären, auf Leistung komme es nicht an, möchten ihre Mitmenschen von der Angst befreien. Aber bewirken sie nicht oft das Gegenteil? Am Ende scheint mir die grundsätzliche Bestreitung der nötigen Leistung im Christentum eine menschenfeindliche Ideologie zu sein.

Unterscheidungen bei Paulus

Paulus lehnt es ab, daß man sich seiner Moral brüstet, das heißt: daß man meint, ein besserer Mensch zu sein als andere. Das ist ganz eindeutig. Im weiteren Sinne gilt auch: Keine Leistung darf gegen andere Menschen ausgespielt werden. Die Idee, daß der Mensch durch seine Leistung Gott irgendwie zwingen wolle, ist meines Wissens Paulus gänzlich fremd. Darum geht es wohl überhaupt nicht.
Was Gottes Gnade bewirkt hat und was kein Werk des Menschen, da er vor und neben Christus im Bereich des »Fleisches« lebt, erreichen konnte, ist dieses: Überhaupt in Gemeinschaft mit Gott zu stehen, zur »Familie Gottes« dazuzugehören. Überhaupt dabeizusein. Die Schwelle in die heilbringende Nähe und Gemeinschaft mit Gott hinein kann der Mensch nur durch Gnade nehmen. Er kann sich nicht am Schopf aus dem Sumpf ziehen. Zum Zeichen dessen tauft man sich auch nicht selbst, sondern wird getauft. In dieser Hinsicht kann von irgendeiner sinnvollen Leistung des Menschen nicht die Rede sein, und so meint es wohl Paulus in Röm 4,2–4. Und dieser Anfang wirkt weiter: Es ist die Kraft, die uns trägt und die Hoffnung, die uns wie die Wolkensäule beim Auszug aus Ägypten vorangeht.
Es ist aber auch nicht so, daß der Christ nun, wenn er zur Gemeinde dazugehört, wenn er »dabei« ist, plötzlich alles »leisten« muß. Sondern:
Die lähmende Angst, zwangsläufig scheitern zu müssen, ist genommen. Aber Paulus kann doch durchaus von Belohnung (1 Kor 3,14) und Bestrafung (Gal 6,7f) auch für Christen reden. Und das heißt: In dieser Hinsicht kommt es sehr wohl auf seine Leistung an. Denn wie man sät, so wird man ernten (Gal 6,7f). Die Lage des Menschen ist jetzt nicht mehr hoffnungslos; er kann jetzt auch wollen. Er muß

nicht mehr scheitern. Aber er kann es doch noch, wenn er aus der Spur springt, auf die er gesetzt worden ist. Wenn er die Nabelschnur abschneidet, an der er hängt.

Und deshalb ist für Paulus Christentum nicht muntere Beliebigkeit und Verzicht auf Anstrengung, sondern neue Verbindlichkeit, neuer Sklavendienst – vor Gott (Röm 6,19–22) und voreinander (Gal 6,13) – nur mit einem tröstlich-gewissen Ausgang, wenn man denn aus dem neuen Haus dem neuen Herrn nicht fortläuft. Der Leuchtturm ist da, es ist nicht stockfinstere Nacht. Aber man kann natürlich auch einen anderen Kurs nehmen als den vom Leuchtturm gewiesenen. Und wenn man seinem Strahl folgt, so ist das Treue (ein anderes Wort für »Glauben«).

Und: Achten wir auf Paulus selbst, wie er in seinen Briefen reagiert: Natürlich hängt von dem, was er fordert, etwas ab, und daher geht es um Leistung, zum Teil höchst unangenehme, die er mit Leidenschaft einklagt. Wie sinnlos wäre das alles, wenn davon nichts abhinge. Vielmehr: Er kann fordern und drohen; keine Weise, mit Menschen umzugehen, ist ihm fremd.

Es geht nicht nur um Werke allgemein, sondern sehr wohl um Leistung: um unangenehme, von einem anderen geforderte Dinge. Keineswegs genügt der innere Friede, oft fälschlich Glauben genannt. Der Glaube wird nicht nur in irgendwelchen Werken sichtbar (alles andere wäre für Paulus unausdenkliche Perversität), sondern auch und vor allem innerhalb der neuen Gemeinschaft der Christen, in der sehr bestimmte Verbindlichkeiten gelten.

Die lähmende Angst ist beseitigt, und das wirkt weiter als Kraft (des Geistes Gottes); doch jetzt, in der neuen Gemeinschaft, bleiben die »normalen« Mechanismen menschlicher Gemeinschaften in Kraft: Paulus kann durchaus die Gemeinde der Korinther vor den Makedoniern wegen ihrer Spendefreudigkeit loben (2 Kor 9,2). Er lobt das Werk von Menschen!

Die neue Gemeinschaft als Leib, ihr Lebenkönnen, gibt den Maßstab der Verbindlichkeit ab. Aus dem Zusammenleben ergibt sich, welche Leistungen notwendig erbracht werden müssen.

Vielleicht ist auch die starke Betonung der Autorität des Apostels ein notwendiges Widerlager gegen ein Mißverständnis seiner Gnadenlehre: Denn er konfrontiert ja die Gemeinden mit sich und Menschen miteinander, um zu ermitteln, was zu tun nötig ist.

Manchmal denke ich: Was für Menschen können auf den Gedanken kommen, Paulus fordere den Menschen keine Leistung ab? Sind es vielleicht solche, die das leibhaftige Miteinander religiös zu bedenken verlernt haben und für die sich deshalb Christentum hauptsächlich in Prinzipien aufgelöst hat? Kann man nicht an dem lebendigen Rollenspiel der Paulusbriefe, zu dem eben auch Forderungen und Drohungen, autoritatives Einschärfen und Ankündigungen von Strafen gehören, gut erkennen, in welchem Sinne Paulus Leistung erwartet?

Nein, christlicher Glaube ist nicht das Gegenteil von Leistung und reine Kuschelecke. Sondern ist verbindlicher Dienst zu Höchstleistung.

Daß wir in diesem hellen, herrlichen, hoffnungsfrohen und dem Tod entrissenen Dienst stehen dürfen und vom Hausherrn dieses Sklavenhauses mit allem, was nötig ist, gut versorgt und ausgestattet werden, mit aller Kraft, das ist allerdings reine Gnade.

Die Rede des Paulus von Gnade darf nicht zur Beruhigung von Menschen mißbraucht werden, die meinen, Werke des Glaubens seien in irgendeiner Hinsicht zweitrangig. Christen dürfen nicht die sein, die ein gebrochenes Verhältnis zu Leistung haben. Im Gegenteil sind sie wohl fast die einzigen, die, weil ihr Tun eine Perspektive hat, oft zu mehr imstande sind, als sie selbst geglaubt hatten.

Gott ist nicht in seiner Ehre berührt, wenn wir stolz sind auf etwas, was wir geschafft haben. Denn Rechtfertigung und Annahme des Sünders heißt auch: Angenommensein mit all dem, was man kann und will, mit allem Tatendrang und mit allem, worauf man stolz sein kann. Heißt auch: Ich sagen dürfen.

Kritisches Korrektiv

Es kann ja sein, daß an der Leistungsgesellschaft nicht die Leistung das Verwerfliche ist, sondern deren unsoziale Züge, die Hoffnungslosigkeit des vordergründigen Gewinnstrebens, die Beschränkung auf das Materielle und das Fehlen von Visionen, die sich an der Geschwisterlichkeit aller Kreaturen orientieren.

Man hat schon öfter beobachtet, daß viele Elemente des wirtschaftlichen Leistungsstrebens schlechte Kopien christlicher, zum Teil mönchischer Verhaltensweisen sind. Daher kann das christliche Vorbild als Korrektur dienen gegen die nicht-christlichen Nachahmungen. Denn Werke zu tun nach Paulus ist entscheidender Teil der neuen Gerechtigkeit. Diese ist der Maßstab. Und schließlich: Denen, die meinen, sie »leisteten« nichts oder zu wenig, auch bei noch so geringen Ansätzen Mut zu machen und sie des Beistands Gottes zu versichern. Wer Christentum gegen Leistung ausspielt, zieht sich in einen weltfernen Schmollwinkel zurück und begibt sich der Möglichkeiten, kritisch einzuwirken. Wenn Glaube vertrauensvolle Gelassenheit ist, so ermöglicht er gerade so kreativen Tatendrang.

Glauben gegen alle Hoffnung (4,18)

Abraham und Sara bekommen in hohem Alter ein Kind verheißen, und Abraham glaubt an diese Verheißung. Abrahams Glaube war im Widerspruch mit Natur und Erfahrung, einzig gestützt auf die Wahrhaftigkeit und Macht Gottes, die ihm statt aller Gründe, ja gegen alle Gründe genügten, um sich der Hoffnung unbedingt zu überlassen. In der Formulierung des Paulus bezieht sich »gegen alle Hoffnung« auf die von Menschen erwartbare, »auf Hoffnung hin«, auf das sich allein an Gott orientierende Verhalten.

Wunder gehören zum Leben

Wie ein Baum, der in der steilen Felswand wächst. Ein Wunder, daß er werden konnte und daß er trotz des Felsens unter sich und der Stürme um sich herum bestehen kann.

Oder wie die Geschichte von der Raupe, die über eine befahrene Straße zum Grünfutter auf der anderen Seite gelangen will, und ein Fahrzeug nach dem anderen rollt über die Straße – und die Raupe kommt an.

Oder wie der Grashalm in der Sanddüne am Meer, gefährdet durch Sand, Salzflut und Sturm, fast ständig gebeugt vom Wind, aber er lebt.

Wir erkennen uns wieder in diesen einsamen Kämpfen, sind auf der

Seite dessen, der wider alles Erwarten durchkommt. Weil wohl jeder einmal in der Lage war, daß er gegen alle Hoffnung durchkam. Ohne Zögern drücken wir solchen alle Daumen, ganz selbstverständlich sind wir auf ihrer Seite.

Ginge es nur um Glück oder Zufall, das ließe uns gleichgültig. Vielmehr ist unser Herz hier berührt, weil es um etwas geht, das wir selbst ganz unbedingt wollen. Es ist der unbedingte Wunsch zu leben. Und wir wissen dabei ganz spontan (und der Blick auf die endlosen Räume der Welt bestätigt das): Leben ist die Ausnahme, auch für unsere Lebenszeit gilt das angesichts der Zeiträume vor uns und nach uns.

Mögen wir noch so sehr der Normalität unseres Alltagslebens verhaftet sein – wir wissen doch alle genau, daß zum Leben immer wieder das wunderbare Behütetwerden gehört. Es klingt merkwürdig, aber: Das Wunder gehört zum Leben dazu. Daß das Bedrohte und Zarte immer wieder vor der Übermacht der Wahrscheinlichkeit gerettet wird. Und gehört nicht auch dieses dazu: daß Liebe und Glücklichsein möglich sind bei Menschen, die sich schon damit abgefunden hatten, wie taube Blüten zu bleiben. Und überhaupt: daß Liebe möglich ist, obwohl es sich doch immer um ganz verschiedene Menschen handelt. Mit eigenem Lebenslauf, eigenen Wünschen und eigenem Egoismus. Und doch gibt es Glücklichsein. Immer wieder geht es um Leben, das sein darf trotz der absolut größeren Wahrscheinlichkeit, überfahren zu werden, abzustürzen, erstickt zu werden.

Es gibt wohl zwei Arten von Wundern: Äußerungen faszinierender Übermacht, die einfach siegreich ist, so wie Auferstehung Sieg über den Tod ist. Oder wie bei der Sturmstillung: Ein Machtwort genügt. Und die anderen: Nicht das Übermächtige wird sichtbar, sondern das Ohnmächtige und Machtlose kommt durch. Nicht weil es kräftiger wäre, sondern weil es behütet ist, aus reiner Gnade. Und unser Wunsch, staunen zu können und gerührt zu werden, geht in Erfüllung.

Und diese Erfahrung beantwortet die Bibel damit, daß sie sagt, es sei eine Erfahrung Gottes. Nicht so, als ob nicht auch normales Leben ihm zu verdanken sei, aber doch so, daß hier, auf dem Feld des Unerwarteten, seine »Eigenschaft«, unbedingt Leben schenken zu wollen, besonders spürbar wird. Im Kontrast gegen den Tod. Und deswegen galt es als besondere »Sache Gottes«, gerade dem Bedrohtesten unverhältnismäßig viele Chancen zu geben.

Oder wenn man nicht von Gott redet, sondern vom Menschen: Wenn man den Boden unter den Füßen verloren hat, gerade dann kann einem Hilfe zuwachsen, kann es sein, wie wenn man Flügel bekäme.

Gerade wenn man nichts mehr hat, das man festhalten kann oder muß, dann hat man die Hände frei, so daß ein anderer sie ergreifen kann.

Der Gott der Bibel ist ganz wesentlich der Gott des wider alle Hoffnung geretteten oder ermöglichten Lebens. Denn Leben so möglich werden zu lassen, das ist ein anderer Ausdruck für »reine Gnade«.

»Gnade statt Werke« – das ist die eine Richtung der Botschaft des Römerbriefes; und das heißt: Unser Streben nach moralischem Ansehen unterbrechen und lieber Werkzeug in der Hand Gottes werden. Und die andere Richtung heißt: »Gnade wirkt gerade in der Aussichtslosigkeit.« Beiden Richtungen wäre gemeinsam, daß Paulus auf eine Gelassenheit zielt, die zugleich höchste freudigste Aktivität in uns freisetzt. Gelassenheit gegenüber dem selbstauferlegten Zwang, uns aufbauen zu müssen, und Gelassenheit, weil alles Entscheidende geschenkt wird, denn Gott hat ein für allemal für Leben und gegen Tod optiert. Und so verbinden wir mit dem Wort »Gott« den Gedanken, daß er die reine Sympathie für das bedrohteste Leben sei. Und wo immer wir sehen, daß solches Leben, das wie am Strohhalm hängt, durchkommt, sind wir leichter bereit, an einen zu denken, der immer wieder dem Bedrohtesten gegen alle Wahrscheinlichkeit dennoch den Zuschlag gibt. Die Unterbrechung des Handelns, um Gelassenheit zu erlangen, das ist Glauben.

Die Enttäuschten

Nun hoffen viele gegen alle Hoffnung, aber sie gehen leer aus. An Wallfahrtsorten und bei Heilern werden Menschen geheilt, die meisten aber nicht. Ist Gott denen fern? Warum hilft Gott nicht öfter? Offenbar gibt es sehr viele Formen, Wege und Chancen von Behütetwerden, Geheiltwerden und Gerettetwerden, weit mehr, als wir erahnen, weit mehr, als womit wir sogleich »zufrieden sein« könnten. Und wer sagt am Ende, daß Gott dazu da sei oder wir seiner »Existenz« nur dazu bedürften, damit wir zufrieden mit ihm wären.

Müßte ich an einem Wallfahrtsort predigen, zu den vielen Enttäuschten, die krank bleiben, dann müßte ich sagen: Hier können wir alle geheilt werden, so oder so. Wir müssen nur genau darauf achten, wo und wie. Ist dieses nicht, da wir nichts von Menschen mehr erwarten können, der erste und entscheidende Schritt, daß wir gelassen werden und konzentriert auf den einzigen Helfer, auf den, der bedingungslos Leben in allen seinen Formen schenken will? Und da er der Herr ist und nicht wir, können wir die Art nicht von uns aus bestimmen. Doch wir können nur sicher sein, und das ist der Sinn des ganzen Neuen Testaments, daß er uns am Ende und wie auch immer bejaht und nicht verneint, liebt und nicht haßt.

Von Menschen nichts mehr erwarten zu können und zu müssen kann auch eine bestimmte Art von Freiheit bedeuten, von Freigewordensein für die Erkenntnis des Wichtigsten: daß alles Wesentliche Geschenk ist.

Adam und Christus (5,12–19)

Als Apostel der Heidenvölker gibt Paulus in diesem Abschnitt an, warum es bei Sünde und Heil wirklich um Dinge geht, die die ganze Menschheit betreffen. Deshalb greift er auf Adam zurück, denn er ist Stammvater der ganzen Menschheit.

Einer für alle

Beim Sport erleben wir das: Wenn einer »für Deutschland« kämpft und siegt, dann sind unsere Herzen dabei, denn sein Kampf und Sieg ist kein gewöhnliches alltägliches Tun – und doch zeigt es oder könnte es zeigen, was »in uns allen steckt«. Beides zusammen bewegt uns. Unser Held ist wie wir (er ist einer von uns), und er ist doch nicht wie wir (er hat das, was wir alle können möchten, im Übermaß). Wir erkennen uns wieder in dem einen, den man anschauen kann. Das gilt für Frauen wie für Männer, und die Reihe der Helden reicht von Philosophen bis zu Filmstars.

Auch negative Helden gibt es; man will es dann nur meist nicht wahrhaben, aber das macht sie nicht weniger gefährlich, und so färben sie noch stärker ab. Man kann es beobachten, wenn man den Redestil der Nachkriegspolitiker mit dem von Hitler und Goebbels vergleicht. Wieviel Kopie in dem hohlen oder wenigstens stark übertriebenen Pathos.

Adam und Jesus werden uns als solche »Helden« vorgestellt. Adam ist der negative Held, und sein Tun hat gewaltig abgefärbt. Am Anfang steht immer der, der alles Spätere entscheidet, wie ein Herausgerufener. Er begegnet Gott von Angesicht zu Angesicht. In seiner Einsamkeit entscheidet er für alle anderen nach ihm oder neben ihm. Hier geht es um die »äußerste Tat«. Denn sein Gehorsam oder Ungehorsam, sein Ja oder sein Nein stehen für alle, teilen sich, wie auch immer, allen anderen mit.

Es ist wie wenn man auf eine ruhige Wasserfläche einen Stein wirft und dann konzentrische Kreise durch Druckwellen entstehen, die die ganze Wasserfläche betreffen. Die Begegnung des einen, Herausgerufenen mit Gott ist wie die Berührung des Steins mit der Wasserfläche. Wenn man im Mittelalter eine belagerte Stadt verraten wollte, öffnete man dem Feind ein geheimes Tor, und er konnte eindringen. Genauso hat Adam der Sünde ein Tor in der Stadtmauer geöffnet, und seitdem macht sie sich unter uns Menschen breit. Bei Adam und dann übrigens für Israel auch bei Abraham ist die Stellvertretung familiär gedacht, hier geht es um Väter. Das Ja Jesu dagegen vermittelt sich ohne Abstammung. Jetzt ist jeder frei, sich Jesus anzuschließen.

Schöpfungshandeln Gottes

Alle Menschen sind Kinder des ersten Menschenpaares. Den Tod und die Sucht zu sündigen haben wir alle von dorther geerbt. Aber auch die neue Menschheit, die Gottes Ziel ist, ist wie eine einzige große Familie. Immer sind wir alle als eine Familie betroffen.

Wo der Name Adam fällt, geht es um den Anfang der Schöpfung, um die Grundlage für alles. Wir müssen sterben und wir sind Sünder wie Adam. Wir alle sind Kettenglieder eines großen Totentanzes und einer großen Verschwörung von Sündern. Und genauso geht es jetzt um etwas, das die Gemeinsamkeit aller Menschen berührt. Deshalb wird die Grundlage, die Schöpfung, selbst berührt.

Das Neue wirkt noch kräftiger als das Alte

Die neue Gemeinsamkeit wirkt noch durchdringender, als es die alte vermochte. Wie flüssige Farbe, die alles kräftig und nicht mehr auswaschbar einfärbt. Entgegen der Erfahrung, daß der negative Held stärker abfärbt, behauptet Paulus das hier vom positiven Helden. Denn: Jetzt geht es nicht mehr nur um die Verfehlung eines einzelnen, der nur ein Mensch ist, sondern um Gottes Tat der Gnade. Und wie sollte Gottes Tat nicht stärker, machtvoller wirken als der Fehler eines einzelnen Menschen? Denn der Fehler eines einzelnen kann wohl umfassend wirken – aber sollte sich Gottes Gnade davon in den Schatten stellen lassen? Sünde hat schlimme Wirkung, aber sie kann gegen Gott nicht an.

Und: Bei Adam geht es nur um die Tat eines einzelnen. Er wurde verurteilt. Jetzt aber geht es um die vielen Sünden aller, und sie wurden vergeben. So steht die Tat eines einzelnen den schlimmen vielen Taten aller gegenüber, und so bildet die Vergebung jetzt den Kontrast zur Verurteilung damals.

Und da fragt Paulus: Muß nicht das Vergeben vieler Sünden stärker sein als die Verurteilung einer einzigen?

In beiden Fällen geht es um Gott; er verurteilt und begnadigt. Aber bei der Verurteilung des einen war das eine vergleichsweise geringe Aktion, gar nicht vergleichbar mit der riesigen »Masse«, die vorliegt, wenn es sich um die Vergebung der Vergehen der ganzen Menschheit handelt. Denn alle Sünden der ganzen Welt, vom Brudermord Kains bis Auschwitz und Hiroshima – sie wiegen in der Tat unvergleichlich schwerer als Adams Ungehorsam. Und wenn sie zur Diskussion stehen, zur Verurteilung oder zur Vergebung, dann geht es um Bewegenderes. Das aber ist jetzt. Und daher ist Christus noch wichtiger als Adam. Auf eine noch dringendere Art steht das Ganze und stehen alle, jeder einzeln, auf dem Spiel.

Alle Völker

Wohl erst in der zweiten Hälfte dieses Jahrhunderts haben wir richtig verstanden, was es heißt, wenn etwas »weltweit« ist. Die Wege sind kürzer geworden, die Menschheit ist zusammengerückt, wir alle teilen alles viel stärker miteinander als je zuvor. So aber verstand sich Paulus als Apostel aller Völker. Jetzt kann der eine Gott wirklich der eine und einzige für alle werden. Sein Anspruch auf alle bestand seit eh und je; aber jetzt gelten nicht nur Anspruch und Forderung, sondern es gibt eine Tat zugunsten aller. Denn diese Tat betrifft die Gemeinsamkeit aller: Sünde und Tod.

Wenn aber jetzt die alte durch eine neue, bessere Gemeinsamkeit ersetzt ist, dann gilt um so mehr: Alle Unterschiede zwischen Menschen werden unwichtig. Der Blick auf den einen, der alles trägt, macht die Unterschiede zwischen Mann und Frau, Freien und Unfreien, Heiden und Juden bedeutungslos.

Daß vor dem Tod alle gleich sind und daß alle etwas auf dem Kerbholz haben, wußte man schon. Doch diese Gleichheit des Elends wird überboten durch die Berufung zu gleicher Herrlichkeit.

Die alles entscheidende Tat

Wie konnte das sein: Ein einzelner Mensch, ein Handwerkersohn aus Nazareth, aus einem entlegenen Winkel des römischen Reiches soll für alle Menschen aller Zeit Bedeutung erlangt haben, entscheidende, über Leben und Tod sogar?

Die Antwort: Es ging um eine Tat konkreten Gehorsams. Dem Ungehorsam Adams gegenüber. Verkündet wird nicht ein allgemeiner Vergebungswille Gottes, sondern verkündet wird ein Held, wie er leibt und lebt. Ein Mensch, der das Verhältnis zwischen Gott und Mensch so darstellt, wie es sein könnte, paradiesisch, daher ist er neuer Adam.

Wenn wir das Wort »Paradies« hören, dann denken wir an Wärme und Licht, Farben und fröhliche Geborgenheit, Duft von Sommer und Frühherbst und Früchte zum Sattwerden, Frieden, Behütetsein vor allem, was droht und zerstört. Immer wieder besteht die alles entscheidende Sündentat darin, Paradiese zu zerstören. Seinen Kindern Kindheit und Geborgenheit gewaltsam zu beenden, paradiesische Reste in der Natur zu beseitigen. Die Versuchung ist stets groß, etwas zu »machen«. Fast immer haben »fortschrittliche Taten«, nicht einfachhin solche, die auf den ersten Blick kriminell waren, Paradiese zerstört. Ändern ist nicht schon für sich gut, vielleicht sollten Menschen öfter zwischen Ändern und Lassen sorgfältiger abwägen.

94

Jesu alles verändernde Tat ist unscheinbar, aber sie weist den Weg, auf dem allein Veränderung nicht zwielichtig ist. Als »Gehorsam« wird alles zusammengefaßt, was er getan hat, vom ersten Auftreten bis zum letzten Schrei am Kreuz. Werkzeug für Gottes Tun, in Gottes Hand. Genau hinhören und geschmeidig sich einfügen in das friedliche Tun Gottes. Damit nicht noch mehr Paradiese zerstört und vielleicht neue gestiftet werden. So weist der Gehorsam des einen (5,19) auf den Gehorsam der Christen (6,12.16).

Bei allem, was die Bibel über das besondere Verhältnis zwischen Gott und Menschen sagt, ist es immer wieder so, daß Gott zunächst einen engen Weg beschreitet und dann erst von diesem engen Weg aus alle einbezieht. Die Erwählung Abrahams aus allen Völkern, die Gabe des Gesetzes nur an Israel und die Sendung Jesu nur zu Israel bilden jeweils den engen Weg. Das gilt auch für die Gottessohnschaft Jesu; sie ist zunächst und zuerst auf ihn beschränkt, geht aber von ihm an alle über. Und so ist es auch mit der Auferstehung. Er ist der Erstling der Auferstandenen. Alle stehen im Blick, aber verwirklicht wird das Ziel nicht einfach für alle zur gleichen Zeit, sondern so, wie Sauerteig den ganzen Teig durchsäuert, Stück um Stück. Und das heißt zugleich: Durch viele konkrete Taten, durch viele sehr konkrete Entscheidungen hindurch.

Die Eigenart des Weges Gottes bedeutet daher vor allem: Achtzugeben auf jede konkrete Tat und Entscheidung. Nur so vollzieht sich das Heil, nicht nach dem Gießkannenprinzip.

Überreichtum (5,20)

Merkmale unserer Armut: Unsere Reserven sind begrenzt; wir wollen und können nicht viel geben; sind geizig, vor allem mit der Zeit. Aber wenn Jesus Christus wirklich der Messias ist, dann gibt es das mit Sicherheit irgendwo auch jetzt schon: märchenhafte messianische Fülle. Dann ist die Aussage, nur Unheil und Sünde seien erfahrbar trotz (und zum Teil sogar wegen) des Christentums, mit Sicherheit irgendwie falsch. Denn es hat zweifellos Gründe gegeben, Jesus den Christus, d.h. den Gesalbten, den Messias, zu nennen. Gründe aus menschlicher Erfahrung, ein Berührtsein, das nur die Antwort zuließ: Er ist der Messias.

Und so ergeht es dann auch Paulus. Denn wo immer er zeigt, daß Christen auch jetzt schon die Wirklichkeit des Heils erleben können, verwendet er Wörter, die Überwältigtsein signalisieren, paradiesische messianische Fülle; dazu gehört besonders die Rede vom Überreichtum und von der Weitergabe dieses Überreichtums im »Überfließen«. Wo immer solches erfahrbar wird, ist die Mauer schon durchbrochen. Christ sein kann daher für Paulus auch heißen: aufmerksam und hellhörig sein können für alles, was die Armut der Normalität durchbricht und überwindet.

Die Griechen nannten die Götter »neidlos«, und »neidlos« und »reichlich« sind im Griechischen dasselbe Wort. Als göttlich empfanden sie bedenkenloses Schenken. Wie etwa in der geheiligten Gastfreundschaft. Nicht der bloße Reichtum, das bloße Haben macht Menschen überreich, sondern: Mit vollen Händen schenken können, mühelos, leicht und schwerelos, das ist das Gegenteil unserer Armut.

Der Gott der Bibel jedenfalls ist einer, der nicht bei sich selbst bleibt, sondern der über sich hinaus nach außen sich mitteilt. Wie Feuer, das alles ergreift. Wie ein Wildbach, der übermütig alles Erreichbare mitreißt. Wie kochender Brei, der am liebsten überkocht.

Oder wie eine Kartoffel, die sich, ihre Kraft an neue Kartoffelknollen mitteilt. So, damit wir alle Gottessöhne werden, alle Götter (Joh 10,34).

Gott drängt darauf, sich mitzuteilen. Er will nicht für sich bleiben, sondern sich in anderen wiedererkennen, sich in anderen verherrlicht sehen. Erst wenn die Herrlichkeit, die Gott uns schenkt, als Verherrlichung zu ihm zurückkehrt, erst dann geschieht sein Wille wirklich.

Wenn Gott so ist wie ein Feuer oder ein Wildbach, dann ist er mit einem Male auch nicht mehr das starre, autoritäre Gegenüber. Dann kann er gar nicht der an den Himmel projizierte autoritäre Vater sein. Sondern dann ist er wie ein Dirigent, der eine Bewegung mitteilt, die zu ihm zurückflutet.

An Gott kann man glauben, wenn man sich selbst als Durchgangsstation eines Schenkens auffaßt, das von Gott her seinen Ursprung nimmt, als Gebenwollen durch uns hindurchflutet und am Ende als Jubel und Dankbarkeit zu Gott zurückfließt.

Wo das Empfangene in andere, eigene Gaben oder in Jubel vor Gott umgekehrt wird, dort wird Gott selbst wahrgenommen, denn dort wird königliche Freiheit als königliche Freigiebigkeit erfahren. Ein wirklicher König hat es nicht nötig, geizig zu sein.

Die erste Durchgangsstation dieser Bewegung ist Jesus Christus. Deshalb, weil man bei ihm und von ihm Schenken lernt, ist er der Messias.

Christsein bedeutet, dieses zu wissen: Das Geheimnis des Seins ist kein Schatz, der nur für sich besteht, sondern ist wie eine Sonne, die da ist, indem sie sich mitteilt. (Daher hat man auch das Sterben von Christen damit verglichen, daß die untergehende Sonne ihre Strahlen wieder einzieht.) Gott ist nicht für sich, sondern, obwohl er er selbst bleibt, doch ganz und gar für uns.

Wer sensibel für das Messianische wird, der kann wahrnehmen, daß es auch heute noch so etwas gibt wie selbstvergessenes Schenken, wie Hingabe ohne den Blick auf sich selbst, wie Begeisterung ohne Ängstlichkeit, zu viel zu geben. Das gilt noch mehr für unsere Zeit als für unser Geld. Die Freizeit ist fast immer die einzige Zeit, in der man sich Zeit für etwas nehmen kann. Unterbrechung der Armut, ein Stück messianischen Friedens.

Wo die Sünde überhand nahm, war die Gnade noch überwältigend reicher (5,20)

Paulus beschreibt die Ablösung der Zeit, in der das Gesetz ohne die Kraft, es zu erfüllen, allein gegeben war. Da wurde nur die Sünde mächtiger. Noch überwältigender als die Macht aller Vergehen der Menschheit ist freilich die mit Jesu Tod am Kreuz angebrochene Herrschaft der Gnade. Das ist wie der Sieg eines mächtigeren Reiches.

Talsohle

»Tiefstes Schweigen hielt alles umfangen: die Nacht hatte in ihrem Lauf die Mitte ihres Weges erreicht: da kam, o Herr, aus dem Himmel vom Königsthrone herab dein allmächtiges Wort.« So betet die Kirche zu Weihnachten. Im tiefsten Schweigen kommt das erlösende Wort. In der Mitte der Nacht, also im Höhepunkt der Finsternis und der Unheimlichkeit, kommt das Heil vom himmlischen Königsthron. Gerade auf dem Gipfel des Dunkels erscheint die strahlende Herrlichkeit vom Himmel. So wie wenn das Fieber vor der Krise, der Wende der Krankheit zum Besseren, am heftigsten ist. So wie auf die heftigsten Wehen die Geburt folgt.

Übermacht der Sünde

Besonders nach diesem Text ist Sünde nicht die isolierte Übertretung des einzelnen, sondern eine ganze Epoche, wie ein namenloses Netz, in dem alle gefangen sind. Die undurchdringliche Finsternis dieses Verhängnisses ist größer als irgendeine Einzeltat. Hier hat sich Schuld zu einer riesigen Masse aufgetürmt. Und hier gibt es nach menschlichem Ermessen auch keine Vergebung mehr. Genau solche Schuld kennen wir alle. Diese Auswegslosigkeit bedeutet oft Tod. So vertraut ist uns die Übermacht der Sünde, das Dunkel, die Sackgasse, daß dieses nach dem Urteil der Dichter die Situation der modernen Menschen ausmacht.

Ende der Flucht vor Gott

In der äußersten Tiefe der Schuld aber können wir doch auch wieder nur Gott begegnen. Vielleicht kommt die Flucht vor ihm erst hier zu einem sicheren Ende. Und vielleicht ist die Abgründigkeit des Bösen nur der Schatten der Größe Gottes. Mein eigenes Dunkel ist zu klein dafür, es kann sich nur um die Nachtseite der Größe Gottes handeln. Niemand kann tiefer fallen als in Gottes Hand. Hier also, in der äußersten Finsternis der Schuld, sind wir Gott nicht fern. Als nächster Schritt bleibt nur der in seine bergende Hand.
Meine Flucht in all die scheinbaren, unnützen und vergänglichen Freuden war eine Flucht vor Gott. Und das heißt: auch vor mir selbst, auch vor dem eigenen Erwachsenwerden. Jetzt, da ich in der äußersten Finsternis angelangt bin, ist sie zu Ende. Ich kann nicht mehr. Und ich stoße auf mein armes, geschundenes Ich – und auf ein liebe-

volles Geheimnis. Auf etwas, das mindestens so etwas ist wie eine Person, es ist, wie wenn Hände mich dennoch hielten, wie wenn eine letzte, äußerste Geborgenheit von mir nicht, niemals hätte verspielt werden können. Sie ist einfach stärker als alle meine Irrwege. Es geht um etwas, das ich nicht zerstören kann. Das mächtiger ist als alle Verheerung.

Das bergende Geheimnis, auf das wir am Ende aller Wege, am Ende tiefster Verstrickung stoßen, nennt die Bibel »Gott«. Von dieser Erfahrung äußerster Dunkelheit her müßte jede Rede über ihn beginnen.

Die Grenzen des Bösen

Wenn wir Gott als den zu benennen wagen, der mächtiger ist als Auschwitz, dann folgt daraus, daß Böses und Haß nicht unendlich, sondern endlich sind. Durch ihn, durch Gott allein werden sie begrenzt und können in Schach gehalten werden. So viele Verbrechen die Menschheit auch aufgehäuft haben mag – Gott ist größer als der Schrecken von Auschwitz.

Eine verwegene, kühne Hoffnung, daß es über die größte Schuld hinaus noch etwas geben könnte, daß anders und größer ist. Diese kühne Hoffnung ist der Glaube an Gott. Daß Sackgassen und Ausweglosigkeiten nicht, niemals das Letzte sind. Daß es ein Geheimnis darüber hinaus gibt, das anders ist, ganz anders.

Nur im Verhältnis zu ihm gilt dann: Sünde und Schuld sind am Ende nicht endlos groß, sondern immer auch irgendwie ohne die Weite des Göttlichen, durch Kleinheit, Kleinlichkeit und Kleinkariertheit gezeichnet. Auch in den Vernichtungslagern der Nazis geht es doch immer auch um Kleinbürgertum, um kleinliche Buchführung, um Krämergeist und Vorteilskrämerei, um kleinlichen Neid. Schreibtischdenker, die Megatote wie Dosen in einem Großmarkt verwalten: strebsam, pünktlich, genau. Gibt es überhaupt das »große Verbrechen«? Werden nicht überall allzubald kleine, arme, phantasielose Menschen sichtbar?

Auch ein Großinquisitor ist am Ende nur ein kleiner Schnüffler, ein Pedant der Machtanwendung. Die Faszination durch die Mystik des Bösen verhüllt oft nur den Mangel an wirklicher Phantasie.

Gott« ist die Summe der Ahnungen, daß ängstliches Rechnen, Neid und Geiz nicht das Letzte sein werden. Er steht für Weite, Großzügigkeit, Überlegenheit des Herzens. Er ist diese Hoffnung selbst.
Gott ist immer der Größere, größer auch als das äußerste Verbrechen. Gerade das aber wird an Not und Errettung des gekreuzigten Gerechten aus Nazareth sichtbar.

Aus der Tiefe rufen

Wenn die Not fast körperlich greifbar ist, dann haben Menschen schon immer auch die greifbare Nähe des rettenden Gottes gespürt. Wunder, die Not wenden. Rettung in letzter Minute, in der das Heil zum Greifen nahe wird. Dies ist die Forderung in äußerster Not: Es muß einfach einen Gott geben. Der extreme Schrei vor dem bleiernen Himmel ist ein Ruf an das schweigende Geheimnis.
Paulus meint mit dieser äußersten Not die Ausweglosigkeit unserer Verdorbenheit als Hang, Sucht und Verstocktheit. Diese Erfahrung steht im Hintergrund. Gott ist nahe, weil wir nur hier alles von ihm erwarten können. Das ist die Wahrheit der Rede vom Glauben, der nicht »zuschanden werden läßt«.
Ist nicht auch von dort her Gott zu bestimmen, von der schreienden Not her: Wir sagen: Da muß doch um Himmels willen etwas geschehen, das kann und darf doch nicht so bleiben! Er ist der, von woher diese Hilfe kommt. Die letzte Instanz. Er läßt keine Tyrannei in den Himmel wachsen.
Ein Freund aus der DDR schickte mir zu Weihnachten 1989 eine Übersetzung und Auslegung von Lk 1,51–53, die hier kurz wiedergegeben seien: »Mächtig hat Gott sich erwiesen durch die Kraft seines Armes. Zerstreut hat er, die überheblich sind in ihres Herzens Gesinnung. Gestürzt hat er Machthaber, die von oben herab regierten, zu Würde und Ansehen gebracht die Erniedrigten. Hungernde erfüllt er mit Gütern, und die sich bereichern, jagt er davon mit leeren Händen.«
»Überheblichkeit, Ursache heilloser Zustände, in die wir geraten sind. Die Machthaber von einst sind gestürzt. Doch was kommt nun? Weihnachten weist uns den Weg zur Besinnung, die Gestalt der Maria kann uns Maß des Menschlichen sein: Empfänglich leben, sich nicht überheben, Gott die Ehre geben.«

Alter Leib und neuer Leib (6,5–6)

Paulus deutet die Taufe als leibhaftiges Sterben. Denn unter »Leib«
versteht er alle unsere Kontaktmöglichkeiten zusammen. Bei unserer
Bekehrung/Taufe werden alle unsere alten Kontakte abgebrochen,
werden wir aus unserer Verfilzung gelöst. Neuer »Umgang« tritt an
deren Stelle.

Als erstes nehmen wir die Stille wahr, wenn wir die Ferien außerhalb
der Stadt beginnen. Wir bekommen wieder ein Gespür für Sonne und
Wind. Als an Hochhäuser Gewöhnte lernen wir wieder, wie mit dem
Finger die Dachformen der Häuser vor dem Hintergrund des Himmels nachzuzeichnen. Erst nach ein paar Tagen spüren wir wieder uns
selbst, den armen, ausgelaugten Leib. Wir wachsen wieder zusammen.
Ganz hart und schonungslos spricht Paulus vom Leib der Sünde, der
aufhören muß. Er meint damit ganz sicher nicht, daß alles Leibliche
Sünde sei, wie es uns die Kirche vielfach jahrhundertelang weisma-
chen wollte. Sondern: Leib der Sünde – das ist jeder selbst als Opfer
und Täter mitten in allen Zusammenhängen, die so klebrig sind, daß
man sie nie los wird und die sich so wenig entzerren lassen wie
Gummi. In denen wir als Opfer und Täter moderne Gesellschaft produzieren. Paulus nennt das Sünde, weil es lebensbedrohend ist und
tödlich. – So wird er kurz darauf fragen: Wer wird mich erlösen von
dem Leibe dieses Todes? Und er meint damit nicht Haut und Knochen,
sondern alle unsere sogenannten Beziehungen.
Der neue Leib, den wir anziehen sollen, das sind nicht neue Knochen
und neues Fleisch, sondern neue Bezugspunkte und Kontaktperso-
nen. Es geht mehr um die Nerven als um Fleisch. Denn der Leib ist das
Organ der Wahrnehmung, unser Kontaktorgan zur Wirklichkeit
überhaupt.
Wir hatten für uns selbst und schufen durch uns selbst schlechten
Umgang, schlechte Bezugspunkte. Wir waren verstrickt in schiefe Sachen – das heißt »Leib der Sünde«. Sage mir, was und wen du liebst,
was du wahrnimmst, mit was und wem du umgehst, und ich sage dir,
wer du bist. Genau das sind wir als Leib. Und einen neuen Leib anziehen, das heißt: sich auf eine neue Liebe besinnen, mit Verstand lieben

und mit Herz, sich in die Gesellschaft mit Jesus und den Zeugen des Evangeliums hineinbegeben. Denn das, was wir lieben, und die, die wir lieben, färben mit Sicherheit auf uns ab.

Man kann sich die Sache mit dem alten und dem neuen Leib auch so vorstellen, wie wenn wir beim Theaterspielen in eine Rolle hineinschlüpfen. Das ist ursprünglich etwas Religiöses und nie nur Spiel allein, sondern immer auch ein Stück Ernst. Eine Rolle im Theater ist wie ein neuer Leib. Wie Kinder, die nichts mehr anzufangen wissen mit sich und nur noch streiten und dann auf die gute Idee kommen, Theater zu spielen, und die dabei mit dem neuen Kleid auch eine neue Rolle annehmen und in sie hineinwachsen und dann auch sonst wie ein König oder eine Prinzessin sprechen und sich so auch im ganzen verhalten. Und jeder wählt beim Theaterspielen die Rolle, die ihm liegt, und das offenbar deshalb, weil so mit einem Male Züge an ihm sichtbar werden, die sonst verborgen sind.

Und könnte man sich nicht eine Geschichte vorstellen, daß jemand immer diese seine Theaterrolle spielt und daß sie ihm in Fleisch und Blut übergeht? Wie bei großen Schauspielern, die zum Beispiel Shakespeares Königsfiguren darstellen, so daß es dann dazu kommen kann, daß ein solcher etwa eine wirkliche Prinzessin trifft und sie ihn für königlich hält, weil sein Reden und Handeln königlich geworden sind – und dann will sie den, der ihr so königlich begegnet, zum Manne haben, und sie werden glücklich.

Als Christen sind wir ähnlich in eine Rolle geschlüpft, denn Christ heißt auf deutsch »Gesalbter«, heißt: »Königskind«. Diese Rolle ist wie ein neuer Leib, und den alten Leib abzulegen und Christus anzuziehen, ist wie eine Rolle zu spielen und in sie hineinzuwachsen. Denn wir wissen doch: Jeder Schauspieler gibt ein Stück von sich selbst in die Rolle hinein und nimmt ein Stück von der Rolle an. So ist Christsein als Schauspielerei nicht sich verstellen oder lügen, sondern bedeutet neue Möglichkeiten, die man sich abguckt und die zum Teil schon immer die eigenen waren.

Wie zwei, die es schwer miteinander haben und die dann einfach einmal verkehrte Welt spielen, indem der eine das übernimmt, was des anderen Aufgabe war – oder indem sie einfach umgekehrt reagieren wie sonst. So ist unser Leib wie die Rolle, die wir spielen, und ein neuer Leib, das sind neue, phantastische Möglichkeiten. Ist nicht das Abendmahl, wo alle gleich sind und sich durch den Friedensgruß miteinander verbunden haben, so ein Einüben in die neue Rolle? (Und nicht zufällig spricht Paulus hier auch von dem einen Leib, der wir alle dabei sind.)

Aber unser Leib ist noch mehr: Er ist Ort und Summe aller unserer Sehnsucht. Immer wieder stoßen wir auf Erzählungen, nach denen Menschen in ihrem Leib verhext oder erstarrt sind und erlöst werden müssen. Und das geschieht durch Liebe.

Auch nach Paulus ist das so: Unser alter Leib, das heißt: alle unsere Möglichkeiten bisher, stehen unter einem Fluch. Paulus spricht hier von Gesetz und Sünde und meint das Gesetz des Todes. Tod aber ist Starre. Alle unsere Erlösungsbedürftigkeit ist solche Starre. Bei der Erlösung, die er meint, empfangen wir – wie in den Märchen – einen neuen Leib; der alte, verfluchte, durch Tod und Starre gezeichnete stirbt. Im Märchen ist der alte Leib der häßliche oder erstarrte; eine Kröte oder ein schreckliches Untier wie in dem Film »La belle et la bête«. Oder ein Fluch hat Erstarrung bewirkt wie in »Dornröschen«. Immer zeigt der Leib die Art der Existenz an. Dann aber gibt es jemanden, der aus dieser verwünschten Gestalt oder aus der Starre erlöst. Und das geschieht fast immer dadurch, daß der oder die Erstarrte, Häßliche geliebt wird und sich dadurch verwandeln kann. Die verwandelnde Liebe schenkt einen neuen Leib.

Die Liebe zum Ungeheuer oder der Kuß für die zum Denkmal Erstarrte sind dabei blindes Wagnis, tollkühne Tat, gegen den Augenschein und ohne jede begründbare Hoffnung vollzogen. Freie, grundlose Tat. Aber gerade so sind wir nach dem Evangelium als häßliche, verfluchte Sünder frei und grundlos geliebt. Wie verhext, verflucht, im Bann erstarrt waren wir oder sind wir. Denn etwas hindert uns immer daran, so zu sein, wie wir möchten und wollen; etwas wie Blei, das uns unten hält. Starr sind wir und kommen uns häßlich vor. Wir sind nicht zufrieden mit uns, nicht schön, nicht sicher geliebt, so wie wir sind. Wir warten lange darauf, daß sich jemand in das Abenteuer einläßt, unsere verborgenen guten Seiten zu entdecken, uns bedingungslos zu lieben. Um in dieser neuen Beziehung plötzlich schön zu sein, so etwas wie einen neuen Leib zu haben. Oder wie Dornröschen aus der Starrheit erlöst.

Nun sagt das Evangelium, daß Gott uns so geliebt hat. Aber: Der Leser hat das an dieser Stelle erwartet. Denn: Was heißt das schon? Lassen Sie mich den Anlauf von einer anderen Seite her beginnen:

In Heidelberg gab es vor kurzem einen Streit, ob in unserer schönsten gotischen Kirche neue Fenster angebracht werden sollten, deren Inhalte ein Fernsehapparat, Computer, Bilanzkurven, chemische Formeln und moderne Gebrauchsgegenstände sein sollten. Über den Streit kann hier nicht entschieden werden, es ist aber zu fragen: Kommt es unbedingt darauf an, die moderne Welt in der Kirche noch einmal zu wiederholen – oder nicht vielmehr darauf, die Zeichen und Symbole des Glaubens über die Kirche hinaus in die moderne Welt hinauszutragen? Ich meine speziell das Kreuz und was es bedeutet. Die meisten bekennen sich nur verschämt dazu. Sollten wir nicht, indem wir dieses Zeichen setzen, zum Ausdruck bringen, daß wir in diesem Symbol für den Tod des Herrn daran erinnern: Dieser Tod ist die Antwort auch auf unsere Frage nach Geliebtwerden und Entdecktwerden?

Denn der Gekreuzigte ist der Häßlichste, zertreten wie ein Wurm. Armseliger kann keiner sein, alle Wut hat sich an ihm entladen. Keiner, der arm dran ist, muß jetzt noch allein sein. Und diesen Häßlichen, den Abschaum der Menschheit hat Gott, so ist unser Osterglaube, zuvorkommend geliebt und aus seiner Mißgestalt erlöst und ihm einen neuen Leib gegeben, ihn aus der Starre des Todes befreit. Gott hat den Toten freigeküßt, die ersehnte Verwandlung heißt hier Auferstehung.

Bei manchen realistischen Malern, Grünewald etwa hat es gewagt, ist der Gekreuzigte häßlich und verstümmelt wie ein Untier, einen Schrecken einjagend. Dieser Tod machte häßlich.

Vielleicht wird nach diesem Umweg erkennbar, warum das Erlöstwerden aus der Starre etwas zu tun hat mit der Auferweckung des Gekreuzigten. Denn bei Tod und Auferstehung geschieht eben das, wovon die Märchen berichten, in äußerster Steigerung und Zuspitzung.

Der Gekreuzigte ist die Antwort auf die Frage »Numero eins«, die Menschen bewegt: Wie muß Liebe sein und was kann sie bewirken? Und die Antwort ist: Ohne jede Bedingung ist sie. Und sie bewirkt alles, sie gibt einen neuen Leib, eine neue Rolle, sie macht schön, sie verwandelt, sie ist das Geheimnis aller Verwandlung.

Die Antike ist voll von Verwandlungsmythen, wie bei Daphne, die zum Lorbeerstrauch wird, oder bei Philemon und Baukis, dem freundlichen alten Paar, das man in zwei gegenüberstehenden, miteinander verästelten alten Bäumen wiedererkennt. Bei uns geht es um eine neue Art von Verwandlung, denn zur Natur führt kein Weg zurück. Unter dem Namen Jesu wird, weil es bei ihm selbst auch so geschah, unsere verschrumpelte, asoziale Gestalt absolut geliebt und verwandelt. Damit wir glücklicher sind.

Wohl ganz oft können Menschen »schön« werden, wenn »vorauseilende« Liebe ihr Selbstwertgefühl stärkt. Dann entsteht »selbstbewußter Charme«. Und so hat auch unsere Erfahrung von Schönheit direkt mit dem zu tun, was Paulus unter »Leib« versteht, mit der Art des Miteinanders. Denn nur so ist es zu erklären, daß man das immer für schön hält, was man liebt: die Gegend, aus der man stammt, das Neugeborene, das Eltern für schön halten, auch wenn es ganz verschrumpelt ist. So sehen wir: Sehr oft ist oder wird etwas schön, wenn Liebe einen Vorschuß gibt.

Die Wirklichkeit bei uns ist leider oft umgekehrt: Wir lieben die Oberfläche und finden den Partner zusehends weniger attraktiv, und dann ist die Liebe vorbei. Die hier erwähnten Geschichten aber gehen dagegen davon aus, daß man vor der ganzen Wirklichkeit keine Angst haben muß, im Gegenteil: daß es eine ungeheure Chance bedeutet, gegen die zunächst bestehende Wirklichkeit anzugehen und »ja« zu sagen. Denn dieses Ja allein verwandelt und löst den Bann und schenkt das, was man einen neuen, schönen Leib nennt.

Paulus hat es zum ersten Mal so formuliert, daß Gott auch häßliche Sünder und den toten Christus bedingungslos und endgültig und bis zur Konsequenz leibhaftiger Auferstehung geliebt hat. Er und viele andere Christen der ersten Zeit wurden geradezu verrückt über dieser Entdeckung und Erfahrung.

Menschen, die nicht geliebt werden, haben Angst. Weil wir wie allein im Raum stehen, weil alles schief zu sein scheint und wir selbst häßlich sind. Und wir flüchten in Essen oder Trinken und vor allem in den Besitz. Das alles betrifft gerade den Leib nach dem Verständnis des Paulus. Denn es soll ihm den Kontakt der Geborgenheit geben, den er braucht. Aber alles das macht in Wahrheit nur einsam und täuscht, oder man versucht, sich selbst zu überlisten.

Unser Volk ist das reichste der Welt; noch niemals im Verlauf der ganzen Menschheitsgeschichte hat es ein Volk gegeben, dem es so gut ging. Aber je reicher Menschen werden, desto größer wird ihre Besitzangst. Je mehr man hat, desto geiziger wird man. Vor allem aus diesem Grund wohl sind wir das kinderfeindlichste Volk der Welt, werden bei uns die wenigsten Kinder geboren. Und bei vielen versuchten staatlichen Reformen hat die panische Besitzangst der Reichen immer wieder schon vor Abschluß alles verdorben. Gerade das versperrte immer wieder großzügige Lösungen. Keine Regierung hat Mut genug. Und Aufforderungen zum Konsumverzicht im ganzen und an der richtigen Stelle helfen da nicht immer weiter. Denn der eigene Geldbeutel ist dem Herzen am nächsten. Je reicher Leute sind, um so einsamer sind sie. Wir sind alle sehr einsam. Der Neid läßt uns einsam werden. Wir verschanzen uns hinter dem Besitz, weil andere Geborgenheit fehlt. Das Thema »Numero eins« bleibt auf verzweifelte Weise ungelöst.

Genau da aber beginnen erst die Geschichten, von denen wir heute gehört haben: bei Menschen, die verzweifelt sind und starr und wie verhext und unglücklich und wie gestorben. Und jemand hat den Mut und liebt sie ohne Grund und trotz allem. Und nur so geht es – seit Menschengedenken.

Sterben und Dienen (6,3–7.10 und 18–23)

Abschied als Sterben

Es war einmal ein Königssohn, der freute sich auf den Tag, an dem er endlich König sein würde. Denn er hoffte, dann endlich frei zu sein gegenüber allen möglichen Leuten, die ihm Vorschläge machen und gute Ratschläge geben wollten. Sein Traum war es, dann endlich sein eigener Herr sein zu können, unabhängig und niemandem verpflichtet. Eines Tages war dann der alte König zurückgetreten, und der Königssohn ward König. Doch nicht lange danach kam es zu einem Streit zwischen zwei Nachbarvölkern, die mit seinem Königreich gemeinsame Grenzen hatten. Und da der neue König sich seit unvordenklicher Zeit mit jedem der beiden Nachbarvölker gut gestanden hatte, blieb es nicht aus, daß jegliche Freundlichkeit, die er dem einen erwies, vom anderen als feindlich und gegen sich gerichtet ausgelegt werden mußte. So wurde der König bald von beiden verdächtigt. Aber auch innerhalb seines eigenen Reiches konnte der König seines

Amtes nicht froh werden, da er ständig Rücksicht zu nehmen hatte, bald auf die Alten, bald auf die Jüngeren. Und schnell sah er ein, daß von der Freiheit, die er sich erträumt hatte, fast nichts geblieben war.

Da er aber ein freier Mann sein wollte und nichts darauf gab, nur auf die Wünsche anderer Rücksicht zu nehmen und ihre Eifersüchteleien auszugleichen, beschloß er, die Königswürde abzulegen. So geschah es, und der junge König wurde Bauer in einem entlegenen Teil seines Landes. Er bewirtschaftete einen kleinen Acker, und nur ein anderes Gehöft bildete seine Nachbarschaft. Er fühlte sich frei und nicht mehr nur als schlechter Makler zwischen den Wünschen anderer. Der Abschied von der Macht war ihm nicht schwergefallen.

Nun wurden aber die Bauersleute des Nachbarhofes, ein Mann und zwei Kinder, sehr schwer krank, und es war gewiß, daß sie sterben würden. Da das Gehöft aber einsam lag, gab es niemanden als den königlichen Bauern, der sie hätte pflegen können. Er entschloß sich also, dem Mann und den beiden Kindern zu helfen, auch wenn es sein eigenes Leben gefährdete. Er brachte ihnen Wasser und verband sie. Er freute sich, wenn er ihre Schmerzen lindern konnte. Lange Zeit hatte er Angst, die Krankheit würde sich auch bei ihm zeigen, bis er eines Abends meinte, es sei soweit. Da sagte er zu sich selbst: »Der Abschied von der Macht und den politischen Freunden war ein Abschied von Fremden, um frei zu werden. Aber der Entschluß, hier zu helfen, war ein Abschied davon, das Leben allein selbst bestimmen zu wollen. Ich weiß nicht, was wird; ich weiß nur, daß es so gut war. Denn es gibt noch etwas anderes, das glücklich macht, und das ist nicht das Festhaltenwollen. Und das, was glücklich machen kann, ist: Macht aufzugeben zugunsten von mehr Freiheit. Auch jetzt bei der lebensbedrohenden Pflege der Kranken ist das nichts anderes: Ich habe auch die Macht über die eigene Lebenszeit aufgegeben, um noch freier zu sein. Denn ich kann nicht die Nachbarn vor Schmerz schreien hören und sich mit der Krankheit quälen lassen. Ich bin glücklich, wenn ich ihr Los erleichtern kann. Wie ein Vogel, der in Freiheit fliegt, ohne Schwere. Vielleicht taugen die Engel deshalb als Boten Gottes und können fliegen, weil sie sich selbst leicht nehmen.«

Es wurde aber so, daß die Anzeichen der Krankheit verschwanden und der königliche Bauer nicht erkrankte. Und voll Dankbarkeit und Übermut fühlte er sich frei und neu geboren. »Jetzt weiß ich, daß so ganz und gar frei zu sein wichtiger ist, als besonders lange zu leben.«

Sein Königsthron war indessen nach ihm nur kurz besetzt gewesen. Sein Bruder war nach ihm König geworden, dann aber nach kurzer Zeit gestorben. So baten die Menschen den königlichen Bauern, er möge ihnen helfen und doch wieder als König für sie sorgen.

Und da der königliche Bauer in der Zwischenzeit viel, sehr viel gelernt hatte, konnte er eigentlich erst jetzt und jetzt ganz neu zu seinem königlichen Beruf ja sagen. Und er regierte über sein Volk freundlich und mit großer Hingabe. Und es wurde ein glückliches Königreich.

Dienen

Es war einmal vor langer Zeit ein junger Bursche in einem fernen Königreich, der war nicht sehr begeistert von der Arbeit, und darin unterschied er sich nicht sehr von anderen. Nachdem er zunächst mehr verdient hatte, als er brauchte, suchte er sich eine Stelle aus, bei der er nur so viel arbeiten mußte, wie notwendig war, um recht und schlecht zu leben. Neben seiner Arbeit hatte er viel Zeit übrig, alle möglichen Dinge zu tun, die ihm Spaß machten. Er ging angeln oder sammelte Steine, ging einkaufen oder besuchte Bekannte, reiste hierhin und dorthin, gerade so, wie es ihm in den Sinn kam. So lebte er in die Tage und Wochen hinein, ohne daß ihn etwas ernsthaft mit Beschlag belegen konnte. Das Angenehme versuchte er mit zu genießen, dem Unangenehmen wünschte er möglichst gründlich aus dem Weg zu gehen. Und so taten es die meisten. Mit der Zeit nahm zwar auch die Langeweile sehr zu, da er fast überall schon gewesen und eine viel zu große Anzahl von Dingen auch schon gekauft hatte. Aber wenn Langeweile aufkam, arbeitete er ein paar Stunden mehr, um weniger Langeweile und gleichzeitig mehr Geld zu haben, mit dem er sich Dinge kaufen konnte, die er zuvor noch nicht besessen hatte. Denn es war wichtig, immer auch das zu besitzen, was in Mode war.

Als er aber eines Tages mit allen Anzeichen der Langeweile vor seinem Haus im Garten saß, geschah es, daß ein feierlicher Zug herankam. Der Anlaß war, daß der König selbst auf der Reise durch sein Reich an diesem Haus vorüberzog, denn er wollte jeden Winkel seines Reiches kennenlernen. Der König aber war weise und verständig und besaß auch die Gabe der Herzenserkenntnis. Er sah den jungen Mann vor seinem Haus sitzen und fragte ihn, wie es ihm gehe und was die

Arbeit mache. Der junge Mann fühlte sich – wohl ausnahmsweise – genötigt aufzustehen und erwiderte: »Ich denke gerade darüber nach, ob ich mich wohl fühle, ob ich gesund bin, ob ich mich geborgen fühlen kann, ich suche gerade nach positiven Gedanken, damit nicht alles so leer ist.«

Da erwiderte der König: »Ich sehe, was mit dir ist. Aber ich habe einen königlichen Auftrag für dich.« Der junge Mann wurde von gespannter Aufmerksamkeit erfüllt, auch deshalb, weil es ihn staunen machte, daß der König an ihn persönlich dachte und sich ihm zuwandte. Und gegen seine Gewohnheit fragte er jetzt auch nicht danach, was dieser Auftrag an Geld einbringen würde. Der König sagte: »Ich habe eine Aufgabe für dich, die sehr merkwürdig ist und sehr anstrengend, aber auch sehr nötig. Du sollst in meinem ganzen Reich jeden Tag, solange es hell ist, die Formen der Wolken aufzeichnen, die großen und kleinen, die Wolkenbank und die Abendwolken, und es auch vermerken, wenn der Himmel wolkenlos war. Das ist eine schöne Aufgabe, weil es die Herrlichkeit meines Reiches darstellt. Und es ist eine notwendige Arbeit, weil dann im nächsten Jahr die Bauern und Gärtner sich an der Gestalt der Wolken orientieren und so wissen können, was für Saat und Ernte, was mit den Feldern und Wiesen getan werden muß. Und es ist eine Aufgabe nur für dich, und sie dauert den ganzen Tag; du bist immer im Dienst. Willst du das tun?« Der junge Mann überlegte: »Was für eine merkwürdige Aufgabe, Wolken malen und das tagaus tagein, aber immer neu. Und es ist notwendig für die Menschen.« So willigte er ein.

Und nach einer Zeit erkundigte sich der König nach dem Stand seines Tuns und ob er zufriedener sei, und der junge Mann antwortete: »Es ist mühsam, jeden Tag von Sonnenaufgang bis Sonnenuntergang in deinem Reich unterwegs zu sein. Aber es ist auch schön, abends müde ins Bett zu sinken. Und ich bin stolz darauf, daß die Menschen mit meinen Beobachtungen etwas anfangen können.« »Und ist es nicht so, daß jeder Beruf etwas davon hat«, fragte der König, »vom Wahrnehmen der Herrlichkeit und Nutzen für die anderen? Und daß jeder Beruf, sei er auch noch so ausgefallen, mit Begeisterung und ohne Langeweile erfüllt werden kann, wenn man nur wahrnimmt, daß es ein persönlicher Auftrag ist, wenn man erkennt, daß es mein Beruf ist mit Chancen für mich und daß jeden Tag etwas neu dabei ist, wenn man nur genau hinsieht, wie auf die Wolken des Himmels.«

Über Sterben und Dienen

Der Königssohn, der auf seine Macht verzichtete und sein Leben riskierte, nahm beide Male Abschied und wurde beide Male ein Stück freier. Der erste Abschied diente dazu, daß er zu sich selbst kam und den eigenen Spielraum überhaupt erst wiedergewann. Der zweite Abschied bestand darin, von sich selbst ganz frei zu werden. So erst konnte der königliche Bauer den gewonnenen Spielraum ganz ausnutzen. Erst jetzt begriff er, was wichtig war, daß schrankenloses Genießen der Freiheit noch immer eine begrenzte Freiheit ist. Erst als er die Freiheit errang, für die Not anderer da zu sein, wurde er wirklich fähig für seine Aufgabe, König zu sein.

Das waren die Schritte: sich selbst zu gewinnen im radikalen Abschiednehmen. Freiwerden durch Lassen-Können. Erst jetzt, als so frei Gewordener, war er fähig, verantwortungsvoll, aber auch glücklich zu leben. Glück besteht nur in solcher Freiheit. Leben ist zu schade, um nur so dahingelebt zu werden.

Freiheit ist auch das Thema in der Geschichte von dem jungen Mann, der nur wechselnden Launen diente und dieses als »Freiheit« betrachtete, wo er doch nur von Bedürfnissen getrieben war. Erst »sein« Auftrag konnte ihn faszinieren, so abseitig er auch war. Es war ein überaus fordernder, fast menschenunmöglicher Dienst. Und doch war er nur glücklich in der Strenge dieses Dienens, befreit vom Hin- und Hergaukeln. Jetzt waren es nicht mehr seine Launen, die ihn trieben, sondern ein Auftrag und eine Idee, die ihn beflügelte. Angesichts des Gegenübers, des Königs, der ihn rief, erlangte er diese Freiheit. Die Freiheit, ja oder nein zu sagen, beides aber ganz. Die Begrenzung der Freiheit durch ein forderndes Gegenüber gab seinem Freisein Salz und Kraft.

Im Römerbrief werden diese Erfahrungen mit Christus verbunden. Mitsterben mit ihm bedeutet: radikal Abschiednehmen von aller Verstrickung in das, was Paulus Sünde nennt. Gemeint ist damit die Scheinwelt des sozialen Ansehens. Das Kreuz, und darum geht es beim Mitgekreuzigtwerden, ist der größte Gegensatz zu Rang und Achtung. Das Kreuz: einmal sich dazu entschließen, die Welt des sozialen Scheins, die Welt von Rang und Ansehen, für nichts zu halten angesichts der Größe messianischer Liebe. Ein Abschied zu einem neu geschenkten Leben.

Auch vom Dienst spricht Paulus in diesem Kapitel. Er vergleicht zweierlei Dienst, den alten unter der Begierde und den neuen unter dem Herrn. Nur der zweite Dienst ist Freiheit, weil er nicht zur Selbstzerstörung führt; Paulus nennt das »ewiges Leben«. Die Begeisterung für diesen Dienst kann einen Raum und Zeit vergessen lassen. »Ewiges Leben« ist nicht eine Sache für Grab und Jenseits, sondern heißt: mit Leib und Seele gefangen sein von einer Idee. Das hält Leib und Seele zusammen.

Freiheit

Freiheit ist das heimliche eigentliche Thema unseres Lebens. Darauf beziehen sich nicht nur alle Revolutionen und Emanzipationen, sondern darauf beziehen auch wir uns selbst in unserem Selbst. Paulus geht es darum, wie wir uns selbst gewinnen können.
Sterben und Dienen – genau diese beiden Dinge halten wir gewöhnlicherweise für das Wegwerfen unseres Selbst. Das ist normalerweise auch richtig. Nur dann nicht, wenn es vor dem letzten Gegenüber und freiwillig und aus der Mitte unseres Herzens heraus geschieht.
Die Antwort des Neuen Testaments auf die Frage, wie das Selbst zu gewinnen sei, ist unbarmherzig und wie von einem guten Arzt. Nichts bleibt in der Schwebe. Sich selbst gewinnen durch Sterben und Dienen – angesichts des Gottes, der die Liebe selbst ist.
Unsere Freiheit ist immer wie wir selbst – meist ohne klare Linie, unentschieden, diffus. Immer wieder weigern wir uns, wirklich als die zu leben, die wir selbst sind. Doch eigentlich möchten wir alle ganz leidenschaftlich gern nichts anderes, als wir selbst sein und unser Leben nicht verfehlen.
An Jesus Christus hat uns Gott nicht irgendwelche Dogmen zeigen wollen, sondern dieses: daß Sterben und Dienen den Weg bilden, auf dem wir uns selbst gewinnen.
Nicht das verkrampfte Blicken auf uns selbst kann uns glücklich machen, sondern nur viele Abschiede und ein fröhliches Herz.

Ein neues Modell christlichen Handelns (6,6.10–12)

Mitgekreuzigt

Erst hier, noch nicht in den Kapiteln 3 bis 5, spricht Paulus vom Handeln des Menschen. Er schließt das neue, jetzt geforderte Tun nicht direkt an Glaube und Rechtfertigung an, sondern an die Taufe. Denn Glaube ist nur wie der erste Schritt. Wie wenn man vertrauensvoll die Hand in die ausgestreckte Hand dessen legt, der einen weiter führen will. Und bei diesem Anfang ist entscheidend, daß man sich ab jetzt an der Verheißung orientiert. Wie wenn man einen Weg beginnt und dies daraufhin tut, daß man die erstrebte Stadt sich vor Augen stellen läßt. Wer glaubt, läßt sich auf diese Hoffnung ein.

Dann aber wird der Weg unmittelbar hinter der ersten Biegung steinig. Und es stellt sich heraus, daß der Weg zu der ersehnten Stadt durch die Wüste führt. »Wüste« steht hier für Tod.

Einfacher, billiger geht es nicht: Es ist etwas wie Tod nötig. Denn so korrupt waren wir, war unser »Leib«, und damit meint Paulus: alle unsere Verflechtungen und Kontakte. Nicht irgendeine Buße oder Erneuerung fordert Paulus, sondern etwas wie Sterben.

Wer in die verheißene Stadt gelangen will, muß durch die Wüste hindurch. Was uns zuvor beherrscht hat, muß wie von der Hitze ausgedörrt und ausgebrannt werden. Nur von diesem Tod her ist neues Handeln zu begründen. Nicht von einem Aufruf her, nicht durch Ermahnungen, sondern durch ein Geschehnis, in das wir wie leibhaftig hineingezogen werden. Der Tod, den wir mitsterben, ist ein Geschehnis – nicht irgendein »guter Wille«.

Zu ändern ist dann, so sieht es Paulus, unser Verhältnis gegenüber den Begierden. Das sind nicht irgendwelche Gelüste, sondern das sind unsere natürlichen Vitalinstinkte. Es sind Lebensimpulse, die sehr tief liegen, eben so tief wie unser »Leben«. Und Tod, Sterben oder Mitgekreuzigtwerden bedeuten: Unser Verhältnis dazu wird gebrochen.

Das kann nur ein tief eingreifender, schmerzlicher Weg sein. Nicht etwas, das wir nur irgendwie guten Willens uns einbilden, sondern der Weg eines Sterbens und Neuwerdens. So wie im Winter alles tot ist und dann im Frühling alles neu beginnt. Sterben ist nichts Schönes. Christwerden ist hier geschildert als etwas, das man vernünftigerweise überhaupt nicht wollen kann und darf. Sich auf einen schmerzlichen Weg führen lassen, den man nicht will. Geführtwerden, wohin man nicht will.

Dieses Sterben ist etwas anderes als ein süßlich leidensvoll verzogener Blick. Es bedeutet aber wohl unter anderem – wie eben Sterben – auch dies: letzte Konfrontation mit sich selbst. Frage nach dem, was von allem bleibt.

Dem tödlichen Begehren, wenn wir bloß der Vitalität folgen, steht gegenüber die Leidenschaft zu neuer Gerechtigkeit. Hungern und Dürsten nach Gerechtigkeit. Und damit ist noch einmal das benannt, was in der Wüste des Sterbens entsteht: Hungern und Dürsten.

Entscheidend aber ist dies: Während im Alten Testament Tod und Gott strikt entgegengesetzt waren, jeder Tod Gottferne bedeutete, gibt es hier die Möglichkeit eines Todes, eines Sterbens mit Christus; dieses Sterben erfährt man nicht in der Einsamkeit des Gottverlassenen. Und dabei ergibt sich eine Möglichkeit von Tod und Sterben, mit der wir überhaupt nicht zu rechnen wagen, die uns ganz abhanden gekommen ist: Beim Sterben »mit Christus« ist der Tod nicht das Ende, sondern der Anfang des Unglaublichen. Nur weil es diese Möglichkeit gibt, kann Paulus hier so leicht von einem Sterben sprechen, den Tod zur Disposition stellen. Tod als Anfang des Ungeahnten und Unglaublichen. So meint Paulus dieses Sterben.

Das unauslöschliche Siegel

Taufe ist ein Sakrament, ein sichtbares Zeichen. Wie die jüdische Beschneidung wird Taufe als »Siegel« bezeichnet. Wir sind so Gottes Eigentum. Die Taufe wird am Leib vollzogen, weil unser Leib der Ort ist, an dem Gott ein Recht auf uns erworben hat. Diese Beziehung gilt über den leiblichen Tod hinaus. (Ebenso wird auch das Abendmahl mit dem Leib empfangen.)

Aber es gibt noch etwas anderes, das hier am Leib und mit ihm vollzogen wird und das uns gleichfalls über den Tod hinaus begleitet: die Werke, die wir getan haben und tun (2 Kor 5,10).

Zwischen diesen beiden »Qualifizierungen« des Leibes besteht nun ein besonders wichtiges Verhältnis: Sie stehen in Konkurrenz miteinander, und zwar immer und grundsätzlich so, daß das Getauftsein mächtiger und wirksamer ist als unsere Werke. Daher gibt es für die Christen keine Verurteilung mehr (Röm 8,1). Gottes Handeln in den Sakramenten ist in höherem Maße endgültig, weil es Tun unseres Leibes ist.

Paulus weiß, daß Christen nicht nur Gutes tun. Er denkt sich die Folgen der Sünde der Christen so, daß sie leiblich sind (Krankheit, frühzeitiger Tod, Verbranntwerden der Werke, vgl. 1 Kor 3,15; 5,5; 11,30–32; 2 Kor 5,10). Aber es wird nicht dazu kommen, daß Gott uns deswegen fallen läßt. Denn jetzt gelten nicht die Taten des Menschen, sondern die Gaben und Veranstaltungen Gottes. Mit der Taufe hat Gott sich aus reiner Barmherzigkeit festgelegt.

Christsein von der Auferstehung her

Paulus spricht nicht nur vom Sterben in diesem Text, sondern hier kann er erstmalig auch ganz die Auferstehung Jesu ins Spiel bringen.

Wenn wir sagen, jemand sei »jenseits von Gut und Böse«, so meinen wir das abschätzig, bestenfalls mitleidig: Jemand ist zu alt, um sich noch für das andere Geschlecht zu interessieren. Geschlechtslos, bestenfalls wie Engel. Doch nimmt man die Wendung beim Wort, so geht es um etwas durchaus Faszinierendes: Unser stark moralisiertes Christentum hat feste Grundsätze: Es gibt, wenn nicht böse und gute Menschen, so doch böse und gute Handlungen, Sünden und Anständiges. Und mit der Bibel meint man, beides begründen zu können.

Nur: Je aufmerksamer man zusieht, desto deutlicher wird, daß alles Handeln in Schuld verstrickt ist. Daß es keinen gibt, der rein ist. Und daß es immer schwieriger wird, etwas »von der Bibel her« eindeutig als gut und böse begründen zu können. Denn oft schaden wir mit jedem Guten einem anderen, und sogleich wird auch das Gute wieder böse. Und allzu oft dient die Bibel dazu, »die anderen« als die »Bösen« darzustellen. Bei den schlichtesten Fragen unseres Zusammenlebens ist das »gut« oder »böse« oft schon nicht mehr zu entscheiden. Denn verstrickt sind wir, in Sackgassen, und im Umklammerungsgriff befinden wir uns immer wieder.

Auferstehung aber ist wie ein langer, intensiver, erfrischender Sommerregen nach Wochen der Dürre, ist das lösende Wort in einer Lage, die nach menschlichem Ermessen aussichtslos erschien. Wenn Menschen in Schuld verstrickt sind und keinen Ausweg mehr wissen, weil alles immer nur noch schlimmer wird: Dann ist Auferstehung das lösende, endlich vergebende Wort. Wie der erste, jubelnde Frühlingstag nach einem langen grauen Winter. Wie die ersten Stunden nach dem bestandenen Examen, wenn lange, mit Arbeit und Angst gefüllte Wochen vorangingen. Erleichterung. Wie Versöhnung nach Streit, wie die lösenden Tränen nach Verbohrtheit und Verstockung, wie das tröstende Morgenrot in äußerster Hoffnungslosigkeit. Jeder kennt das: die dunkelste Phase und das Aufatmen danach.

Wenn Auferstehung das ist, dann ist an den genannten Engeln doch etwas zutreffend: Denn das Wort läßt denken an eine Existenz jenseits aller Verstrickung, an Leichtigkeit und strahlende, farbige Herrlichkeit jenseits aller ärmlichen Abkanzelungen in schwarz und weiß, gut und böse. Die Darstellung der Herrlichkeit ist bestimmend.

Jenseits der Verstrickung in Schuld, jenseits der Etikettierung in gut und böse, gibt es eine Möglichkeit zu leben, sagt Paulus hier: Leben in der Zeit nach der großen Vergebung und Versöhnung. Zartes neues Leben im Schutze des Sieges Jesu über die Unheilsmacht des Todes.

Und deshalb ist dieses neue Leben, wenn man es recht auffaßt, jenseits von Gut und Böse: Weil mit der Entmachtung des Todes die alten Muster von Schwarz und Weiß, Gut und Böse, Tod und Leben nicht mehr »gleichberechtigt« nebeneinander stehen. Vielmehr können und sollen diese Gegensätze vergessen sein. Weil das Leben gewonnen hat, weil das Licht stärker war als das Dunkel.

Deshalb ist hier das Kreuz das Ende aller schrecklichen Zusammenbrüche und Ausweglosigkeiten. Die Zweiteilung führte in sie hinein, da niemand mehr bestehen konnte.

Auferstehung aber hat etwas von dem Glanz der Versöhnung. So sind wir jetzt nicht mehr böse oder gut, sondern etwas viel Wichtigeres und Spannenderes ist geschehen: Wir sind geliebt, verherrlicht und endgültig befreit.

So müssen wir nicht mehr urteilen und beurteilen und haben die ganze Dimension der Verurteilung hinter uns gebracht. Und damit auch die Angst vor dem Tod, den Zwang, sich für Leben oder Tod entscheiden zu müssen. Die Entscheidung ist gefallen, sie liegt hinter uns, in unserem Rücken. Ich kann es von daher nicht verstehen, wie man Christentum als »Entscheidungs«-Religion darstellen kann. Vielmehr: Gott hat sich entschieden, der Tod ist nicht durch unsere Entscheidung zu vermeiden. Er ist besiegt, und die Reste seiner Macht werden nicht durch uns beseitigt. Jetzt gilt ein anderer Weg, ein anderes Modell des Handelns, das des Rückenwinds. Die Bedeutung der Auferstehung für unser Handeln ist, wie wenn man mit starkem Rückenwind fährt, so daß man auch für einen Weg bergauf kaum Energie verbraucht.

Vielleicht hat auch Paulus selbst an den Rückenwind gedacht, wenn er sagt, daß wir jetzt dem Geiste gemäß wandeln sollen. Denn Geist und Wind sind im Griechischen ein und dasselbe Wort (pneuma).

»Jenseits von Gut und Böse« handeln wir wie mit starkem Rückenwind, und wenn wir genau auf ihn achten, führt er unsere Hand. Weil der Zwang der Entscheidung von uns abgefallen ist, liegt das Zentrum unseres Tuns nicht mehr bei unserem Willen, sondern im Hinhörenkönnen. Das bedeutet auch Sachkunde und sachgemäßes Handeln, Einpassen unserer Absichten in die durch die Schöpfung vorgezeichneten Wege, statt quer dagegen zu handeln. Es geht um ein Hinhörenkönnen, das Handeln einschließt.

Das Hauptargument dafür, dieses paulinische Modell ernsthaft zu erwägen, ist vor allem in der Schwierigkeit gegeben, bei den meisten unserer Handlungen zwischen Gut und Böse zu unterscheiden. In vergleichbarem Sinne hat man vom »ethischen Komparativ« gesprochen. Für christliche Predigt nach dem Römerbrief hat das diese Konsequenzen: Wenn es zutrifft, daß wir alle Verurteilung hinter uns haben, dann ist die neue Beziehung eröffnet, hat sie begonnen. Das meint Offenbarsein der »Gerechtigkeit Gottes«. Dann ist nicht das kommende Gericht im Blick, sondern die neue, qualifizierte Gemeinschaft, in die wir hineingestellt sind.

Am Beispiel der Beurteilung von Schwangerschaftsabbruch (Abtreibung) kann man ganz konkrete Konsequenzen dieses Ansatzes aufzeigen: Die Beratung ist nicht nach dem Schema zu vollziehen, ob es sich um etwas »Gutes« oder um etwas »Böses« handelt, vielmehr ist, wenn es sich darum handelt, genau hinzuhören, eine Entscheidung danach zu fällen, wie sie sich im gesamten Rahmen der Biographie (und wie sie wahrgenommen wird) aller Betroffenen ausnimmt. Und vor allem ist, wenn die Entscheidung gefallen ist, der Beitrag paulinischen Christentums die Predigt der Versöhnung. Man kann sagen:

Wir werden, gleich wie die Entscheidung fällt, schuldig. Ebenso aber gilt, und das ist dem Status der Christen nach Röm 8 weitaus angemessener: Wie die Entscheidung auch fällt, es gilt für Christen nicht das Prinzip Angst und Verurteilung, sondern in jedem Fall die Versöhnung. Es ist sicher nicht Aufgabe des Christentums, die Qualen, die in jedem Falle entstehen, noch zu verschärfen.

Es hängt wohl alles davon ab, daß man sich auf dieses Denkmodell des Paulus konsequent einläßt und nicht an jeder Wegbiegung wieder in das Urteilen nach Gut und Böse, Schwarz und Weiß zurückfällt. Sinn des Modells ist nicht, klare Positionen zu vermeiden. Sie sind notwendig und vor allem auch als gegensätzliche Positionen innerhalb der Kirche denkbar. Aber es kommt darauf an, wie man sie bewertet. Im Sinne des hier vorgestellten paulinischen Modells wäre es angesichts verschiedener Positionen entscheidend, daß man sie nicht als »gut« oder »böse« verurteilt oder beurteilt, sondern in sachlicher Diskussion als angemessen oder unangemessen erweist. Allein Sachlichkeit, Hinhören und sich von den Folgen her aufklären zu lassen, können Evidenz vermitteln. – Es geht auch nicht darum, die Zehn Gebote, die klar angeben, was »Sünde« ist, abzuschaffen oder Frieden in der Kirche »um jeden Preis« zu wollen. Aber: Im Einzelfall ist oft gar nicht so klar, wieweit der Tatbestand zum Beispiel des Mordens reicht (ich erinnere an die Diskussion über Militärdienst 1989), und mir sind kirchliche ev. Regionalautoritäten bekannt, die vorehelichen Verkehr Unverheirateter als Ehebruch bezeichnen. Aber selbst wenn Eindeutiges vorliegt, geht es Paulus um die Konsequenzen. Sein Ansatz ist sicher therapeutisch und nicht verurteilend, selbst das Strafen der Gemeinde nach 1 Kor 5 hat einen guten Zweck. Und auch Paulus kann es sich vorstellen, mit einem anderen nicht mehr zu essen (1 Kor 5,11). Aber auch angesichts dieser äußersten Möglichkeit sollen Verurteilen und persönliche Rache doch wohl gerade vermieden werden. – Außerdem stellt Paulus auf jeden Fall sicher, daß auch verschiedene Positionen von der Wirklichkeit der Versöhnung getragen und begrenzt werden. Ein von Auferstehung und Ostern her bestimmtes Christsein hat Angst und Krisen hinter sich gelassen. Es ist leicht, weil es sich einfügt in das Atmen des Windes, der es trägt. Es hat etwas von der Sensibilität des Verklärtseins, und das heißt: Die kritische Distanz ist zur kritischen Sympathie geworden, weil man genau beobachten und alles neue Leben buchstäblich wachsen hören kann.

Aber wenn man von alledem so gar nichts merkt?

Was würde Paulus antworten auf unsere immer wieder aufkommende Frage, woran man denn die Wahrheit oder auch nur die Wahrscheinlichkeit seiner Aussagen überprüfen könne? Wir finden uns immer wieder als solche vor, die nichts von alledem sehen.

Vielleicht würde Paulus antworten: Das Christentum erwirkt keine moralischeren Menschen, sondern solche, die glaubwürdiger mit Sünde und Tod, Leben und Sterben zurecht kommen. Glaube gestattet, Lebenserfahrungen »alternativ« zu deuten. Er bedeutet auch eine einzigartige Motivation. Und: Wer ungeduldig nach Erfolg fragt, sehnt sich nach menschlichen Werken, wo Gottes Tat steht. So heißt das Geheimnis der Erlösung auch hier »Erinnerung«. Paulus weist auf Jesus und sagt: Seht, daß Gott euch geliebt und seht, was er schon für euch getan hat. »Ihr seid um einen sehr hohen Preis gekauft«, vergeßt das nicht. Und: Die Charismen sind Gaben, die jeder einzelne schon hat (Sind wir in dem Punkt überhaupt noch paulinisch?). Die Befreiung vom »Sein unter dem Gesetz« wird nach Paulus spürbar als Befreiung vom Buchstaben, von den Grenzen und Schranken – und von der Angst. Dagegen gibt es »Fortschritt« bei Paulus eigentlich nur im Verklärtwerden (2 Kor 3,18), aber in diesem Punkt setzt Paulus die Mose-Typologie an die Stelle irgendwelcher »Erfahrungen« (2 Kor 3). Die Erzählung des Alten Testaments wird zum Bild für das Unsichtbare. Schließlich sollten wir, statt nach irgendwelchen Erfahrungen zu fahnden, uns an der sichtbaren Wirklichkeit der Gemeinde orientieren, die ein weites Betätigungsfeld bietet. Das Ziel der Offenbarung des Alten und Neuen Testaments aber sind nicht allein wir, sondern ist die Verwandlung und Befreiung der ganzen Welt von jeglicher Sklaverei.

Unter der Gnade – unter dem Gesetz (6,14)

Es war einmal eine Stadt, die wurde von einem guten König regiert. Um das Leben in der Stadt zu gewährleisten, hatte der König Gesetze gegeben, die gut und weise waren und verhinderten, daß die Menschen einander noch mehr Unrecht taten, als es ohnehin geschah. Darunter gab es Gesetze über Steuern und über die Behandlung der Sklaven, solche zum Regeln von Streitigkeiten aller Art und solche über die arbeitsfreien Zeiten. Es gab auch Strafgesetze und solche über den ordnungsgemäßen Gottesdienst. Die Gesetze dieser Stadt waren weithin wegen ihres gerechten Charakters bekannt und wurden auch von Auswärtigen geachtet. – Doch im großen und ganzen war diese Stadt wie alle anderen: Weilte man nur kurz darin, so schien alles einigermaßen geordnet und geregelt, sah man näher hin, so kamen Zweifel, und wer länger in der Stadt wohnte, wußte: Die Gesetze konnten nur das Notdürftigste regeln, hinter den Fassaden der hübschen Häuser aber herrschte Lug und Trug wie überall, Geldgier und fast so etwas wie eine Lust am Zerstören wie auch sonst unter Menschen. So war es eigentlich schade um die guten Gesetze. Und der König wußte um diese Wirklichkeit hinter den Kulissen. Doch es war sicher: Diese Stadt war gewiß nicht schlechter als andere auch. Der Rahmen des Gesetzes zwang sie sogar zu ungewöhnlichen Sozialleistungen. Doch man konnte nicht sagen, daß die Menschen in dieser ganz gewöhnlichen Stadt besonders glücklich oder besonders unglücklich gewesen wären.

Der König indes, der noch sehr viel reicher war, als seine Bürger es ahnten, war betrübt darüber, daß es mit dem Leben zwischen Mittelmäßigkeit und Korruption immer nur so weiter ging. Ihn ärgerte der Widerspruch zwischen Schein und Sein, und ihn schmerzte das Unglück und die Bosheit der Menschen, besonders die große heimliche Verderbnis. Er entschloß sich daher eines Tages zu einer ganz ungewöhnlichen Tat: Da er unermeßlich reich war, viel reicher, als man ahnen konnte, verkündete er eines Tages durch Aushang an allen wichtigen Punkten der Stadt, daß alle Menschen als Kinder in die königliche Familie adoptiert seien als Söhne und Töchter, als Königskinder und daß sie fortan keine Abgaben an den König mehr zu leisten hätten; ferner daß alle königlichen Güter ihnen zur Verfügung stünden und auch das Schloß und der große Park für jedermann geöffnet seien. Und da der König über dem Gesetz stand, also nicht strafrechtlich belangt werden konnte, galt dieses auch für die Menschen der Stadt.

Der Jubel war nun allerorten in der Stadt unvorstellbar. Denn das Wichtigste schien allen, daß sie nun keine Sorge um Zukunft und keine Angst vor der Strafe der Verbannung mehr haben mußten. Alle durften auch den Namen des Königs annehmen und sich als Königskinder betrachten. Und die folgenden Tage machten allen offenbar, wie reich der König eigentlich war, da sie nun alle Bücher einsehen durften. Einige Besonnene freilich fragten, wie das weitergehen könne, und ob das nicht eine Überforderung gewesen sei, alle zu Königskindern zu machen, den korrupten Stadtschreiber und den fragwürdigen Bierverkäufer, den Lehrer, der lieber Schlachter hätte werden sollen, und die klatschsüchtige Frau im Laden für Knöpfe. Und ob nicht die Freiheit von Strafgesetzen dazu führen müsse, daß alles drunter und drüber ginge, schlimmer denn je zuvor. Und sie fragten den König, warum er so gehandelt habe: Und er bat sie in sein Haus und erzählte ihnen eine entsetzliche Geschichte. Sein Sohn nämlich habe sich unerkannt unter den Leuten der Stadt aufgehalten und sei auf gemeine Weise von unbekannten Bürgern der Stadt beseitigt worden. Und die Zuhörer entsetzten sich und fragten, warum er dann trotzdem so überaus großzügig gegen die Menschen dieser Stadt gewesen sei. Seine Gnade sei jetzt vollends unbegreiflich. Der König erwiderte, daß er gerade deswegen und all dem zum Trotz alle als Königskinder angenommen habe, in der Hoffnung, daß gerade angesichts dieses feigen und ungerechten Geschehens seine Liebe erkennbar werde. Und alle Menschen zu Söhnen zu adoptieren, das sei der Versuch, den fragwürdigen Gegensatz von Schein und Sein auf eine ganz andere Weise zu beseitigen. Den Menschen zu sagen, daß sie nicht Furcht vor Verbannung und überhaupt keine Angst haben müßten, ihnen zu sagen, daß sie sich freuen könnten über die Aufhebung des Strafrechts und daß sie nicht versuchen müßten, immer mehr an Reichtum und Ansehen zu erlangen, da ihnen alles Erdenkliche schon durch den König gegeben sei, Ehre und alles, was Leben ausmache. Und dies sei die Chance und seine eigene, des Königs Hoffnung: Daß die Freude über die Großzügigkeit des Königs, die Freude über seine Gnade als Kontrast zur Tötung seines Sohnes, daß diese Freude die Menschen präge und nicht aus ihrem Bann entlassen werde. Daß die durch Freude Bestimmten, die keine Sorge und keine Angst mehr haben müßten, dadurch wie von selbst miteinander gut auskommen könnten. Und der König sagte: Mehr kann ich nicht bieten, als daß ich jeden einzelnen an Kindes statt annehme, so wie er ist. Und die Freude könnte doch das Mächtigste in seinem Leben fortan sein, denn sie ist weitaus mächtiger als Sorge und Furcht. Und seine Zuhörer waren ergriffen und fragten, wie es wohl zu verhindern sei, daß alles sehr bald wieder beim alten wäre. Und der König erwiderte: Laßt sie in jedem Haus ein Bild meines Sohnes anbringen, daß sie ihre Tat und meine Gnade nicht vergessen.

Freiheit und Sklaverei (6,18)

Es war einmal vor Zeiten in einer Stadt am Mittelmeer ein reicher Mann. Mitten in der Stadt besaß er ein prächtiges Haus mit großem Garten, in dem er spazierengehen und Feste feiern konnte, und durch die Lücken, die die Bäume ließen, konnten die Menschen, vom Gitter getrennt, in den Park hineinsehen. Manchmal, wenn es besonders heiß war und wenn kein Wind vom Meer her wehte, hätten sie wohl große Lust gehabt, sich im Schatten der Bäume zu erholen. Der reiche Mann wurde älter und weniger oberflächlich, er dachte häufiger an das Sterben und war der täglichen Sorgen um den Erhalt des Reichtums überdrüssig, denn er wußte, daß man Besitz nur erhalten kann, wenn man sich ständig um dessen Mehrung bemüht. Auf der Suche danach, ruhiger werden zu können, fiel ihm bei dem Buchhändler der Stadt eine Papyrusrolle mit den Sätzen eines Philosophen in die Hand. Die Überschrift »Vom ruhigen Leben« war genau das, was er suchte. Er erstand die Rolle und las darin mit wachsendem Interesse. Denn die Worte des Philosophen gingen über die Furcht vor dem Tod und die Freiheit von der Sorge. Beides hänge miteinander zusammen, und es sei eben die Beschäftigung mit der Philosophie, die von Angst und Sorge frei mache. Denn Besitz sei nur ein scheinbarer und vergänglicher Wert, und so sei es auch mit dem Leben. Wer das wisse, brauche sich über den Tod nicht grämen, da er das Natürlichste von der Welt sei. Frei sei, wer alles dieses wisse, frei sei, wer im Nachdenken über den notwendigen Zusammenhang aller Dinge erkenne, daß alles so, wie es verlaufe, notwendig sei.
Und der reiche Mann beschloß, fortan für diese Freiheit zu leben. Er übertrug die Geschäfte in großem Umfang an seinen Sohn, ließ sich nur noch abends berichten und ging viele Stunden des Tages nachdenklich in seinem Garten spazieren. Doch so sehr er auch Abstand

von allem gewann, es war etwas, das ihm fehlte. Zwar betrachtete er jetzt alle Dinge, die Menschen taten und erlitten, wie von außen, und er wußte auch, daß alles, was ihn umgab und was er zu genießen pflegte, nichts wert war, doch er war einsam, und die Freiheit von allem Menschlichen war zwar beruhigend, aber doch auch ohne Freude. Zwar war er ausgeglichen, aber doch nicht glücklich.

Da beobachtete er eines Tages einen Bettelphilosophen, einen von denen, die von Ortschaft zu Ortschaft ziehen, wie er einen Schüler über den Verlust seiner verstorbenen Schwester tröstete. Und er sah, daß das Miteinander dieser beiden glücklich und frei war, so daß er überlegte, ob er nicht einer von diesen werden sollte. Allein, er hatte auch bereits viel Ungutes über solche Wanderphilosophen gehört, daß sie doch zu sehr auf Schein und Klamauk aus seien und sich in der Rolle des Bürgerschrecks zu gefallen pflegten. Auch schien es ihm nicht gut, nur von Ort zu Ort zu ziehen und nicht wirklich etwas zustande zu bringen. Es herrschte aber ein grausamer und menschenverachtender König in dieser Stadt. Ihm und seinen Beamten galten Menschenleben wie nichts. Viele verschwanden heimlich; und vom König und seinen Räten, wie sie sich nennen ließen, mochte man nur hinter vorgehaltener Hand reden. Und wenn man darüber sprach, so war es nichts Gutes, was man zu berichten hatte. Er ließ auch die Menschen nicht lesen und schreiben lernen, damit sie nicht auf Gedanken kämen, die für ihn gefährlich werden konnten. Der reiche Mann nun, von dem wir berichtet hatten, haßte den Tyrannen und sein Regime und beschloß fortan, gegen ihn zu kämpfen.

So beschloß er eines Tages, von seiner Rolle im Haus gänzlich Abschied zu nehmen. Er hinterließ dem Neffen sein Testament und teilte ihm brieflich mit, er sei in ein fernes Land gezogen, um dort seinen Lebensabend zu beschließen. In Wahrheit aber kaufte er sich das Gewand eines Lehrers, ließ sich sein Haupt nach Sklavenart scheren, so daß ihn niemand mehr erkennen konnte, mietete sich einen kleinen Raum und bot durch Aushang an, allen, die des Lesens und Schreibens unkundig seien, Unterricht zu erteilen, und zwar ohne einen Lohn, der über das Notdürftigste hinausging. Es dauerte nicht lange, da gingen die Sklaven und Sklavinnen, aber auch die Ökonomen und Kinder bei ihm in die Schule, und er lehrte sie mit Geduld und großer Hingabe, und die Sklaven waren froh, an den langen Abenden auch durch Lesen sich ablenken und wegen ihrer Künste im Schreiben sich

Abwechslung verschaffen zu können. – Und er war glücklich darüber, wenn er den Erfolg seines Tuns sah, und es war ihm genug, wenn die Schülerinnen und Schüler ihn mit fröhlicher Miene grüßten. Abends saß er in ihrer Runde und hörte den Erzählungen der Sklaven zu und erzählte ihnen, was er selbst wußte. Der grausame König jedoch erfuhr von seiner Tätigkeit, die er als eine unglaubliche und freche Herausforderung betrachtete, und ließ ihn verhaften und ins Gefängnis werfen, um ihn mit dem Tod zu bedrohen.

In der Einsamkeit und Verlorenheit der Gefängniszelle überlegte der Mann: War es es nötig, um wirklich frei zu sein, auch von dieser schönen und erfolgreichen Tätigkeit Abschied nehmen zu können? Sollte alles jetzt schon zu Ende sein, so schnell, nach so kurzer Zeit? Was würde aus der Stadt werden? War Abschiednehmen etwas, das nie zu Ende oder abgeschlossen war und am Ende alles forderte? Gab es eine Hoffnung über dieses Abschiednehmen hinaus? Waren alle diese Abschiede nötig, damit sich am Ende zeigen könnte, was er selbst, ganz nackt und bloß, war? War dieses der Sinn von allem in seinem Leben: Er selbst, nach allen diesen Abschieden? War er selbst, ohne alle Güter, auch ohne Ehre, gerade so gewollt und vielleicht am Ende geheimnisvoll geborgen und geliebt? Denn was war es, das ihm die Lust und Kraft zu gerade diesem Tun gegeben hatte, die Geduld und den Mut, vor allem aber die Hoffnung? Und wenn angesichts des Todes jetzt radikal alles von ihm gefordert war: nichts blieb außer der Arbeit mit den Schülerinnen und Schülern, deren Augen er so gern hatte vor Begeisterung blitzen sehen, dem Erfülltsein von dem einzigen Beständigen, das er »Liebe« zu nennen wagte; nichts blieb außer diesem einzigen, daß er selbst fast ohne materielle Güter zur Liebe imstande gewesen, zu diesen ganz und gar vergänglichen Augenblicken des Übereinstimmens mit denen, die ihm gegenüber saßen; nichts blieb außer diesem Einzigen, diesen kurzen Momenten: War das der Sinn aller dieser Abschiede? Es wurde ihm deutlich: der Sinn dieses Weges war nicht das dunkle Loch nach dem Abschied auch vom Leben selbst. Sondern der Sinn waren die Augenblicke, in denen er selbst ohne alles Wenn und Aber ebenso für das Gegenüber dasein konnte wie angenommen wurde, ebenso schenken wie empfangen konnte. Der Sinn dieses Weges war sein Freigewordensein für diese äußersten Augenblicke. War das, was darin aufblitzte, nicht die Ahnung, vielleicht der Anfang einer neuen, geschwisterlichen Gerechtigkeit?

Freiheit (6,18–20)

Freiheit ist ein griechisches Ideal; das Alte Testament besitzt kein Wort dafür. Für die Griechen ist es der höchste Status, ein freier Mann zu sein; Sklavenbefreiung ist oft das Schlüsselerlebnis antiker Menschen. So denkt Paulus als Grieche. Und andererseits: Im Alten Testament und im Judentum wird das Verhältnis von Gott und Mensch immer wieder im Bild von Sklave und Herr gedacht. – Paulus verknüpft beide Sichtweisen miteinander: Christwerden, Taufe ist etwas wie Sklavenbefreiung und zugleich doch so etwas wie Eintreten in und Gebundensein durch einen neuen Dienst. Für Paulus ist Freiheit daher nicht ein Zustand für sich, sondern es gibt nur einen Wechsel in einen anderen Dienst. Aber war der Ausgang des alten Dienstes Tod, so ist der Ausgang des neuen Dienstes Leben.

Freiheit vom Tod als das Thema des Paulus

Da ist ein großer Unterschied im Gebrauch des Wortes »frei« bei Paulus und bei uns. Denn für unser Verständnis ist jemand frei, der über sich selbst bestimmen kann, sich selbst behauptet hat; der sagen kann »mein Leben habe ich selbst in die Hand genommen«. Freiheit ist dann für uns ein Zustand, eine Eigenschaft. Keinen Herrn über sich zu haben, ist wesentlich. Die Verfassung der Vereinigten Staaten von Amerika versteht Freiheit in diesem Sinn: ». . . daß alle Menschen frei und gleich geschaffen sind«.

Aber vielleicht können wir von Paulus und seinem Verständnis von Freiheit etwas lernen: Denn führt unsere moderne Auffassung von Freiheit nicht fast regelmäßig dazu, daß wir ortlos und orientierungslos sind? Führte unsere Freiheit nicht zum hemmungslosen Kampf ums Dasein und zum Programm, der Stärkere müsse und dürfe siegen? Aus diesem Grund hat man in den meisten westlichen Demokratien den absoluten Freiheitsbegriff korrigiert durch alles, was mit dem Stichwort »sozial« verbunden ist. Aber das wird mehr wie eine äußere Fessel verstanden, als eine mehr oder weniger unwesentliche, von außen fremd hinzutretende Einschränkung (so wie man eben zum Beispiel über das »Finanzamt« denkt).

Oft wird auch Kirche angesehen als der Verein, in dem jeder machen kann, was er will, in dem alles irgendwie »verstanden« und gerechtfertigt werden kann. Vor allem auch über die Taufe soll jeder selbst bestimmen können, und daher lehnt man die Kindertaufe ab. Jede »Einschränkung« dieser absoluten Selbstbestimmung wird als Reden von der »rechten Ecke her« eingeschätzt.

Paulus dagegen sieht Freiheit immer zusammen mit dem, was sie bedroht. Daher ist Freisein für ihn nicht Selbstbestimmung oder eine Eigenschaft, sondern errettet sein aus etwas, befreit sein von etwas, es ist immer nur die Freiheit von etwas, das uns bedrohte. Freiheit ist kein Wert für sich, sondern der Wert sind wir selbst. Daher ist die alles entscheidende Freiheit die vom Tod, der uns zerstören will.

Für uns ist Freiheit, wenn wir keinen Herrn über uns haben. Für Paulus dagegen ist Freiheit, wenn wir dem Tod entrissen sind. Und dafür nimmt er es gewissermaßen in Kauf, daß wir doch auch wiederum als Christen einen Herrn über uns haben.

Paulus denkt wohl an die Szenerie eines antiken Sklavenmarktes. Christwerden, sagt er, ist, wie wenn Sklaven von einem Herrn an den anderen verkauft werden. Und nun vergleicht er die beiden Herrschaften. Die alte Herrschaft war die unter Sünde und Tod, die uns beide zerstören wollten. Die neue Herrschaft, für die uns unser neuer Herr erworben hat, ist dagegen eine beschützende, eine, die uns vor dem Tode rettet und unser Herz vor dem Zerrissenwerden. Es ist eine Schutzherrschaft.

Paulus würde uns mit unserem modernen Freiheitsverständnis wohl kritisch fragen: »Ihr kämpft immer wieder für die Freiheit von jeglichen Herren, gegen Diktatoren und bevormundende Bischöfe. Und das ist ohne jeden Zweifel gut so, weil es jeden Schein zerstört, als seien diese Mächte wirkliche Herren gewesen, denn nur Gott ist euer Herr. Aber am Ende meint ihr, auch ohne Gott als den Herrn auskommen zu können. Ihr schüttet das Kind mit dem Bade aus. Alle eure Freiheitskämpfe sind recht und gut. Aber sie bleiben doch an der Oberfläche, wenn ihr übersеht, daß der eigentliche Feind der Tod und seine Vorboten sind, alles, was euch von innen her zerfrißt und zerstört. Eure Emanzipationen und Revolutionen bleiben vordergründig, wenn man sich über den Hauptgegner Illusionen macht. Und gerade wenn ihr meint, nun wirklich keinen Herrn mehr über euch zu haben, seid ihr oft der Falle am nächsten. Sie heißt Tod, Zerstörung des Selbst. Die Freiheit davon aber könnt ihr euch nicht selbst schaffen, weil sie euer eigenes Ich betrifft. Ihr könnt euch nicht am eigenen Schopf aus dem Sumpf ziehen. Die Freiheit von dieser Bedrohung zu erlangen, ist daher noch einmal etwas ganz anderes. Es geht da jetzt um eine veränderte Qualität des Problems, um eine neue Aufgabenstellung. Man kann es vergleichen mit den Kämpfen und Maßnahmen gegen verschiedene Infektionskrankheiten; da gibt es im ganzen altbewährte Mittel und Wege, ihnen auf die Schliche zu kommen und sie zu bekämpfen. Und dann gibt es plötzlich eine neue Sorte von Krankheit, auf die die bisherigen Mittel und Wege nicht ansprechen, für deren Bekämpfung man plötzlich umdenken muß. Und am Ende erkennt man, daß man mit diesen neuen Wegen auch die altbekannten Krankheiten wirkungsvoller hätte bekämpfen können. Und ebenso ist das mit den Freiheitskämpfen und Emanzipationsbewegungen – die Bedrohung durch Zerstörung des Selbst und Tod stellt vor ganz neue, gigantische Probleme, im Verhältnis zu denen die anderen geringfügig waren. Denn hier ist plötzlich das direkte Vorgehen des Menschen nicht mehr möglich. Und hier geht es auch nicht um die Abschaffung jeglicher Herrschaft. Sondern hier geht es um etwas, das man von einem neuen Herrn geschenkt bekommt.«

»Und von daher«, würde Paulus ergänzen, »könnte man auch die anderen Freiheiten noch einmal neu betrachten und sehen, daß man stets mehr geschenkt bekommt, als man zugeben kann, und daß man sehr oft versteckten Herren gehorcht, zu denen man sich oftmals nicht gerade gerne bekennt.«

Die Befreiung von der Macht des Todes gibt es nur im Rahmen einer neuen Verbindlichkeit. Wir wurden wie Sklaven aufgekauft von einem neuen Herrn. Er ist zwar auch ein Herr, aber ein guter. Aber nur wer in seinem Haus lebt und sich an dessen Ordnung hält, kann das Erbe erhalten, das dieser Herr seinen Sklaven vermacht. Diese Verbindlichkeit des Lebens im Haus muß es deshalb geben, weil wir von diesem Herrn, was die Freiheit vom Tod anbelangt, ganz und gar abhängig sind. Liegt nicht der Vorzug dieses Freiheitsbegriffes vor unserem neuzeitlichen daran, daß er umfassender ist und weniger illusionär? Eine wichtige direkte Korrektur leistet der paulinische Freiheitsbegriff gegenüber unserem neuzeitlichen, indem er die Verbindlichkeit zum Beispiel als Sozialbindung christlicher Freiheit anregt und einfordert. Und ferner:

Ist es nicht entscheidender und wichtiger, vor Tod und Zerfall bewahrt zu werden, als sich durch absolut nichts anderes bestimmen zu lassen als durch sich selbst – und seine eigene Ratlosigkeit?

Ist es nicht immer wieder auch ein Stück Illusion zu meinen, daß man wirklich frei nur sich selbst bestimmte – gibt es da nicht immer wieder verborgene Herren und Einflüsse? Es könnte die Stärke des christlichen Glaubens sein, sie alle zu entlarven (inklusive eigener Falschbildungen) und auf den strengen und gütigen einzigen Herrn und das wahre einzige Problem, den Tod, zu verweisen.

Freiheit und Verbindlichkeit

Gott ist nicht ein Geschäftspartner unter anderen – so oberflächlich sind die Fragen nicht. Er wird aber auch nicht immer als Vater bezeichnet; jedenfalls nicht in diesem Text. Hier wird er als Herr gedacht und wir als seine Untergebenen, als Menschen, die sehr abhängig und sehr gebunden sind.

Was diese Bilder ausdrücken, ist auch ein Problem in unserem Verhältnis zum christlichen Glauben und zur Kirche. Denn: Vielleicht finden nur die wenigsten den Übergang vom Kinderglauben zum Erwachsenenglauben, und auch die Kirche kann nicht richtig damit fertigwerden.

Denn häufig behandelt die Kirche Menschen so, als seien sie weiterhin Kinder und der liebe Gott der Papa. Wie Kinder, mit denen Spielchen zu machen und denen nur Geschichten zu erzählen sind. Und das erfahren Menschen dann mit Recht als Bevormundung. Und dann können sie nicht mehr unterscheiden zwischen Bevormundung und der Verbindlichkeit, die Paulus meint. Und schütten das Kind mit dem Bade aus und meinen, der liebe Gott sei auch so ähnlich wie ein gouvernantenhafter, bevormundender Pastor.

Dagegen ist meine Erfahrung mit Studenten und Jugendlichen immer wieder: Sie wollen frei sein von Bevormundung und doch zugleich ganz gefordert. Sie wollen Freiheit und Strenge. Erleichtert sein von allem Unwesentlichen und fasziniert sein von einer großen Sache. Begeistert sein von etwas, das hinausreicht über den nur oberflächlichen Kontakt, von etwas, das gekennzeichnet ist durch die Grenzenlosigkeit der Sehnsucht nach Leben selbst.

»Erwachsener Glaube«, Glaube von Erwachsenen, wird dieses sein: frei und streng gebunden sein, nämlich: frei geworden zu sein, Abstand gewonnen zu haben von allem, was unwesentlich ist und tödlich in der Langweiligkeit der Wiederholung. Denn in Wahrheit wollen wir einen Standpunkt haben, der uns bindet. So wie wir – jeder im Grunde seines Herzens – die große Liebe wollen, die uns fordert, so wollen wir auch ein Christentum, das nicht läppisch ist, in dem wir uns ernstgenommen wissen und uns selbst ernstnehmen können, weil und wenn wir ganz dabei sind.

Wir meinen und wollen ein Christentum, das wirklich uns selbst betrifft – wie Heiraten und Sterben, nur öfter. Zum Beispiel: Wo es um das alltägliche Sich-Vordrängeln geht oder um die alltägliche Dankbarkeit. Einen Herrn brauchen wir und eine Perspektive dazu, beides miteinander. Und dann sind wir auch glücklich und können auch etwas auf die Beine stellen.

Alle Sehnsucht der Menschen nach Freiheit ist so auch zugleich die Sehnsucht nach einer Bindung, die fasziniert. Paulus sagt, daß diese Bindung nur der schenken kann, der Herr über Leben und Tod zugleich ist – was sich leicht sagt, was in Wahrheit aber ein abgründiges Geheimnis ist: eine Instanz, die Leben schenkt und gegen die man sich zugleich todbringend verfehlen kann – und die faszinierend und schrecklich ist.

Alle unsere romantische Sehnsucht nach Freiheit, Weite und Unendlichkeit bleibt nur dann menschlich (und nicht selbstzerstörerisch), wenn wir dabei erwachsen werden, und das heißt: wissen, daß alles an den Kleinigkeiten des alltäglichen Lebens und deren Durchdringung hängt. Es ist derselbe Gott, den wir als Freiheit ersehnen und dem wir in jeder Sekunde in der verbindlichen Forderung nach Gerechtigkeit begegnen. Immer bedingt eines das andere: Nur wer die Sehnsucht nach Freiheit hat, kann dieser Forderung nachkommen und umgekehrt. Wenn jede Sekunde unserem Herrn übereignet ist, dann hat die Sehnsucht nach Weite und Unendlichkeit einen Sinn; denn nur einer, der Leben selbst ist, kann sie erfüllen.

Christentum im Zeitalter vielfältiger Emanzipationsbewegungen ist eine ständige Gratwanderung im Umgehen mit der »Freiheit« der Menschen. Einerseits fühlen wir uns immerzu autoritativ bedroht, andererseits wollen wir gefordert sein. Und wohl in erster Linie durch schlampigen, unbedachten Umgang mit der Freiheit haben die Kirchen die Menschen verloren. Denn einerseits wollen wir Menschen als wir selbst ernstgenommen werden, andererseits ersehnen wir Geborgenheit. Einerseits wollen wir den Verstand nicht an der Kirchentüre abgeben, andererseits vermissen wir das »Geheimnis« im Gottesdienst und wünschen mehr Zeichen und Symbole. Einerseits soll der Gottesdienst vernünftig sein, andererseits gibt gerade stärker liturgisch geprägter Gottesdienst viel mehr Freiraum für persönliche Gedanken. Einerseits soll die Predigt uns direkt ansprechen, andererseits wird allzu große Direktheit als autoritär und peinlich empfunden. Angesichts dessen haben die großen religiösen und theologischen Aufbrüche dieses Jahrhunderts versucht, nicht alle diese Bedürfnisse der Menschen in den Mittelpunkt zu stellen, sondern Gottes Anspruch und Recht oder Gottes Herrlichkeit selbst, um so vom Menschen und seinen widersprüchlichen Bedürfnissen abzulenken. Aber das will immer nur für kurze Zeit gelingen. Denn jeder Blick allein »nach oben« wird nach einer Weile doch nur als Versuch der Wiedereinführung längst vergangener Konstellationen begriffen.

So bleibt es wohl das Richtigste, sich an Paulus zu orientieren, und das heißt: Verzicht auf eine systematische Gesamtlösung, große Freiheit für die Situation, denn ihr Gelingen ist das einzige Kriterium, und Offenlassen eines Freiraums für das Geheimnis Gottes und das der menschlichen Seele. In allem aber: mehr Mut zu verbindlicher Rede. Gerade das letztere ist sicher im Sinne von Römer 6.

Und dieses erscheint mir als die Kunst der Freiheit eines Christenmenschen: darum zu wissen, daß unsere Mahnrede nicht göttlich und nicht für die Ewigkeit ist, sondern menschlich, und sie trotzdem in der Situation, in der sie verkündigt wird, für verbindlich zu halten.

Freiheit als Gabe (Gebet)

Herr, du bist wie verzehrendes Feuer, herrlich und eifersüchtig und unbegreiflich. Und nichts, was dir fremd ist, kann vor dir bestehen. So bitten wir dich:
Herr, mach uns frei von falschen Sorgen
mach uns frei vom Hunger nach immer mehr Macht und Besitz,
mach uns frei von Kleinlichkeit und Nachtragen,
mach uns frei von allen Vorwänden, glücklich zu sein,

mach uns frei von uns selbst, damit wir keine Angst mehr haben,
mach uns frei von Furcht, daß wir alle wie neugeboren sind.
Herr, nimm uns in Dienst, daß wir sehen, wo wir gebraucht werden,
daß wir auf die Seiten an uns achten, an denen andere Freude haben,
daß wir unser Talent einsetzen können,
nimm uns in Dienst, daß wir nach deinem Willen suchen, wachsam
und frei, sensibel und offen.

Herr, führe uns mit Menschen zusammen, mit denen wir offen und
ohne Vorbehalte reden können,
denen wir nur durch uns selbst und ohne falsche Töne
deutlich machen können, was Christsein ist,
denen wir Trost und Hilfe und Hinweis auf den roten Faden
des Lebens sein können.
Denn du brauchst Menschen und du nimmst uns in deinen Dienst,
und du allein bist unsere Freiheit.

Buchstabe und Geist (7,6)

Buchstabe

Die Buchstaben haben wir nicht ein für allemal hinter uns gebracht.
Das, was uns fremd und fordernd gegenübersteht wie etwa ein Examen. Ich denke immer an die preußischen Ideale dabei und an die
Nüchternheit entsprechender Amtsstuben, und das verschmilzt in
meinen Assoziationen mit dem großen Preußen Immanuel Kant und
mit dem Ethos der schwarz-weißen Ordensritter in preußischen Lan-
den zuvor: Pflicht, Sollen, Ideen, Tugenden, Tun des Guten um seiner
selbst willen, die Demut, das Zurückbleiben hinter der Pflicht einzu-
gestehen. Sätze wie die, daß die Pflicht vor der Kür kommt, und die
Sympathie für die nüchterne Klarheit der Amtsstuben vor einer Ku-
schelwelt, die hauptsächlich an den Fragen der Motiviertheit und des
Sich-Wohlfühlens orientiert ist. Der Idealismus, zu einem großen
Ziel demütig beizutragen. Und an ein paar Lehrer aus meiner Schul-
zeit erinnere ich mich, die für diese Ziele glaubhaft eintraten, mit
Nüchternheit und unbesieglichem Idealismus.

Geist

Das Christentum folgt gleichwohl in der Hauptsache einem anderen Modell. Es setzt Geist gegen Buchstaben. Nicht so, daß der Geist ganz ohne den Buchstaben sein könnte, aber doch so, daß das einzig Entscheidende durch Geist geschieht. Und das heißt vor allem: entscheidend mehr nach außen und nach innen hin als durch Müssen und Sollen wird durch Können erreicht. Und das Müssen ist am Ende deshalb abgeschafft, weil der Tod entscheidend an Gewicht verloren hat. Weil der Sieg über den Tod geschenkt wird.

Denn alles Müssen und Sollen geschah und geschieht immer wieder, um den Menschen über sich hinauszuzwingen. Das Über-sich-Hinaus ist das Ziel, sich dran geben an eine große Sache. Und das wird und muß immer wieder sein. Die »große Sache«, für die geopfert wird, ist eine Art der Überwindung der Endlichkeit. (Das konnte auch gelten, wenn die große Sache das »Vaterland« war.) In diesem Modell überwindet die »große Sache« daher oft buchstäblich die Endlichkeit und Todverfallenheit der einzelnen Menschen. Oft ist es ein Sich-Hingeben im Dienst »an der Allgemeinheit«.

Anders im Modell »Geist«: Der größte Unterschied besteht wohl darin, daß hier der Leib jedenfalls eine ganz andere oder vielmehr: überhaupt eine positive Bestimmung hat, die mit dieser Art Handeln in enger Beziehung steht. Denn für »Geist« bei Paulus ist ganz wesentlich, daß er den Leib ergreift und schon ergriffen hat, daß er ihn verwandelt und verklärt und der Herrlichkeit zuführt. Und das heißt: Die Grenze ist nicht durch »Dienst an der Allgemeinheit« aufgehoben, sondern durch Gottes Ja zur Zukunft meines eigenen Leibes. Mit Christus sind wir schon wie gestorben; die Todesgrenze ist schon relativiert. An die Stelle der beängstigenden Endlichkeit ist eine Bestimmung getreten. So können wir unvorstellbar gelassen sein, dürfen das ausspielen, was wir als Pfand haben, können einen unbesieglichen Übermut haben. Wie Kinder der Liebe.

Gott hat auf die Kür gesetzt. Er hat darauf gesetzt, daß das Unmaß von Gerechtigkeit, das diese Welt so dringend braucht, am Ende doch nur in freier, allerfreiester Begeisterung aufgebracht werden kann und nicht anders.

Ich erinnere mich daran, mit welcher Sehnsucht ich als Elfjähriger die Osterferien erwartete, um endlich ein lange überlegtes Vorhaben auszuführen: Ich wollte Versuche mit Kühlhaltungsgefäßen machen (Kühlschränke waren noch nicht verbreitet) und hatte beschlossen, dafür den letzten winterlichen Schnee aus den Bergen über der Stadt zu holen. Es kam darauf an, sehr früh morgens und mit großer Geschwindigkeit in die Berge hinauf und wieder hinunter zu eilen, um den Schnee möglichst vollständig und zu noch kühler Tageszeit hinabzubringen. Ich weiß noch wie heute, daß ich die beträchtlich steilen Berge und den Mangel des Frühstücks kaum spürte, denn es war kein Muß, sondern ein frei gewähltes, eigenes Ziel. Selbst etwas erforschen und ausprobieren zu dürfen, das ließ alle Mühen gering erscheinen. Gott setzt, so Paulus, auf Freiheit und Begeisterung. Er befreit vom Buchstaben, um uns als mündige, begeisterte Partner zu gewinnen. Freilich ist das ein ungeheures pädagogisches Risiko – jeder modernsten Erziehungsreform würdig. Zu Gott zu gehören und doch nicht immerzu etwas zu müssen, sein Sklave zu sein und doch nur dem »besseren Teil des Herzens« folgen zu sollen, das muß für Paulus eine Erfahrung gewesen sein, die ihn selig und frei machte, die wahre Begeisterung in ihm hervorrief: frei zu sein gerade unter dem höchsten Herrn.

Man kann das nur ermessen, wenn man weiß, was das Gesetz im Alltagsleben bedeutete, und zwar keineswegs in negativer Hinsicht: Es durchzog gerade nach pharisäischer Auslegung das Leben wie ein dichtes Netz, erinnerte mit tausend kleinen und großen Pflichten an Gottes Anspruch, Herr auch über den letzten Winkel des Alltags zu sein. Und nun erfährt Paulus als den Geist des Auferstandenen ein anderes, in vielfacher Hinsicht entgegengesetztes Modell: dem Herrn noch tiefer, ja erst wirklich ganz zu gehören und dabei doch frei zu sein, frei für jeden Augenblick.

Entscheidend dabei ist, daß es sich um den Geist der Auferstehung handelt, der den Leib betrifft. Damit aber geht es nicht mehr nur um meinen Tod und überhaupt um meine Einsamkeit vor dem Absoluten (zum Beispiel dem Ideal), Ziel ist auch nicht mehr nur Identität, die ich für mich suche, vielmehr bewirkt es der Geist des Auferstandenen, daß ich aus der Konfrontation mit meinem Ende und mit meiner Endlichkeit (beides gehört zusammen: das Ende des Todes und die Endlichkeit meiner sittlichen Kraft) herausgelöst werde. An die Stelle der Konfrontation mit der »Mauer« (der »Grenze«) tritt eine so kräftige Erneuerung des Lebensgeistes, daß jede Grenze überflogen werden kann. Nicht Mauer und Grenze werden beseitigt (der Tod bleibt, die Forderung des Gesetzes auch), aber dem, der erlöst ist, wachsen Flügel zu; ihm werden Flügel geschenkt. Und mit diesen Flügeln kann er Grenzstreifen und Mauer überfliegen.

Das Über-sich-selbst-Hinausgehen, das die Ideale verlangten und das auch beim Bedenken des Todes geschieht, wenn man sich selbst zu bedenken lernt, es endet immer wieder vor der Mauer unserer Grenzen. Auferstehung des Leibes aber heißt: Hier wird das Selbst so gestärkt, hier wächst ihm solche Kraft zu, daß das Sich-Reiben an den Grenzen entfällt. Es ist nicht nur das lockende Ziel: daß es überhaupt etwas anderes gibt als die Grenze; nämlich den strahlenden Frühlingsmorgen, der sich darüber spannt. Es ist vor allem, wie wenn jemand auf diese armen, geängstigten Menschen seine Hand gelegt hätte, um sie in sich selbst zu stärken und zu verwandeln.

Es geht um nichts Geringeres dabei als um die Aufgabe des Selbstverständlichsten: der Angst vor dem Tod und der Grenze des Todes selbst. Vergleichbar sind vor allem die Jesusworte, daß man sich nicht sorgen solle, nicht um Nahrung und nicht um Kleidung und eben auch nicht um den Tod (Lk 12,4–7 und 21,18). Das ist weniger eine Revolution des Denkens als eine der zentralsten und wichtigsten Instinkte, der grundlegenden Vitalinteressen und Vitalängste. Denn Sorgen gehört zum Leben wie die Grenze des Todes. Genau dieses Selbstverständlichste und Grundlegende soll hier geändert werden, »weil Gott seine Hand zum Segen auf uns gelegt hat«.

Eine kühne, grundstürzende, phantastische Hoffnung; viel zu schön, um wahr zu sein? – Alles hängt daran, daß man »Auferstehung« nicht als »lästiges Dogma« behandelt, sondern ihr den Charakter dieser kühnen Hoffnung läßt, die so verrückt ist, daß sie eben deshalb schon wieder sympathisch ist. Eine kühne Hypothese, daß das enge Diktat unserer Vitalinstinkte nicht das Letzte sein müßte.

Die Konsequenzen für unser Handeln liegen genau an diesem Angelpunkt: Die Freiheit von der Sorge bedeutet die Freiheit vom Haben- und Raffenwollen, von der reinen Gier und der damit verbundenen Ungeduld. So verändern sich die zweifellos natürlichen Vitalinteressen des Sich-durchsetzen-Müssens um jeden Preis. Die Instinkte der Rache und des Zwanges zum Erwerben und Besitzen werden total in Frage gestellt. Denn es ist das Grundlegendste, das sich mit dieser Hoffnung ändern soll. Wer Christ sein will, hat die Möglichkeit sich einzuüben in den Verzicht auf das Selbstverständlichste. Das betrifft nicht nur Eigentum und Macht, es bezieht sich auch auf das Allerselbstverständlichste, die Furcht vor dem Tod. Aber wenn unser Leib eigentlich ein Organ für unsere Beziehungen ist, dann bedeutet die Verheißung leiblicher Auferstehung, daß wir aus den Beziehungen, die uns wirklich tragen, nicht herausfallen werden. An die Stelle der egoistischen Instinkte tritt so das Miteinander in Liebe.

Wie wäre es, wenn wir uns von diesem Segen, dieser Freiheit von jeder Mauer und Grenze mitreißen ließen zu demütigem Jubel?

Diese Erde lieben

Judentum und frühe Christen nehmen eine Auferstehung deshalb an, weil Gott uns nicht aus der Konkretion entlassen wird. Denn Auferstehung gibt es nach der Regel »Treue um Treue«. Die von uns geforderte Treue ist, daß wir um Gottes willen jede Situation dieses Lebens leibhaftig und konkret seinem Willen unterwerfen, sie mit seinem Willen durchdringen und darin diese Erde lieben. Und Gottes Treue ist, daß er unseren Leib bewahrt. So ist Auferstehung nichts Transzendentes im Reich der Gespenster, sondern Erfüllung für Erfüllung. Sie entspringt Gottes Leidenschaft zur restlosen Durchdringung. In der neuen Gerechtigkeit macht uns die Gabe des Geistes zu deren Instrument. Indem wir diese Erde und alles konkrete Leben auf ihr lieben, werden wir Kumpanen der Leidenschaft Gottes.

Leibhaftiges Eigentum (7,4)

»...dem Gesetz gestorben durch den Leib des Christus« bedeutet wohl: Die Christen sind frei von der Herrschaft des Gesetzes, und sie gehören nun mit ihrem Leib zu Christus. Sie sind sogar deshalb frei vom Gesetz, weil ihr Leib Christus gehört. Denn diese neue Zugehörigkeit setzt (wie bei der Wiederheirat von Ehepartnern) voraus, daß zwischendurch eben ein Tod erfolgt ist: Die Christen sind dem Gesetz gestorben.

Vor allem aber: Die Formulierung »Leib des Christus« an dieser Stelle entspricht dem »Leib der Sünde« in Röm 6,6. Auch dort war vom Dienen die Rede: Vor dem Sterben hatte der Sündenleib der Sünde gedient. Ja, er war eben wegen dieses Dienens »Leib der Sünde« gewesen. Und auch hier im Kontext dieser Verse in Kapitel 7 begegnet jetzt in Vers 6 das Wort »dienen«. Das heißt: Leib des Christus ist ein Leib, der Christus dient.

Leib und Leiblichkeit nach der Bibel

Unsere Körper sind Ort der Wahrheit; sie sagen, wie es um uns steht. Hier ist Lügen unmöglich. Auch der Tod gehört zu den Wahrheiten, die unser Leib verbürgt. Der Leib des Menschen ist für Paulus so etwas wie ein persönlicher Brief, ein Text: Er ist Äußerung von einem selbst, aber für andere bestimmt. Sie sollen ihn lesen, und darin soll dann Gemeinschaft gründen. Er ist an sie adressiert. Der Leib besteht nicht für sich, sondern hier bin ich »für andere« da.
Mein Leib ist der Ort, an dem andere auch ein Recht auf mich haben können. Und dann können andere auch so über meinen Leib herrschen, daß ich ihnen diene. Jedenfalls bei der Sünde und in Verbindung damit beim Gesetz bestand eine solche Dienstbarkeit. Und sie konnte nur durch Tod beendet werden – eben durch das Mitsterben mit Christus. Und bei Christus ist das genau so: Mein Verfügungsrecht über den Leib habe ich an ihn abgetreten.
Noch einen weiteren Fall kennt Paulus, wo es um solches Verfügen über den Leib des anderen geht: bei der Sexualität. Mann und Frau haben sich gegenseitig das Verfügungsrecht über ihren Leib abgetreten (1 Kor 7,4), und daher gilt dann im Epheserbrief auch, daß sie einander dienen sollten (Eph 5,20). Daher spricht Paulus auch hier in Röm 7 zuvor von der Zugehörigkeit in der Ehe. Bei dem Umgang mit der Dirne ist die Verfügung über den Leib einseitig, und daher ist das dann ein »schiefes Verhältnis« (1 Kor 6,13). Beides, der Ehefrau oder dem Ehemann gehören und zu Christus gehören, widerspricht sich nicht, ist aber doch nicht unabhängig voneinander. Denn das zu Christus leibhaftig gehören äußert sich darin, daß wir in allem, was wir leibhaftig vollziehen, seiner Gerechtigkeit folgen. Das ist sein Anspruch, und der betrifft auch die Sexualität.

Der Leib als Brief an den anderen

Mit unserem Leib handeln wir, wir äußern uns in Gesten und verbrauchen Güter zum Leben. Unser Leib ist die Wirkung unseres Lebendigsein-Wollens auf andere. Er ist das, worin wir uns »äußern«. Je tiefer unsere Äußerungen die Wurzel des Lebens selbst betreffen, um so mehr betreffen sie auch andere, um so »kritischer« werden sie, um so mehr müssen wir uns auf andere dabei »einstellen«.

Sexualität äußern wir leiblich, und doch will sie nicht gelingen, wenn wir uns nicht ganz auf den Partner einstellen dabei. Gerade da wird auch heute noch gut begreiflich, was Paulus meint, wenn er sagt, »einander gehören«. – Und zur Sünde gehörte der Leib, weil er ihr hörig geworden und dem Tod verfallen war. Und umgekehrt gehört er zu Christus, wenn es um das neue Leben bis hin zur Auferstehung geht. – Diese radikalen Besitzverhältnisse können nur durch den Tod gelöst werden. Nach Paulus gehört dem mein Leib, auf den hin ich lebe, dem ich diene. Durch diese Beziehung wird mein Leib ganz und gar bestimmt. Mein Leib ist wie die materiell greifbare Ausrichtung meiner Existenz auf einen anderen. Mein Leib besteht, indem ich dem ganz zur Verfügung stehe, von dem ich mein Leben in der Tiefe abhängig gemacht habe. Der Leib wird durch das, worauf ich ihn richte, soweit bestimmt, daß er Eigentum dieses betreffenden anderen wird.

Es geht um die elementaren, lebensbestimmenden Größen wie den Geschlechtspartner und um die Art, in der ich dem Tod oder dem neuen Leben verschrieben bin. Daher kann man sagen: Mein Leib ist nicht nur ein persönlicher Brief an den betreffenden, sondern damit habe ich mich diesem auch buchstäblich verschrieben.

Was mir gehört und was dem anderen gehört

Unser Verständnis von Leib ist normalerweise ganz anders als das des Paulus: Wir achten darauf, daß uns keiner zu nahe kommt. Bei uns konnte (in einem wenigstens achtenswerten Zusammenhang) die Parole entwickelt werden »Mein Bauch gehört mir«. Auch im Verhältnis von Mann und Frau gehen wir nicht davon aus, daß der eine den Leib des anderen »besitze«. Außer bei Verliebten, die einander sagen »Ich gehöre dir.« Aber je stärker möglicherweise die »Liebe« abnimmt, um so intensiver machen viele Menschen von dem modernen Gedankengut der Emanzipation Gebrauch. Und da geht es darum, daß man sich selbst gehöre. Glückliche Frauen sagen oft, daß sie für sich selbst keiner Emanzipation bedürften. Und so entsteht dann oft der Eindruck, Emanzipation und Verliebtsein seien Gegensätze, oder neutestamentlich formuliert: Die paulinische Auffassung vom Leib ist so ideal, daß sie nur für Verliebte taugt, für den Rest des Lebens sei dann die emanzipatorische, entgegengesetzte Auffassung nötig und richtig. Denn nach Paulus gehört man einander, nach moderner Auffassung sich selbst. Hat Paulus nur für die Verliebten noch Recht?

Oder vielleicht noch nicht einmal für die: Denn oft entsteht das bekannte Gefälle von Verliebtsein und Emanzipieren-Müssen gerade für die, die beim Verliebtsein nicht auf sich geachtet haben. Gerade um des anderen willen.

Meint Paulus eigentlich, daß man bis zum Hinnehmen jeder Ausnutzung dem anderen gehören soll? Oder anders gefragt: Wie ist das Verhältnis von Ich und Leib, von Person und der radikalen Ausrichtung auf den anderen, die den Leib bestimmt?

Das Ich ist nicht mit dem Leib einfach identisch, denn es überlebt das Mitsterben mit Christus und auch den leibhaftigen Tod. Denn »ich« werde auferstehen. Was den Leib angeht, so kann man sagen: Meine leiblichen Äußerungen gehören dem anderen, meine Wahrnehmungen mir. Daher ist es vom Leib abhängig, ob »ich« glücklich oder unglücklich bin (vgl. Röm 7,24). Und das ist gerade davon abhängig, wem ich meinen Leib verschrieben habe, auf wen ich ihn ausgerichtet habe. So kann keine Rede davon sein, daß man sich nach Paulus selbst aufgeben müßte. Und jeder, der sagt, er gehöre dem anderen, weiß doch, daß er auf sich, auf seine Wahrnehmungen achten muß. Sonst sammelt sich Unbewältigtes an, und dann kommt es zu einem Gegensatz von Emanzipation und Liebe, der nicht sein müßte, wenn man bei der Liebe rechtzeitig wach genug ist.

Christentum, auf die Füße gestellt

Über unseren Leib sagt uns Paulus, daß er nicht für uns selbst ist, sondern verbindlich Tod oder dem Leben verschrieben ist – so wie der Sklave einem Herrn oder Ehepartner einander verschrieben sind. Daß er seit der Taufe Christus gehört. Christentum ist keine Idee, sondern es wird hier auf die Füße gestellt: Christsein ist ein Eingriff in die Ausrichtung unseres Leibes, betrifft daher jedes Tun, jede Bewegung, jedes Atmen in strikter Verbindlichkeit. Manchmal verstehe ich manche Mönche der Ostkirche, die mit jedem Atemzuge »Jesus« sagten, um sich die Ungeheuerlichkeit dieses Anspruchs mit schlichten Mitteln immer wieder vor Augen zu stellen.

Begierde (7,8)

Die Sünde bewirkt Begierde durch das Gesetz: Das Gesetz macht der Sünde ihr Handeln gegen mich (und das ist auch ein Handeln gegen Gott) möglich. Denn von sich aus konnte die Sünde die Begierde im Menschen nicht hervortreiben; sie bedurfte dazu des Wortes des Gesetzes, das im 10. Dekaloggebot sagt: »Du sollst nicht begehren.« Den von Natur aus schwachen Menschen konnte die Sünde jetzt, aufgrund dieses Gebotes, schuldig werden lassen. So konnte sie dann ihr Ziel, den Tod, bewirken. – Im Blick auf den Menschen ist die Begierde das eigentlich Schlimme, sie ist die Weise, in der Sünde in ihn hineinkommt und dann über ihn herrscht. – Das Verständnis des Textes ist durch eine Fülle von Deutungsmöglichkeiten schwierig. Eine negative Sicht des Gesetzes ist im Blick auf Röm 7,12.14 zu vermeiden.

Christliche Fehldeutungen von Begierde

Oft kann man von weitem nicht unterscheiden, ob da jemand lacht oder ob er weint; bei beidem kann es Tränen geben, bei beidem ist die Stimme gepreßt, bei beidem ist man »außer sich«. Und genau so ist es auch mit der guten und der tödlichen Leidenschaft, dem Glauben und der Sucht. Und genau so ist es mit tiefer Frömmigkeit und religiöser Tyrannei. Beides liegt nahe beieinander und ist sehr ähnlich – und doch himmelweit verschieden.

Daher ist die »Begierde«, die hier nach Paulus hauptsächlich Ausdruck der Gottferne ist, keineswegs mein vitales Fühlen und Wahrnehmen überhaupt. Es blieb eben frommer Tyrannei vorbehalten, alle sexuelle Lust, alle verführerische Zärtlichkeit, allen Reiz, alles Durchbrechen des gewohnt Regelhaften (das nun einmal als Ausdruck der Phantasie zur Sexualität hinzugehört), als »böse Begehrlichkeit« zu brandmarken. Das führte dann dazu, daß man meinte, Christ sei der, der stets die Verstandeskontrolle bewahren könne, der von seinen klaren Grundsätzen nie abweichen könne. Bis es dann einen attraktiven Partner reizte, gerade diese klaren Grundsätze seines »christlichen« Gegenübers zum Wanken zu bringen und genau diese Fähigkeit des Gegenübers, den Verstand zu verlieren, als die Fähigkeit und Bereitschaft zur Liebe ansehen konnte. In Wirklichkeit meint Paulus alles das mit Begierde nicht. Das Gegenteil zu Begierde ist nicht der »Verstand«, sind nicht die »klaren Grundsätze« oder eine bürgerliche Moral und Phantasielosigkeit. Und vor allem ist Sünde nicht mit der (ja immerhin »notwendigen«) sexuellen Lust identisch.

Vielmehr hat man vor lauter Angst (und aus Ressentiment) pauschal alle Gefühlsregungen der Menschen überhaupt verteufelt. Damit aber sind wir immer noch bei dem, was Paulus überhaupt nicht meint. Denn der Gegensatz zur Begierde bei Paulus ist nicht die Vernunft, sondern eine neue Leiblichkeit, eine neue, von Angst befreite Sinnlichkeit, ein Leben, das diesen Namen verdient und doch nicht auf Kosten anderer geht.

Die Unterschiede liegen in Kleinigkeiten

»Sünde« ist für Paulus eine Art Gegenspielerin Gottes, aber auf niedrigerem Niveau, nicht als Gegengott, eher als Gottferne. Das ist wie bei zwei Wegen, die beide den Menschen ganz bestimmen; nur der eine führt zum Tod, der andere zum Leben. Paulus zeigt nun, daß auch unsere Beziehung zu beiden ähnlich ist, doch entgegengesetzt: Gegenüber beiden gibt es eine Art psychischer Abhängigkeit, eine vergleichbare »Süchtigkeit«. Dem Hoffen der Christen, das Paulus in Kapitel 8 als Seufzen und Sehnen darstellt, entspricht hier in Kapitel 7 die Begierde als »Sucht«. Keine Haltung ist dem Glauben so nahe wie Sucht und Sehnsucht – und doch sind sie gänzlich verschieden.

Man kann das vergleichen mit zwei entgegengesetzten Begehrlichkeiten bei uns: mit der Zärtlichkeit als der liebevollen, an den anderen »verlorenen« Sinnlichkeit einerseits und der Begehrlichkeit nach Gewalt, Besitz und Macht andererseits. Indem man das eine als Sünde verteufelte, hat man den Blick für die wahre Gottlosigkeit des anderen verloren. Auch wenn manchmal beides nahe beieinander zu liegen scheint, wie etwa sinnliche Zärtlichkeit und Gewaltausübung, so entscheidet sich doch gerade in der Respektierung der »haarscharfen Grenze« zwischen beiden schlechthin alles. Es ist ja gar nicht so, daß Gut und Böse immer schon von weitem unterscheidbar wären; gerade bei Emotionen und Begehren liegen die Unterschiede in den Kleinigkeiten.

Aber worin liegt genau der Unterschied zwischen der guten und der gottlosen Begierde?

Zunächst: Wenn Paulus sagt, daß »jegliche Begierde« gewirkt wurde, dann geht es ihm in Wahrheit um das Thema des Ersten Gebotes: An die Stelle des einen Gottes treten so die vielen kleinen Tyrannen. Die Gegnerin Gottes, die Sünde, liefert den Menschen diesen vielen kleinen Tyrannen aus. Darin liegt vielleicht schon das Entscheidende: Die negative Begierde bedeutet Preisgegebensein an die Vielfalt, keinen Halt und Ort mehr haben, sondern von einer Begierde in die andere getrieben werden, nicht genießen können, sondern auf der Flucht sein. Augustinus kann so seine haltlose Jugend als Flucht beschreiben. Und »Glauben« heißt eigentlich nichts anderes als »Halt gefunden haben«. Und die ganze Überzeugung der Juden und Christen ist es, daß man nur an einem Punkt wirklich Halt finden kann. Und diesen Halt nennen sie das Geheimnis Gottes.

Der Unterschied zwischen der guten und der gott-losen Begierde ist also genau dieser: Die gottlose Begierde ist Flucht und nicht genießen können; die gute ist: mit Verstand (von »verstehen«) und Glücklichsein genießen können.

Die negative Begierde meint dieses: ohne einen Herrn sein zu wollen, statt dessen dieses oder jenes haben zu wollen. In Wirklichkeit: viele Herren zu haben.

Bei der Lektüre der »Bekenntnisse« Augustins kann man auf den Gedanken kommen: Nur wer weiß, was Begierde ist, kann auch ermessen, was Glaube ist und umgekehrt. Schon der Psalmist beschreibt es: »Wie der Hirsch nach frischem Wasser lechzt . . . « Beide sind ähnlich und doch durch konkrete Kleinigkeiten ganz verschieden.

Die Eingeschüchterten nicht abschrecken

Viele Menschen haben schon solchen Halt gefunden und müssen nicht mehr auf der Flucht sein. Aber sie getrauen sich nicht, diesen Punkt oder Ort »Gott« zu nennen. Weit stärker als Theologen es wahrhaben wollen oder können, ist das Christentum unserer Tage eine Religion der namenlosen Glaubenden, die sich nicht offen bekennen, weil sie durch die Heuchelei (oder die Gefahr zu so etwas) abgeschreckt werden; weil sie verzagt sind angesichts der Vollmundigkeit der Kirche und gegenüber dieser ihre Frömmigkeit nie zu formulieren wagen, weil ihnen die Worte fehlen. Es sind schüchterne, eingeschüchterte Christen, die nicht wagen, über den Tischrand zu gucken, weil Kirche und Pastoren so unendlich gebildet sind, sie selbst aber, da es keine Volksfrömmigkeit mehr gibt, sich nicht artikulieren können. Daher folgen wir hier Paulus und sprechen in diesem Zusammenhang nicht sogleich vom Glauben an Jesus Christus (das offene Bekennen kann erst das letzte Wort sein), sondern von unserer Zerrissenheit als Menschen. Davon, daß es um Halt oder Haltlosigkeit geht, wenn Paulus von Begierde spricht. Um nichts mehr und nichts weniger. Und bei der Rede vom »Halt« ist eben sehr behutsam vorzugehen, damit nicht alle sogleich wieder angesichts der festen Burg kirchlicher Maximalforderungen die Flinte ins Korn werfen. Und so statt Halt nur Ärger und Verbitterung, Enttäuschung und ganz unnötiges Abgestoßensein, neue Heimatlosigkeit und unrechtes Zurückgewiesensein vermuten. Es geht um Halt oder Flucht, um Sinnfindung oder Umherirren.

Das Gesetz als Liste von Kleinigkeiten

Abschreckend ist auch die Rede vom »Gesetz«, von dem unser Text ja auch spricht. Bei »Gesetz« denken wir an Obrigkeit, Strafe, Hüter des Gesetzes, das »Auge des Gesetzes« und an Gesetzlichkeit. Der positive Inhalt, den das alttestamentliche Wort »Weisung« hatte, das Luther mit Gesetz wiedergab, ist dabei verlorengegangen.
Paulus denkt das wohl so: Im Gesetz trifft die Sünde auf die direkte Konkretion von Gottes Herrschaft, hier begegnet sein Wille und Anspruch. Hier ist er daher direkt zu treffen. Denn wer gegen Gott steht,

sucht seinen Willen zu treffen. Hier, nicht in irgendeinem theoretischen »Fürwahrhalten« entscheidet sich Gottes Anspruch.

Wenn der Unterschied zwischen der haltlosen, gottlosen Begierde und der Sehnsucht des Glaubenden und Hoffenden gerade in bestimmten konkreten Kleinigkeiten liegt, dann ist eben die »Weisung«, das »Gesetz« ein beispielhafter Katalog solcher konkreter Kleinigkeiten. Auf der Gegenseite, bei der haltlosen Begierde, gibt es nichts Entsprechendes. Das scheint das Wesen der gott-losen Begierde: sich an Verbindlichkeiten vorbeizumogeln.

Man kann sagen: Das »Gesetz« vermittelt zwischen dem einen Gott und den vielen Situationen des Lebens. Für diese sind nicht je neue Götter zuständig, sondern es ist ein Gott, der diese Vielfalt bedacht hat. Obwohl er nur einer ist, wird doch gerade so die Vielfalt der verschiedensten Lebensumstände erfaßt.

Es ist wohl nicht zufällig, daß in der Septuaginta, der griechischen Version des Alten Testamentes, die »Götzen« als »Begehrlichkeiten« übersetzt werden. Sie stehen gegen den einen Gott.

So hängen »Weisung« (Gesetz) und Glauben an Gott zusammen: Für den, der Halt gefunden hat, werden alle die konkreten »Kleinigkeiten« wichtig. Denn er kann sie auf den einen Haltepunkt zurückführen. Es klingt paradox: Weil und wenn es den einen, einzigen Gott gibt, dann erst gibt es die Vielzahl konkreter Forderungen. Nur wenn es viele Götter gibt, kann man sich an allem vorbeimogeln.

Gerade die vielen konkreten Verpflichtungen aber sind das Ärgernis; und daher kann von hier aus der Widerstand gegen den Glauben und gegen den Halt selbst geführt werden.

Vielleicht kommt man an dieser Stelle den Gedanken des Paulus näher: Schon das Gesetz ist ein Ärgernis, in gewisser Ähnlichkeit zu dem Ärgernis, das dann Jesus Christus ist. »Ärgernis« – das heißt: Der Glaube an diesen Gott bleibt nicht im Allgemeinen und Unverbindlichen, sondern er muß sich an konkreten Verbindlichkeiten reiben und damit herumschlagen.

Wie leicht ist es angesichts dessen zu fliehen! Die gottlose Begierde ist es, die ausweicht. Sie meidet die Festlegung. Weil der Gott Israels Halt bietet, hat er auch einen Willen. Weil er einen Willen äußert, ist dieser konkret und unbequem. Gerade deshalb ist die Gegenbewegung die Flucht vor der Verbindlichkeit, und eben deshalb heißt sie Begierde.

Paulus drückt es in einem Bild aus: Die Sünde, die er sich als Person vorstellt, stiftet die Begierde in mir. Denn gerade diese zu verbieten, ist eigentlich Absicht des Gesetzes. Die »Sünde als Person bei Paulus« stelle ich mir so vor: Aus der perspektivischen Darstellung kennen wir den Fluchtpunkt; in ihm treffen sich alle Linien eines Bildes, er ist ihr imaginäres Ziel. So denke ich mir »Sünde« als den Fluchtpunkt aller Linien, aller Geschehnisse und aller Wirklichkeit, der sich mir bietet, wenn ich nicht auf Gott schaue, mich nicht an ihm orientiere. »Sünde« ist so etwas wie der blinde Punkt Gott gegenüber. Fluchtpunkt der Perspektive und Flucht gehören zusammen. Nicht eine Theorie wird in der »Sünde« beseitigt, sondern die Flucht vor dem, was Halt bieten kann, reizt besonders angesichts der vielen Verbindlichkeiten, die das Gesetz enthält. Man ärgert sich an ihnen, und genau das wird zur Flucht, wenn man sich beim Sich-Ärgern nicht an Gott hält oder halten kann, sondern in die andere Richtung blickt.

So hängen miteinander zusammen: negative Begierde, Flucht und Sünde auf der einen Seite – und Halt zu gewinnen im Glauben und in der Verbindlichkeit des Gesetzes auf der anderen Seite.

Verkauft in die Aussichtslosigkeit (7,14–24)

Der Ausruf in 7,24 und das Gebet in 7,25a waren der Anlaß, die Aussage des Textes insgesamt als Gebet zu formulieren. Die dann folgende Meditation ist die sachlich notwendige Ergänzung zu diesem Text, da Röm 7 und Röm 8 bei Paulus eng zusammengehören. Die Kapiteleinteilung ist irreführend.

Herr, zumeist, wenn von Sünde gesprochen wird, merke ich, daß ich stumpf und starr bin. Stumpf, denn Sünde ist kein Gefühl in mir, schon längst nicht mehr. Irgendwie ist da alles tot. Oder jedenfalls anders als auf Sünde oder Nicht-Sünde ausgerichtet. Und starr bin ich, weil die Verhältnisse und Beziehungen, in denen ich lebe, unverrückbar und unveränderbar erscheinen, formelhaft, auf Wiederholung ausgerichtet. Nicht der Glaube ist Wiederholung, sondern vielleicht die Sünde. Jedenfalls ist Sünde bei mir kein Gefühl oder Schuldbewußtsein. Ich merke sehr viel weniger, aber das könnte darauf hinweisen, daß sie sehr viel mehr ist.

Nein, der Gedanke ist mir noch nie gekommen, daß ich mich gegen dich behaupten wollte, meine Macht einsetzen könnte, dich zu zwingen. Ich habe kein Gefühl von Macht, und ich glaube, auch meine Mitmenschen haben eher ihre Ohnmacht erfahren und erfahren sie noch. Als Machtprotze aufzutreten, hat uns dieses Jahrhundert abgewöhnt. Wir erfahren nur alle immer wieder, daß wir gegen die Wirklichkeit nicht ankommen. Wir erfahren unsere Ohnmacht.

Wir kommen nicht an gegen das, was wir angerichtet haben. Das gilt von uns Deutschen wie von mir selbst. Das Angerichtete ist immer viel größer; jeder Versuch, es abzutragen oder auszubessern, konfrontiert uns und mich nur neu mit dem Angerichteten.

Ich erfahre meine Machtlosigkeit trotz besseren Willens, mein Preisgegebensein.

Und ich komme da nicht heraus, ständig neu Unrecht zu produzieren. Ich sehe es an meiner Zeiteinteilung; wie ich es auch drehe und wende, sowie ich das eine halbwegs »gut« machen und Menschen oder Sachen gerecht werden will, kommen andere darüber zu kurz, tue ich ihnen Unrecht. Und ich sehe es in größerem Maßstab an meinem Konsum: In jedem Fall esse ich anderen etwas weg, als Glied einer westlichen Industrienation und eines sehr reichen Landes lebe ich zwangsläufig auf Kosten anderer, auch kommender Generationen: Mit jedem elektrischen Licht, das ich anschalte, auf jeder Autofahrt, an der ich teilnehme, verbrauche ich kostbare Rohstoffe, die meine Kinder nicht mehr haben werden. Oder ich hinterlasse ihnen für 17 000 Jahre »strahlende« Rückstände.

Herr, ich komme nicht an gegen die Wirklichkeit dessen, was ich und was andere anrichten. Es ist aussichtslos, hier auszubrechen. In allen unseren Beziehungen, inklusive derer zur Natur, die uns umgibt, haben wir uns in Sackgassen hineinbegeben, aus denen wir nicht mehr herausfinden. Herr, ich weiß, das alles hat zunächst nichts mit dir zu tun. Es sind für jedermann offenkundige Sackgassen.

Und zunächst ist es auch eine allgemein menschliche Erfahrung, daß »der Weg zur Hölle mit guten Vorsätzen gepflastert ist«. Daß man gute Vorsätze nicht einhält und dann allmählich auch keinen Weg mehr sieht und dann am Ende Mitläufer wird, aus Resignation, weil überdies die Mutigen geköpft zu werden pflegen.

Und meine Generation war einst dazu bereit, Macht neu, human und rational zu verwalten, aber wir kommen nicht an gegen Neid und Ehrgeiz und die Korruption, die von jeder, auch der geringsten Macht ausgeht. Es war noch nicht einmal Schneckentempo der Veränderung, es war die reine Wiederholung in neuer, perfiderer Gestalt. Das einzige was wir besser können, als die vorangehende Generation ist: Moral zur Verschleierung unserer Zwecke, zur Deckung unserer Eigen- und Gruppeninteressen einzusetzen.

Wir alle zusammen produzieren eine öffentliche Moral, die vor allem opportunistisch ist und die selbst keine Kritik verträgt, ja sich von nirgendwo her kritisieren lassen will.

Aber ich begreife: Es geht wohl nicht nur darum, daß wir gute Vorsätze haben, aus denen dann nichts wird. Sondern unsere Schuld geht tiefer, so tief, daß wir damit nicht mehr fertig werden können.

Und wir haben dieses alles produziert, obwohl wir doch sehr genau wissen, was notwendig ist, in welche Richtung dein Wille zielt. Denn es gibt sehr wohl Programme des Lebens, die wir in deinem Namen heilig halten, Wegbeschreibungen, in denen wir, wenn überhaupt irgendwo, die Spur davon erkennen, daß du unser Leben willst. Die Theophanie auf dem Sinai und die geistgewirkten Worte der Propheten haben uns diese Spur deines Willens unmißverständlich vorgezeichnet. Und ich weiß darum, doch unsere Trägheiten sind stärker. Und so haben wir sie perfiderweise Eigengesetzlichkeiten genannt, um sie deinem Gesetz entgegenstellen zu können.

Doch die Weltkriege und Völkermorde dieses Jahrhunderts geschahen lange danach. Und unglaubwürdige Christen sind wir immer noch.

Herr, es sind immer wieder die »besten« und ehrlichsten meiner Studentinnen und Studenten, die deswegen nicht weiter Theologie studieren können, weil ihnen glaubwürdige Christen als Vorbilder fehlen. Weil sie sagen müssen, daß das Christentum versagt hat.

Was Paulus noch nicht wußte: Christentum war als »bessere« Gerechtigkeit gegenüber den Pharisäern aufgetreten; aber es wurde daraus die größte Verschleuderung und Preisgabe, die je einer Religion zuteil wurde.

Immer wieder besteht ein wesentlicher Teil der Seelsorge darin, Menschen von den Leiden zu befreien, die das Christentum selbst verursacht hat, wenn Menschen unter ihrem Glauben leiden. Und immer wieder habe ich ehrlich dankbare Predigthörer, wenn ich in der Predigt, wie die Leute meinen, den Mut gehabt habe, auf die Verbrechen hinzuweisen, die im Namen der Kirche und von ihren höchsten Vertretern selbst vollzogen wurden. Viele kirchliche Gruppen haben »Glasnost« und »Perestroika« noch vor sich. Wie oft haben wir Geistlichen das naive Vertrauen der Menschen zu eigener Macht mißbraucht? Und wenn ich wie Paulus sage, daß wir Menschen zwar schwach sind, dieses aber nichts an der Gültigkeit und Vollkommenheit deiner Offenbarung ändert, dann sind sie damit nicht zufrieden, weil sie auf mein lebendiges Zeugnis angewiesen sind und nicht so säuberlich trennen wollen wie ich, wenn ich zu retten suche, was zu retten ist. Und schließlich sagen mir die Menschen auch, daß wir Christen erlöster aussehen müßten. Kurzum: Man erfährt und sieht so wenig von der angeblichen messianischen Erlösung, und es liegt an jedem einzelnen, so auch an mir.

Herr, alles dieses ist auch Versagen meines Leibes, denn mit dem Leib bin ich Handelnder. Mit dem Leib äußere ich mich gegenüber anderen, doch wir bringen insgesamt nur Tod hervor. Herr, ich komme nicht an gegen den Tod, den ich so ständig selbst mitverursache und bereite und verdiene. Wie soll es besser werden, wenn ich doch unter diesen Bedingungen hier leben muß, die die meines Leibes sind?

Herr, ich trage alles dieses vor dich. Nimm meine Klage als den letzten Rest meines Glaubens.

Die unumkehrbare Wende – das österliche Christentum des Paulus (7,25–8,11)

Röm 7 und Röm 8 gehören zusammen

Die Abfolge von Röm 7 und 8 ist so, wie Weinen und Lachen nahe beieinander liegen. Oder wenn in größter Not die Hilfe am nächsten ist. Zwar haben wir alle die Erfahrung gemacht, die Paulus in 7,14–24 schildert. Aber für Paulus ist diese deprimierende Erfahrung nicht das letzte, auch nicht das entscheidende Wort. Denn ganz unvermittelt beginnt der Vers 7,25 mit einem Dank an Gott »durch Jesus Christus, unseren Herrn«. Zum ersten Mal in diesem ganzen Abschnitt wird hier Gott erwähnt. Und entscheidend ist der Gegensatz von 7,25b und 8,1: Denn in 7,25b stellt Paulus fest: Ich für mich selbst bin so zerrissen zwischen Einsicht und Tun; aber dagegen stellt er in 8,1 alle diejenigen, die »in Christus« sind. Und dann kann er gleich jeden Leser des Briefes anreden: Du bist befreit. – Ich selbst für mich allein bin hoffnungslos zerrissen und produziere unentwegt Sünde. Und dann trifft jede Verurteilung auf mich zu. Doch »in Christus« gibt es keine Verurteilung mehr – wir (jetzt geht es nicht mehr um das isolierte Ich) sind aus der Schlinge befreit. Dann hören Gespaltensein und Leidenmüssen unter der Sünde auf. Und das ist Gottes Wirken durch Jesus Christus. Und die Aussichtslosigkeit schlägt in Dank um. Dieser Dank ist so überraschend wie das Osterereignis, auf das Paulus zur Begründung in 8,11 Bezug nimmt. Zwei Dinge setzt Paulus in diesem Text voraus, die für uns nicht so selbstverständlich sind: den Glauben an die Auferstehung Jesu und die Geisterfülltheit der Christen.

Ostern erfahren

Paulus hat den Auferstandenen selbst erfahren. Uns dagegen fällt der Glaube an den bloßen Satz »Jesus ist auferstanden« schwer. »Die Botschaft hör ich wohl, allein mir fehlt der Glaube«, ist auf die Osterbotschaft hin formuliert worden. Ich denke, daß es überhaupt unmöglich ist, von dem nackten Satz des Bekenntnisses her ein Verhältnis zu diesem Glauben zu gewinnen. Denn Paulus hatte immerhin eine Vision, die anderen Osterzeugen des Neuen Testaments gleichfalls. Und zum Ersatz, aber in Nachbarschaft dieser Visionen haben Christen aller Jahrhunderte die Osterbotschaft sich in den Bildern und Bräuchen des Osterfestes angeeignet, denn darin kann man etwas von dieser Botschaft erfahren. Der Kontrast der langen, dunklen Fastenzeit zur besonderen Predigt als »Ostergelächter« von der Kanzel gehört ebenso zu dieser Erfahrung von Ostern wie die Feier der Osternacht und die Entzündung der Osterkerze in ihr. Ostern kann man nur als Fest erfahren; wohl vor allem in der Bildersprache der Liturgie und als Festfeier erschließt sich einem dieser Glaube – wenn man nicht gerade selber aus Todesgefahr errettet wird wie Paulus nach 2 Kor 1,9f und sich dann so das Ostergeheimnis verdeutlichen kann. – Im folgenden wird daher öfter aus alten liturgischen Ostertexten zitiert.

Die Schatten der Vergangenheit

Ganz in diesem Sinne könnte Paulus wohl sagen: Die im vorigen Abschnitt geschilderte Zerrissenheit, das Verkauftsein unter die Schuld mögen wir zwar wahrnehmen, aber es sind die Schatten der Vergangenheit. Denn von Ostern gilt: ». . . Dies ist also die Nacht, da jene Feuersäule besiegte das Dunkel der Sünde. Dies ist die Nacht, die scheidet heute alle auf Erden, die glauben an Christus, von den Lastern der Welt und den Finsternissen der Sünde, führt sie der Gnade zurück und gibt ihnen teil mit den Heiligen.« Auch die Osterkerze, angesichts derer dieser Hymnus angestimmt wird, brennt zunächst allein inmitten des dunklen Kirchenraumes, von der Finsternis umgeben, so daß man den Anfang des neuen Lichtes in größeren Kirchen kaum wahrnimmt. Genauso nehmen wir die Finsternis als übermächtig wahr, obwohl doch das Neue unwiderruflich begonnen hat.
Das, was Paulus in Röm 7 geschildert hat, ist uns nicht fremd, und für manche erscheint es als überwältigend. Und das, was sich geändert hat und was je und je auszurichten ist gegen diese Wirklichkeit, nimmt sich aus wie eine Kerze allein in der dunklen Kirche. Dennoch ist dieses Licht nicht zu übersehen. Und die Situation ist, seit es angezündet ist, grundsätzlich verändert.
Denn »dies ist die Nacht, da Christus zerbrach die Bande des Todes und aus der Tiefe emporstieg als Sieger. Ja, nimmer käme uns Heil durch unsre Geburt, wäre uns das Heil nicht gekommen durch die Erlösung. O wundersames Erbarmen des Vaters: Du neigtest dich uns hernieder in Gnade! . . . O wahrhaft selige Nacht, einzig gewürdigt, zu wissen die Zeit und die Stunde, da Christus vom Tode erstanden. Dies ist die Nacht, von der steht geschrieben: Die Nacht wird hell wie der Tag; und: Eine Leuchte ist die Nacht meiner Wonnen. – Geheiligt ist diese Nacht, zu bannen die Frevel, abzuwaschen die Schuld, den Sündern wiederzubringen die Unschuld, den Trauernden Freude; weit vertreibt sie den Haß, sie einet die Herzen und beugt die Gewalten.« Was sich in diesen Hymnen und seit langen Jahrhunderten als Osterjubel äußert, ist dem vergleichbar, was Paulus den Geist dessen nennt, der Jesus von den Toten auferweckt hat. Denn auch der »Geist« ist jubelnde Teilnahme am Sieg, und deshalb spricht Paulus auch gleich in der Folge vom geistgewirkten Gebet der Christen. Und so beginnt er den Abschnitt in 7,25 mit einem Dankgebet. Sowohl in 7,25

als auch in 8,14f stellt Paulus die Erfahrung des Geistes Gottes dar als den Vollzug »gottesdienstlichen« Jubels (Dankgebet und Abbagebet). Durch diese konkreten Hinweise rahmt er das, was er über den Geist Gottes zu sagen hat.

Erfahrung des siegreichen Lichtes

Stärker als die Schatten der Vergangenheit ist das Licht, das Gottes Tat in der Auferweckung Jesu angezündet hat. Und den Christen ist dieses als Befreiung zuteil geworden durch die Hinwendung zum Christentum in der Taufe. So singt die Alte Kirche: »In dieser Nacht brechen die Völker auf, die neugeboren sind zum ewigen Tag. Die Tore des Himmels schließen sich auf, und nach dem seligen Gesetz der Erlösung wird Göttliches für Menschliches getauscht. Denn dies ist die Nacht, die Freude gebracht hat: in der du uns, Herr, mit Jubel erfüllt hast; die Nacht, in der die Hölle ihre Tore auftat; die Nacht, in der Adam erlöst ward; die Nacht, in der die verlorene Drachme wiedergefunden, das verlorene Schäflein auf den Schultern des Hirten heimgeholt wurde; die Nacht, in der Satan besiegt ward und Christus als die Sonne der Gerechtigkeit aufstrahlte, in der die Ketten der Hölle gesprengt wurden...« Denn auch die verlorene Drachme wurde mit einem einzigen Licht gesucht, das im Haus angezündet wurde (Lk 15,8–10). Das Bild des Wiederfindens der Drachme aber steht für die Annahme des Sünders. Der Bezug auf die Rettung, den Paulus hier ausspricht, ist auch sonst in Ostertexten erhalten: »...Das Licht verkündet, was aus dem Wasser geboren wird. Jetzt wird in der Tat offenbar, was geheimnisvoll im Bilde gezeigt wurde. Ähnlich wie einst die Wolkensäule, so leuchtet diese Flamme und belehrt das Volk, daß ihm durch Wasser Rettung, Freiheit und Wiedergeburt geschenkt wird.« Konkret könnten Taufen in der Osternacht oder zu Ostern diese Verbindung von Auferstehung und neuem Leben anschaulich festhalten.

Exodus-Typologie

Den alten Hymnen kommt es besonders auf die Exodus-Typologie dabei an: »Heute ist die Feier der Ostern, da jenes wahre Lamm ist geschlachtet, dessen Blut die Türen der Gläubigen heiligt. Dies ist die Nacht, da du einstens unsere Väter, die Söhne Israels, herausgeführt aus Ägypten und durch die Fluten des Roten Meeres trockenen Fußes geleitet. Dies ist also die Nacht, da jene Feuersäule besiegte das Dunkel. O wahrhaft selige Nacht, die Beute genommen von den Ägyptern und reich gemacht die Hebräer. O Nacht, die verbindet Himmel und Erde, Gott mit den Menschen«.

Schon das Judentum spricht davon, daß in der Passahnacht eigentlich vier Nächte zusammenkommen: »Es ist die Nacht, bestimmt und bewahrt zur Erlösung für den Namen Gottes zu der Zeit, da die Kinder Israels herauszogen aus dem Lande Ägypten. Wahrlich, vier Nächte sind es, von denen geschrieben steht: Die erste Nacht: Als der Herr sich offenbarte über der Welt, sie zu erschaffen. Die Welt war wüst und leer, und Finsternis war ausgebreitet auf der Oberfläche des Abgrundes. Und das Wort des Herrn war das Licht, und es leuchtete. Und er nannte das die erste Nacht. Die zweite Nacht: Als der Herr sich Abraham offenbarte . . . Und Isaak war 37 Jahre alt, als er dargebracht wurde auf dem Altar. Die Himmel neigten sich hernieder und kamen herab, und Isaak sah ihre Vollkommenheiten. Und seine Augen wurden verdunkelt wegen ihrer Vollkommenheiten. Und er nannte es die zweite Nacht. Die dritte Nacht: Als sich der Herr offenbarte gegen die Ägypter um Mitternacht. Seine Hand tötete die Erstgeborenen der Ägypter, und seine rechte Hand schützte die Erstgeborenen Israels, daß sich erfüllte, was die Schrift sagt: Mein erstgeborener Sohn ist Israel. Und er nannte es die dritte Nacht. Die vierte Nacht: Wenn die Welt ihr Ende erreicht, um erlöst zu werden . . . Die Joche von Eisen werden zerbrochen werden und die Geschlechter der Bosheit werden ausgelöscht werden. Und Mose wird heraufkommen von der Wüste und der Messiaskönig von der Höhe . . . Und sein Wort wird zwischen beiden gehen, und sie werden gemeinsam gehen. Dies ist die Nacht des Passah für den Namen des Herrn, die Nacht, bestimmt und bewahrt zur Erlösung für alle Generationen Israels.« – Die Erschaffung des Lichtes in der Nacht, die Nacht der Offenbarung an Abraham, die Nacht des Auszugs aus Ägypten und die Nacht der Ankunft des Messias – sie sind wie eine einzige Nacht. Und immer wird aus der Nacht das Licht und wird Rettung geboren. Die Christen haben daher früh und mit Bedacht auch die Auferstehungsnacht hier eingereiht. An allen entscheidenden Stationen handelt Gott ähnlich. In immer neuen

Abwandlungen geht es um das eine Geheimnis seines Schöpferhandelns. So werden die Ereignisse der Heilsgeschichte wie Bilder, die in dieser Nacht übereinandergelagert werden, einander ergänzen und die Handschrift des einen Gottes Israels erkennen lassen. Denn immer wieder läßt er das Licht in der Nacht erstrahlen, und der alltäglichste Gegensatz, der von Nacht und Licht, wird zum Bild seines erlösenden Handelns.

Eine bereits neutestamentliche Anwendung dieser Erfahrung liegt in der Apokalypse des Johannes vor: Am Anfang dieses Buches steht die Vision des Auferstandenen in Kapitel 1. Und der Rest ist deshalb Entfaltung der Konsequenz aus der Auferstehung. Der als Opfer galt, wird Sieger sein. Und das gilt auch für alle christlichen Märtyrer und Gemeinden. Der Sieg über Rom wird die letzte und bedeutendste Folge der Auferstehung sein. Das geschlachtete Lamm ist Sieger. Die Lieder dieses Buches sind Ausdruck hoffnungsvollen politischen Protestes.

Vom nötigen Statusbewußtsein der Christen

Das Christentum des Paulus, insbesondere in den Kapiteln 5–8 des Römerbriefes, kreist um diese Mitte: daß Gott die entscheidende Tat unwiderruflich und zu unseren Gunsten gewirkt hat. Und das gilt gegen allen Augenschein. Daher sind für ihn die in Röm 7 geschilderten Erfahrungen wirklich Schatten und Gespenster der Vergangenheit – wie auch der Tod des Leibes zu diesen gehört. Aus demselben Grund wagt es Paulus auch, seine Gemeinde mit dem Titel »Heilige« anzureden – kein Pfarrer würde das heute wagen. Dabei meint Paulus sicher nicht, daß diese »Heiligen« moralisch besser seien, sondern nur, daß diese die endgültig Erwählten sind, die nach menschlichem Ermessen Gericht und Verurteilung schon überstanden haben.

Ähnlich wird am Anfang eines Hymnus der Alten Kirche das Verhältnis Christus / Gemeinde beschrieben, indem Christus angeredet wird: »Zaum von Füllen, die Böses nicht kennen, / Flügel von Vögeln, die nicht ziellos umherirren, /... Hirt von Lämmern, die dem König gehören, / deine arglosen / Kinder sammle, / daß sie fromm loben, daß sie aufrichtig in Hymnen preisen / mit unschuldigem Munde / dich, Christus, den Erzieher der Kinder.« Hier wird nicht die Gemeinde mühselig über ihre Lage getröstet und vorsichtig »aufgebaut«, sondern hier wird der Gemeinde ohne Scheu »an den Kopf geworfen«, was sie ist. Der Verfasser des Textes vertraut mutig auf die Suggestivität der Ist-Aussage. So seid ihr, und das ist die Basis. Denn ihr seid rein gemacht und erlöst. Und warum in aller Welt sollte dieses Handeln Gottes nicht mächtiger und wirksamer sein als alles, was ihr auch danach und trotz allem noch falsch macht? Am Ende wird, wann immer ihr es nur wollt, mit restloser Sicherheit diese Tat des Erbarmens siegen.

Nein, ich möchte nicht sagen »Nun seid mal ganz schön selbstbewußt«, sondern eher: »statusbewußt«. Denn den Status habt ihr euch nicht selbst zu verdanken, doch ihr seid schon andere als damals. Die Frage, die sich sofort anschließt, ist seit einigen Jahrhunderten: Woran kann man das merken? Wie ist das denn zu erfahren? Und dann haben die Menschen angefangen, bei sich herumzusuchen, ob es sich vielleicht um Stimmungen oder um Gefühle handelte, sie wollten Gewißheit erreichen, und sie kamen vor lauter Ungewißheit über ihre Gewißheit gar nicht mehr zu dem, was für Paulus das Nächstliegende war: Gott zu danken für diese Tat und sich einer radikalen Erfüllung des Friedensgebotes Gottes zuzuwenden, denn das ist nach 8,6 der Inhalt des Tuns. Gerade die auf Innerlichkeit bedachten aktiven evangelischen Christen sind oft Gefangene ihres Kreisens um den eigenen Bauchnabel, voll von Zweifeln um sich selbst. Statt vielmehr neben sich und vor sich und über sich zu schauen, wo es wichtige Partner gibt, die auf uns warten. Es ist schon eigenartig: Paulus kennt keine Ausdrücke für Gewißheit, Zweifeln, Stimmung, Gefühl. Auch der Sache nach begegnen menschliche Gefühle bei ihm kaum; er kennt in dieser Hinsicht nur das Stöhnen aus Sehnsucht nach der himmlischen Heimat und den Jubel der Freude als Gabe des Geistes. Gefühle interessieren ihn offenbar wenig; Gottes und des Menschen Verhalten sind ihm wichtiger.

Vielleicht hängt das auch mit der paulinischen Vorstellung von Freiheit zusammen. Denn Freiheit ist bei ihm immer »Freiheit von ...« So ist auch der Geist Freiheit von der Konfrontation mit dem Gesetz, Freiheit von der Angst vor dem Scheitern und dem Tod. Keine freischwebende Stimmung, sondern auf sehr konkrete Gegner bezogen. Ostern fällt für Paulus mit Pfingsten zusammen. Wenn der Tod besiegt ist, dann geht es nicht um irgendwelche Gefühle, sondern dann ist es so wie in der Nacht nach Öffnung der Berliner Mauer 1989. Wer ahnt, welcher Gegner da besiegt worden ist, dem blieb als Antwort nur noch reiner Jubel. »Ich hatte gedacht, hier ändert sich nichts«, sagte ein Bischof der DDR nach dieser Revolution. Man weiß nicht, was daraus wird. Aber das ist auch gar nicht entscheidend. Mit dem, was Christentum begründen könnte, ist dieses gemeinsam: Es gibt Augenblicke, und mögen sie wie Unterbrechungen sein, von denen man weiß, daß es sich gelohnt hat, sie zu erleben. Daß um ihretwillen sich vieles andere lohnt. Auch wenn Menschen dann sogleich wieder an die Zerstörung oder Vermarktung herangehen.

Für die Wirkung solcher Lichtblicke ist das Wort »Angstfreiheit« noch viel zu wenig und zu schüchtern, obwohl es auf Dauer dieser Erfahrung am nächsten kommt. Und im übrigen ist dann Wirksamkeit des Geistes Gottes zu verspüren, wenn dieses gilt: »Wasche, was beflecket ist; Heile, was verwundet ist; Tränke, was da dürre steht; Beuge, was verhärtet ist; Wärme, was erkaltet ist; Lenke, was da irre geht.«

Gottes Geist (8,7–16)

Das Unerwartete ist das Notwendigste

»In Zukunft wird sich die Utopie beeilen müssen, wenn sie die Realität einholen will. « Damit ist wohl genau die christliche Erfahrung des Paulus beschrieben. Denn das unerwartet Wunderbare ist geschehen: Gott hat durch seinen Geist die Menschen von aller Angst befreit.

Denn das, was niemand hätte erwarten können, geschah: Die einzige ganz und gar unabänderliche Wirklichkeit, daß Tote tot sind, selbst und gerade diese Wirklichkeit, diese Gesetzmäßigkeit erwies sich als schwach und weich gegenüber Gottes siegreichem Tun.

Aber sicher ist dieses am wenigsten Erwartete nicht ein fernes Wunder am Rande unserer Geschichte und Existenz; es könnte vielmehr sein, daß es das ist, was in Wirklichkeit das Notwendigste ist. Und ist es nicht sonst auch so im Leben? Das, was wir gar nicht für möglich hielten, erwies sich unter der Hand als das, was zum Weiterleben das

Schönste und Hilfreichste, das Heilsamste und Hoffnung Machende war. Können wir wirklich frei und sorglos leben ohne den Funken Hoffnung auf Sieg über den Tod in allen seinen Gestalten?

Und dieses ist wohl auch das einzige wirkliche »Prinzip« christlicher Ethik: Das Unerwartete ist das Notwendigste, nämlich in Gestalt von Phantasie und Überraschung. Fast jeder kennt und schätzt diese Erfahrung: Jemand will mich überraschen, er hat ein Geschenk, von dem ich keine Ahnung habe. Und dann, beim Auspacken sehe ich, daß es genau das ist, was ich mir schon immer einmal gewünscht habe und sehr gut gebrauchen kann. Oder mein Gegenüber hat einfach eine Idee, daß wir etwas Ungeplantes unternehmen, das doch ganz naheliegend und einfach zu verwirklichen ist.

Und sind nicht solche Geschenke sehr notwendig im Zusammenleben von Menschen, weil und wenn sie das Einerlei (das auch sein muß) unterbrechen? Ist nicht in diesem Sinn Phantasie für das Miteinander von Menschen das Nötigste – Phantasie, wenn es um Not geht, und Phantasie, vielleicht gerade, wenn es den Menschen gut geht?

So kann aus der Auferweckung Jesu, an der wir durch Gottes Geist teilhaben, ein Handeln folgen, das einen ähnlichen Plan hat: Der lebendige Gott erweist sich darin als ganz und gar lebendig, daß er wider alle Hoffnung aus Tod Leben schafft. So etwas ist nur ihm zuzutrauen, es ist seine Handschrift.

Und so ist es auch bei uns: Eine lebendige Beziehung lebt von den Überraschungen, die man trotz und gerade angesichts aller Gewohnheit einander gewährt. Es ist genau dieses »Mehr«, das Liebe von der Gewohnheit unterscheidet.

Die Befreiung von der Konfrontation mit dem Gesetz bedeutet in diesem Zusammenhang: Wir sind nicht nur befreit von der Erfahrung unseres Scheiterns, sondern auch von der möglichen Einstellung, als sei mit der Erfüllung von Regel und Norm schon mehr als nur das Notwendigste erreicht.

Denn Handeln nach dem Geist des Auferstandenen heißt: Aus dem Vollen geben – nicht bis zur Erschöpfung, aber mit Phantasie, die etwas Zuwendung und Liebe erkennen läßt.

Da erweist sich das am wenigsten Erwartete, wenn es gut überlegt ist, als das Notwendigste. Denn jede Gleichförmigkeit ist schon Tod. Jede Beziehung, die nicht durch Überraschungen wächst und zunimmt, stirbt.

Die Notwendigkeit des alltäglichen Wunders

Der Glaube an Wunder bereitet dem modernen, naturwissenschaftlich gebildeten Menschen angeblich Schwierigkeiten. Das gilt auf jeden Fall und zumindest, wenn der Wunderglaube kirchlich verordnet ist. Aber vielleicht ist es eher das Verordnen, das dem Wunderbaren gänzlich entgegensteht – und nicht unser modernes Leben.

Denn in Wirklichkeit ist unser alltägliches Lebensgefühl gar nicht durch und durch naturwissenschaftlich geprägt. Nicht nur, daß noch immer die Sonne auf- und untergeht. Erst die vielen großen und kleinen Wunder des Alltags machen wohl das Leben menschlich und lebenswert. Wenn aus den Kindern trotz vieler Sorgen langsam etwas wird. Wenn man sich in einer neuen Lage »überraschend gut« zurechtfindet. Wenn wir etwas »wahnsinnig« finden, und zwar im positiven Sinn. Oder einfach wenn wir »unwahrscheinlich viel Glück« haben. Wir Menschen brauchen Wunder und leben von Wundern. Und jeder, der alles erklären will (was man natürlich kann), gilt als Spielverderber und als Banause, als Miesepeter.

Unser Lebensverständnis ist zumindest in einem nachtechnischen Zeitalter (wenn es je in einem technischen darin war): Die menschlichen und ästhetischen Erfahrungen haben absoluten Vorrang vor allen anderen. Und eben dieser Bereich lebt von Überraschung und Wunder. Auch jedes Kunstwerk ist in sich ein Wunder, eine Überraschung, die einer dem anderen bereitet, denn es war nie zuvor da.

Wenn aber Wunder so alltäglich sind und der Alltag ohne Wunder nun erst wahrhaft grau wäre – dann ist Wunderglaube nichts Fremdes. In Wirklichkeit warten wir nur zu gerne auf jegliche Wunder, sind wir heimlich versessen darauf und bewundern die Glückskinder auch entsprechend. Wir sammeln Wunder, wie man hübsche alte Tassen sammeln kann und sich freut, wenn man wieder einmal ein schönes Exemplar erwischt hat.

Wenn das gilt, dann ist vielleicht Auferstehungsglaube gar nichts Fremdes, sondern gehört zu den »irren« Hoffnungen, ohne die wir nicht leben können. Und das bezieht sich nicht nur auf das Jenseits nach dem Tod, sondern auf alle Weisen, in denen Totes wieder lebendig wird. Der leibliche Tod ist nur eine Form von Tod. Aber es ist auch klar, daß diesen Tod nur Gott überwinden könnte. Daß man von daher versuchen kann, recht eigentlich zu verstehen, was mit dem Geheimnis »Gott« gemeint ist. Mit diesem Wort könnte die Instanz gemeint sein, vor der am Ende selbst der Tod weichen muß. Vor der damit jede Macht in die Knie gehen kann und immer irgendwann einmal auch muß. Glaube an Gott wäre dann die radikalisierte Form des Glaubens an Wunder, den wir, wenn wir ehrlich sind, immer schon vollziehen – in diesem Fall: Hoffnung auf ein letztes Wunder zu unseren Gunsten und Orientierung des Handelns an dieser Hoffnung: Denn auch unser Tun kann die Struktur von Wundern haben.

Die sachliche Dimension

Es sind eher gegenständliche, nicht in unserem Sinne personhafte Größen, die uns laut Paulus bestimmen, wie »Geist« oder »Fleisch«, »Gerechtigkeit« oder »Sünde«. Dieses widerstreitet, genau genommen, einer Hauptrichtung unserer Ansichten. Geht es nicht eher bei Sünde und Rettung um eine personale Beziehung? Sind der verlorene Sohn in seiner Beziehung zum Vater und Petrus, der bitterlich weint, als sich der Herr nach ihm umblickt, unserem Empfinden nicht viel näher als die Rede von Fleisch und Geist? Gerade auch das 20. Jahrhundert hat (ich denke etwa an Martin Buber) die große Bedeutung des Personalen betont, die auch M. Luther geläufig ist, wenn er Glauben als herzliches Vertrauen beschreibt. Es könnte aber sein, daß die eher unpersönlichen Aspekte gerade in den Briefen des Paulus eine durchaus anregende Herausforderung für uns sind.
Wo eher gegenständlich geredet wird, ist die Qualität der Existenz nicht egal, gerade von ihr her bestimmen sich vielmehr Heil oder Unheil. Das bloße »Selbst« des Menschen ist immer gegeben, dessen Existenzfrage stellt sich nicht. Aber schlechthin alles entscheidet sich an der Frage, wie, unter welchen Umständen dieses Selbst jeweils da ist. Dabei ist insbesondere auch der Zustand des Leibes nicht gleichgültig. Wohl im Sinne des Paulus muß hier gesagt werden: Was nützen alle Personalität und alle Dialogfähigkeit, wenn sie unter dem Vorzeichen des Todes bleiben? Das bloße Wort hilft nicht. In bestimmter Hinsicht wird bei Paulus Christentum »auf die Füße gestellt«. Gerade Paulus war für M. Luther der Apostel des gläubigen Vertrauens. Das sei nicht bestritten, doch las Luther Paulus sehr stark von den Evangelien her. Die Bedeutung der »sakramentalen« Basis

bei Paulus war für Luther dabei selbstverständlich, für uns ist sie das nicht mehr. Mit »sakramental« meine ich hier den neuen Status der Christen: Durch die Taufe sind wir Gottes Eigentum und sein Heiligtum; als solche aber sind wir Träger seines Geistes. Dieser heilige Geist macht unsere neue Lebenssubstanz aus. Je nach unserem Status bestimmt sich, welches die Inhalte unseres Rufens zu Gott sind. Der Leib, sein Zustand und die Besitzverhältnisse in betreff seiner, sind erst der Ort für Glauben und Vertrauen.

Angesichts dieser sachlichen, substanzhaften und rechtlichen Grundlage besteht nun alles Weitere ebenfalls in einem eher gegenständlichen Prozeß: Wir werden immer weiter verwandelt (vgl. auch 2 Kor 3,18). Allein auf diesem Wege werden wir Gott angenähert. Der gesamte Bereich dieses Sachhaften erlaubt auch eine stärkere Beachtung des Nicht-Bewußten gegenüber aller nur personalen und worthaften Verengung.

Gerade die für jeden Christen eigentümliche Gabe des »Charisma« (Gnadengabe, vgl zu Röm 12,6–8) ist wiederum nur als Sachgut vorgestellt. Und schließlich: Indem Paulus in dieser Weise sachlich redet, spricht er allgemeiner, so daß sich verschiedenartigste Menschen darin wiederfinden und unterbringen können.

Bloße Beziehungen zwischen Personen bleiben freischwebend. Das Persönliche ist nur wie eine dünne Haut auf einer umfassenderen Grundlage. Dort, wo es um wirkliche Veränderung, letzte Verbindlichkeit und äußerste Intimität geht, redet Paulus in »sachlichen« Bildern. (Auch die höchste persönliche Liebe zwischen Mann und Frau läuft wohl durchaus auf das Ziel zu, in dem nicht-worthaften, eher »sachlichen« Geschehen der Umarmung zum Ziel zu kommen.) Wirkliche Verbindung und Veränderung gibt es daher im Bereich des Sachhaften. Nur unter diesem Blickwinkel kann der Mensch wohl auch in seiner Handlungs- und Weltbeziehung ernst genommen werden. Das »Sachliche« ist daher nicht etwas »Unter-Persönliches«, sondern etwas viel Umfassenderes. Wer das »Sachliche« nur als »unterpersonal« abtut, kann auch die Einbettung des Menschen in den Kosmos, die ökologische Grundfrage, nicht positiv erfassen.

Denn auch Gott hat nicht nur im Wort der Verheißung gesprochen, sondern er hat bereits gehandelt. Gerade deswegen erwartet Paulus von uns messianisches Handeln. Als solche, die Anteil haben, sind wir zum Mitwirken bei der Veränderung aufgerufen.

Begründete Hoffnung (8,18–21)

Es wird nur offenbar, was schon bestimmt ist

Wie wenn es irgendwo in einem armen, ausgedörrten und ausgeplünderten Land einen Lehrer gegeben hätte, der zusammen mit seinen Schülerinnen und Schülern buchstäblich bis zum Umfallen dafür gekämpft hätte, den Menschen zu zeigen, wie man Kranke besser versorgt, Äcker geschickter bebaut und Häuser für den Winter sichert. Aber eine Handvoll mächtiger und einflußreicher Leute hätte das fast immer zu verhindern gewußt, und Stürme und Dürre taten ein übriges. Und sie wären ganz verzweifelt gewesen, da alles Tun ihnen wie Tropfen auf heiße Steine erschienen und keine Änderung in Sicht gewesen wäre. Und je länger sie ihren Dienst taten, um so aussichtsloser mußte er ihnen erscheinen. Da aber hätte sie eines Tages die Nachricht erreicht, daß man höheren Ortes schon lange ihr Tun genau und mit Sympathie beobachtet habe, daß längst Pläne und Mittel bereitgestellt seien, ihnen sehr weitreichende Vollmachten zu geben, und daß es daraufhin sicher möglich sei, dem Land ein anderes Gesicht zu geben. Und sie seien hiermit zu Handlungsbevollmächtigten der künftigen Regierung ernannt, und zum Zeichen, daß dieses wahr sei, wäre jedem und jeder von ihnen ein Scheck überreicht worden, den sie am Tage X einzulösen hätten. So wären sie dann also in der Lage gewesen zu sagen: Wie gut, daß wir nicht mehr fast verzweifelt darauf warten müssen, daß eines unbekannten Tages aus schwarz weiß wird; das zu glauben war fast unmöglich. Wie gut, daß die Pläne alle fertig sind und die Gelder zum Abheben jetzt schon bereitstehen. So muß es nicht eine totale Wende geben, sondern es wird nur offenbar, was schon bestimmt ist.

Vorwegnahme der Zukunft

In Röm 6,3-8 konnte Paulus leicht vom Sterben sprechen. Leibhaftiges Sterben nannte er den geforderten Abschied von allen hinderlichen Beziehungen. Diesen Tod hatte Paulus begrüßt. Um so heftiger widersetzt er sich dem Tod hier in Kapitel 8. Die Sklaverei der leiblichen Vergänglichkeit ist das alles überragende Übel, von dem wir erlöst werden müssen und sollen. War der » Tod« bei der Taufe leicht und freiwillig zu tragen, so ist er doch am Ende und in Wahrheit der schlimmste Feind. So sind Kapitel 6 und Kapitel 8 aufeinander bezogen: Wer den Tod mit Christus stirbt, der wird am Ende von der Macht des Todes erlöst werden. Wer jetzt den Tod auf sich nimmt, wird ihn in Zukunft nicht erleiden. Ähnlich war schon die Taufe des Johannes gedacht: Wer der Wassertaufe sich jetzt unterzog, fiel der Feuertaufe im Gericht nicht zum Opfer.

Paulus verkündet kein zukünftiges Schlaraffenland, auch nicht ewige Jugend oder endloses Weiterleben; wieder kann er nur sagen, was nicht oder nicht mehr sein wird. Er kann fast immer nur negativ umschreiben, was Inhalt der Hoffnung der Christen ist. Auch bringt »die Zukunft« nichts wunderhaft Neues, sondern sie wird nur enthüllen, was jetzt ist und was jetzt »läuft«. Für ein Schachspiel entscheiden gewöhnlich schon die ersten Züge. Sie aber sind in diesem Spiel getan.

Gott läßt uns nicht fallen

Paulus verheißt nicht Dauer, sondern nur: daß wir, jeder einzelne, vor der Zerstörung bewahrt werden, vor der Vernichtung gerettet – weil wir so sehr geliebt sind. Der Glaube an die Auferstehung entsteht schlicht daraus, daß Menschen die Zuwendung und Liebe Gottes als so intensiv erfahren, daß sie sich einfach nicht vorstellen können, diese Liebe müsse ein Ende haben. Nicht um unsere Dauer oder ewige Jugend geht es, sondern um Gottes Liebe. Wie zwei Menschen, die sich liebhaben, einander sagen: Laß das bitte nie aufhören. Gottes Liebe ist von der Art, daß man nicht glauben kann, sie könne oder dürfe einfach abbrechen. Als ob Gott diejenigen, die er liebte, einfach im Stich ließe.

Vielleicht ist es vielmehr überhaupt so: Daß wir als jeder und jede einzelne da sind, weil Gott uns bei unserem Namen ruft und uns liebt und aus derselben Kraft heraus uns stützt und zugleich prägt und erhält. Und wenn er uns so im Sein hält, dann ist es ein Wunder dieser Liebe, daß wir überhaupt sind und nicht vielmehr nicht sind. Und dann ist auch Auferstehung die unbeirrbare Fortsetzung dessen, daß Gott uns mit unserem Namen ruft. Er hält uns auch dann im Sein.

Wir kennen auch so etwas. Wir sagen zu einem Menschen: Ich meine es zu merken, wenn du intensiv an mich denkst. Ich spüre das, und dann geht es mir gut. Das ist kein Denken im intellektuellen Sinn, sondern ein ganz intensives Meinen. Es ist kein Denken, sondern Gedenken, Erinnern im biblischen Sinn. Auch bei der Fürbitte geht es wohl um so etwas. Es ist mehr, als bloß daran zu denken. Beim Abendmahl zum Gedächtnis Jesu kommt etwas zutage von dieser intensiven Art des Gedenkens, denn wir haben dann teil an der Wirklichkeit dessen selbst, was wir bedenken. Auch bei Festen ist es so. Es gibt offenbar eine archaische Art des Denkens und Gedenkens, in der es nicht nur um Gedanken und Ideen, sondern um Teilhabe geht, in der Wirklichkeit entsteht und gesetzt wird. Gott aber ist, so meinen wir es, wenn wir von Gott reden, ein Meister solchen »Gedenkens« – nach der Auffassung der Bibel gedenkt er jeden Augenblick unser, und das hält uns am Leben. Und er gedenkt wiederum unser, weil er uns nicht vergessen kann und uns in seine Hände geschrieben hat, und das ist unsere Auferstehung. So meinen wir, daß es dieselbe Art des »Gedenkens«, die wir kennen, wenn es um Abendmahl, Feste oder Fürbitte geht, die unzweifelhaft Wirklichkeit schafft, nicht nur bei uns gibt, sondern auch bei Gott in Richtung auf uns. Und immer wieder haben Menschen das so zum Ausdruck gebracht, daß sie sagten, Gott habe einen Bund mit ihnen geschlossen; so intensiv und an so vielen Zeichen erkennbar erfuhren sie Gottes Zuwendung.

Biblisches »Gedenken« umfaßt immer auch die Zukunft. In dem Gebet nach den Abendmahlsworten bringen wir das zum Ausdruck: Die Gemeinde gedenkt nicht nur des Todes und der Auferstehung Jesu, sondern auch seiner Wiederkunft und seines Reiches. »Gedenken« faßt alle Zeit wie in einem Brennpunkt. Und das gilt für alles »ewige Leben« und auch für alle Auferstehung genauso. Denn was das ist und ob es das gibt, das entscheidet sich in der Mitte des Lebens, dort, wo wir am lebendigsten sind, und von dorther kann es dann auch unsere Erfahrung der Grenzen des Lebens mitbestimmen. Wenn wir intensiv und dankbar Leben als Geschenk empfangen können, dann kann uns auch der Gang über die Schwelle des Todes »geschenkt« (im Doppelsinn des Wortes) werden.

Mit »Auferstehung« meinen wir, daß Gott uns mit seiner Kraft, die eine Art »Gedenken« ist, nicht nur erschaffen hat, sondern weiterhin liebt und nicht versinken läßt.

Handeln unter der Perspektive der Auferstehung

»Befreiung von der Sklaverei der Vergänglichkeit«: Paulus weiß offenbar, was immer wieder die Hauptursache für unsere Resignation ist: daß wir sagen, die Verhältnisse änderten sich ja doch nicht, und wir seien eines Tages zu alt, gingen dahin. Daß die Verhältnisse und »Strukturen« ewig seien, wir aber wie ein Schatten dahinschwänden. Denn irgendwann geben wir auf und sagen: Ich werde es doch nicht mehr erleben. Irgendwann halten wir das Unrecht für unabänderlich und uns selbst für vorläufig und nur vorübergehend. Und genau dieses stellt Paulus auf den Kopf, indem er uns selbst versichert, daß es nur eines gibt, das radikal vergänglich ist, und das sind alle Strukturen der menschlichen Welt und ihrer Ungerechtigkeit. Wir selbst werden demgegenüber bleibend mit Namen gerufen und geliebt.

Durch diese Umkehrung dessen, was normalerweise Resignation begründet, kann Paulus Hoffnung begründen: Denn ein Handeln, das sich an dieser Perspektive orientiert, kann ohne Angst und darf ohne Sich-Schonen sein. Ohne Angst, das bedeutet: Wir laufen nicht auf eine große Falle zu, auf ein Ende, das sinnlose Zerstörung ist. Und ohne Sich-Schonen, das bedeutet: Christliches Handeln ist immer wieder Weggabe von Lebensqualität, manchmal auch des Lebens selbst. Was immer ihr weggebt, ihr selbst bleibt ganz sicher bewahrt. Hier wird sichtbar, daß der Auferstehungsglaube eine Wurzel in der Märtyrertradition hat. Auch wenn das Letzte hingegeben werden muß, bleiben wir selbst bewahrt. Denn der grundsätzliche Unterschied der christlichen Sicht des Lebens gegenüber allen anderen ist, daß unser Leben nicht von Tod, sondern von Auferstehung, nicht von Ende, sondern von Geborgensein bestimmt wird. So können wir freier und »wesentlicher« leben und freier sterben. Nicht weil ein Dogma stimmen muß, sondern weil Gott uns in Jesus Christus und seit ihm sichtbar geliebt hat.

Auferstehung und Gericht

Aber was ist mit der Erwartung des Gerichts? Man tut sich schwer damit in der modernen Theologie und Verkündigung. Wir hätten gerne Gott nur als das Prinzip »Liebe« verkündigt und überlassen Gerichtsaussagen (inklusive Höllenvorstellungen) den fundamentalistischen Angstmachern. Bestätigt nicht Röm 8,1 (Kein Gericht mehr für Christen) die moderne Position? Auch hier gilt es wieder, den schmalen Weg zwischen Fundamentalismus und Modernismus zu beschreiten. Denn natürlich können wir uns nicht vorstellen, daß Bosheit eine solche Macht haben könnte, endgültig Gottes Zuwendung zunichte zu machen. Und wenn das Ziel der Gabe des Geistes an die Menschen nach Röm 8 die Verwandlung der ganzen Welt ist, wie sollen da die Nichtchristen ausgeschlossen sein?

Hier sind mehrere Ebenen zu unterscheiden:

Erstens gilt: Wer »in den Himmel kommt«, das muß und darf nicht unsere Sorge sein. Als Christen dürfen wir gerade an diesem Punkt ohne Sorge sein; betreffs des Zieles sind wir entlastet. Auch daß wir Gott in diesem Punkte bevormunden, das darf nicht sein. Das gilt auch für Konsequenzen, die Gott doch aus der Versöhnungsbotschaft des Neuen Testaments ziehen müsse.

Zweitens gilt: Die ärgerliche Gerichtsverkündigung des Neuen Testaments ist von uns nicht einfach aufzuheben. Vielmehr muß gerade das bedacht werden, was unseren Wünschen und Tendenzen entgegensteht. Sonst hat die Schrift keine kritische Funktion mehr.

Drittens gilt: Gericht, Himmel, Hölle bringen zur Sprache, daß unser Tun Folgen hat. Es sind Folgen, die wir uns selbst bereiten. Das Gericht ist insofern nichts Neues, es ist das endgültige Offenbarwerden dessen, was jetzt schon immer geschieht. Wer »sich kaputt macht«, bereitet sich die Hölle schon jetzt. Was wir jetzt wirken, reicht weit über die Ränder unseres Erdendaseins hinaus.

Zwei jüdische Worte können das deutlich machen: Auf die Frage, was sie im Himmel tun würden, antworteten Rabbiner: die Torah studieren. Ähnlich sagte M. Chagall noch kurz vor seinem Tod, er werde im Himmel weiter Bilder malen. Der Himmel ist das Bleiben in der Identität, die wir hier gewonnen haben. Und angesichts dessen, was wir anrichten, kann man da nur skeptisch sein und warnen.

Viertens: Das Neue Testament legt uns allein diese Blickrichtung nahe: Die kurze Zeit verantwortlich zu nutzen; auf Jesus zu blicken, denn für uns steht keine andere Perspektive offen, als daß es in keinem anderen Namen Heil gibt. Es geht nicht an, daß wir aus Enttäuschung über die Kirchengeschichte und angesichts der Volkskirche sowie aufgrund des verbreiteten Aufgebens von »Mission« alten Stils die uns allein mögliche Perspektive verändern. Wie auch immer die Frage des Wie zu beantworten ist: Christentum ist eine missionarische Religion.

Fünftens: Die Botschaft vom Gericht bedeutet: Keine Liebe ist verloren, keine Ungerechtigkeit wird ewig sein. Denn jedes Stück Liebe wird wie zu einem großen Mosaik zusammengefügt, um das zerstörte Antlitz der Erde zu heilen. Unser Tun ist nicht gleichgültig, sondern immer endgültig. Und nur in diesem Rahmen konnte auch Gottes Tun endgültig sein. (Insofern gehören die Sakramente als unauslöschliche Siegel durchaus in das eschatologische Zeitalter.) Die moderne Unfähigkeit, sich Endgültiges vorstellen zu können, entspricht einer Geschichtslosigkeit alles Tuns. Dieses ist die heimliche Ideologie und die vorherrschende Wirklichkeitserfahrung der modernen Bestreiter des Gerichtsgedankens. Wir weigern uns gerne, in der Geschichte Verantwortung zu übernehmen. Aber in Wirklichkeit ist Geschichte so, daß wir fortwährend Verantwortung übernehmen. Darauf weist die Rede vom Gericht. Eben deshalb ist es jetzt Zeit, auf den Gott des Lebens zu setzen; nur so kann man dieser Verantwortung genügen. Das eigentlich ist die paulinische Lehre von Gesetz und Erfüllung des Gesetzes. Christlicher Glaube ist auch in dieser Hinsicht Vorwegnahme: Lieber jetzt ein Handeln im Angesicht Gottes als eine Gottesbegegnung anhand späterer, vielleicht unübersehbarer (und in jedem Falle immer nur selbstverschuldeter) Folgen. Und dabei hat die Gottesbegegnung jetzt den Vorteil, daß sie im Zeichen von Gottes Barmherzigkeit geschieht. Das ist unsere Perspektive. Und da das Neue Testament auf das Handeln der Christen größten Wert legt, erscheint es mir nicht als sinnvoll, aus spekulativen Gründen immerzu nur vom Prinzip Liebe, das Gott sei, zu reden. Für uns wird Versöhnung jetzt angeboten, und es ist dringlich, sie anzunehmen. Kirche kann nicht der Verein sein, in dem alles egal ist.

Hoffnung oder Selbstbetrug?

Macht sich da nicht jemand etwas vor mit der Rede von »begründeter Hoffnung«? Wird uns hier nicht eine glänzende Zukunft nur vorgegaukelt? Eine ferne Utopie, die die Menschen hier nur verrückt machen oder vom Alltag ablenken kann?

Aber das sind wohl Mißverständnisse. Denn bei der christlichen Hoffnung geht es um den Versuch – und mehr als ein Versuch kann es nicht sein –, anders zu leben und zu sterben. Und dafür bedeutet christliche Hoffnung folgendes:

Erstens gilt die rabbinische Weisheit, daß es Dinge gibt, die etwas anderes, etwas Geistliches, abbilden: Der Schlaf ist ein Sechzigstel des Todes, der Honig ist ein Sechzigstel des Manna, und so könnte man ergänzen: jedes Vertrauen ist ein Sechzigstel der Treue Gottes, jede Versöhnung ist ein Sechzigstel der Auferstehung. Wenn so etwas – versuchsweise – gelten könnte, dann wäre die Konsequenz: Christliche Hoffnung bedeutet etwas für alle nur möglichen Endpunkte jetzt. Jedes Ende kann und darf und muß Versöhnung sein. Das wäre angemessene Abbildung von Auferstehung als »dem Ende«. Dann gilt nicht nur eine Hoffnung für den Endpunkt der Zeiten »am Weltende«, sondern: Jedes Gute, jedes Lebendige und alles Glück jetzt sind Teile dessen, was Verheißung ist. Hoffnung gilt nicht nur und vielleicht noch nicht einmal hauptsächlich für das Weltende, sondern für alle Endpunkte, Glückspunkte und Unterbrechungen jetzt. Und von da aus auch für das »Weltende«.

Und zweitens: Die Aussagen über die »Endzeit« und das Ende als Auferstehung sind Aussagen über den »Sinn des Ganzen«. Damit sind sie der Maßstab, an dem alles andere gemessen wird: Ausdruck auch dafür, daß Gott größer ist, aber auch Maßstab, an dem die Begrenztheit aller anderen Zielpunkte sichtbar wird. Und schließlich sorgt diese Perspektive dafür, daß unsere Erfahrungen nicht beziehungslos sind oder werden. So gibt es den Rahmen für alle Geschehnisse und alles Geschick. Mit Hilfe der christlichen Hoffnung auf »das Ende« wird im Sinne und im Bilde zeitlicher Zukunft ausgedrückt, wie unser Leiden und Handeln sich unter Gottes Regiment fügt.

Wehen und neues Leben (8,18–25)

Neues Leben

Eine Stadt in der Wüste, auf dem Rücken eines Hügels breit hingestreckt wie ein ruhendes Tier, mit hellbraunen und dunkelbraunen Mauern, wie von einer Spange umschlossen von den kleinen Türmen und Zinnen der in der Sonne gelblichen, sonst bräunlichen Stadtmauer. Unter den vielen Kindern, die in der Stadt wohnten, gab es einen Jungen, der neugierig war und sich vorgenommen hatte, eine Menge zu lernen. Er besuchte öfter, wenn er Zeit hatte, einen älteren Mann, der in dem Rufe stand, ein Gelehrter und weise zu sein. Oft saßen die beiden im Hauseingang einander gegenüber, um an der Kühle des Hauses und der Wärme der Sonne teilzuhaben. »Am Verhalten der Vögel«, sagte der Alte, »kannst du sehen, daß es bald Sturm und Unwetter geben wird. Und wenn es da ist, wird es für dich eine Antwort sein auf die Frage, die du neulich gestellt hast, was denn Sterben und Tod sei.« »Aber kann man dem nicht entgehen?« fragte der Junge. »Du wirst es sehen«, sagte der Alte. Ein paar Stunden später war es so weit: Sandsturm. Der Himmel hinter und über der Stadt in der Wüste war wie ein großes, lückenlos schwarzbraunes Tuch, so daß die Mauern und Dächer und die Stadtmauer, die noch von der Sonne beschienen waren, hell leuchteten vor diesem Hintergrund, wie um noch einmal vor dem Verderben alle Schönheit aufzubieten. Dann aber nahmen die Sandwirbel ihren Weg; es wurde ganz dunkel in der Stadt, die Dächer und Gassen, die Hauseingänge und Brunnen füllten sich mit Sand. Die Pflanzen wurden nach unten geknickt und begraben. Die Tiere auf den Gassen brachen zusammen, und der feine Sand drang bis in Tischhöhe durch alle Ritzen der Häuser ein. Tränen und Schreie waren nicht möglich, da der heiße, feine Sand jedes Leben verbot. Die Menschen waren bis in jede Pore hinein überall davon bedeckt, und der Sand drang auch durch die vor die Augen gehaltenen Hände und durch die geschlossenen Augen. Nichts war ausgenommen von der Feinheit dieses durchdringenden trockenen Verderbens. Alle Kreatur war am Verdursten.
Es dauerte Tage, bis sich wieder etwas Leben regte, und Wochen, bis die Stadt in der Wüste wieder lebendig war. Der Junge besuchte nach

dieser Zeit wieder den alten Mann in seinem Hauseingang, und sie sprachen miteinander. »Du hattest gefragt, ob man dem Tod entgehen kann«, sagte der Alte, »aber an dem Sandsturm konntest du sehen, daß er bis in die letzten Ritzen dringt und alle betrifft, Menschen, Tiere und Pflanzen.« »Das Gefährliche ist«, sagte der Junge, »daß er alles Leben an seinem Nerv trifft, denn er schneidet ihnen das Wasser ab.« »Und wie der Tod ist es«, sagte der Alte, »daß man nicht mehr schreien kann noch weinen. Tod ist verdursten und verstummen, es ist Nacht dann, wie im Sandsturm. Nichts von außen hilft einem zum Leben, man hat kaum noch sich selbst. Nur das ganz tief drinnen bleibt, wenn auch stumm und ohne Regung, so daß man es gar nicht mehr weiß.« »Und verkrochen haben sich die Menschen dabei«, sagte der Junge, »und alles ist erstarrt wie im Grab, ja, es ist alles wie im Grab«. »Und an dem Ganzen«, sagte der Alte, »kannst du für deine Frage etwas lernen. Zunächst, daß Leben in der Wüste die Ausnahme ist und bedroht und zart und zerbrechlich und reine Gnade.« Der Junge: »Unsere Stadt, die Pflanzen, Tiere und Menschen darin, sie kommen mir vor wie eine große Überraschung angesichts der Wüste ringsum, auch wenn die Umgebung sie immer wieder im Sandsturm zu erobern versucht.« »Aber dann gibt es etwas, das noch wunderbarer ist als dieses Leben«, sagte der Alte, »das ist das, was man die Zähigkeit dieses Lebens nennen könnte: Daß es, auch wenn es aufs äußerste zurückgedrängt ist, sich dann doch wieder entfaltet, sich selbst wollen darf. Du kannst es auch anderswo sehen, an der Intensität, mit der sich Leben vermehren will, so etwa an der Vielzahl der Samenkörner.« »Aber wie kann man etwas über unseren Tod dabei lernen?« fragte der Junge.

Der Alte erwiderte: »Wenn es überhaupt Leben geben soll, dieses unglaublich optimistische, widersinnig kühne, fröhliche Zeichen von Hoffnung mitten in aller Wüste, dann könnte es sein, daß sein Ende überhaupt nicht der Tod sein soll. So wie es im Sandsturm ganz tief drinnen bewahrt wird, um dann mit unglaublicher Zähigkeit wieder durchzubrechen – genauso könnte es auch mit unserem Leben angesichts des Todes sein. Vielleicht ist der Tod nur die äußerste Herausforderung dieser unglaublichen Ausnahme namens Leben. Vielleicht ist nicht er der Sieger, sondern das bedrohte, gequälte Leben selbst. Nicht die Macht der Sandstürme, sondern das Zarte und Zerbrechliche. Und ist es nicht auch so, daß Gott das Bedrohte und scheinbar

Schwächere mehr liebt als das scheinbar Stärkere?« »Aber das ist doch unsinnig«, sagte der Junge, »alles Leben muß sterben.« »Aber wäre es nicht phantastisch«, fragte der Alte, »wäre es nicht eine kühne, unglaublich schöne Perspektive, eine Möglichkeit, über die man selig sein könnte vor Freude, wenn dieses der Sinn des Ganzen wäre, daß bedrohtes, gepeinigtes, bedrängtes Leben am Ende stets und für immer gerettet werden könnte?« »Und was ist verschieden«, fragte der Junge, »was ist der Unterschied zwischen Sandsturm und Tod?« »Da der Tod noch beißender ist als jeder Sandsturm«, sagte der Alte, »noch schlimmer, kann das neu geschenkte Leben nach dem Tod nicht mehr dasselbe sein.« »Aber wie wird es sein?« fragte der Junge. Der Alte: »Wir können darüber nur in Bildern reden. Und daher bleibe ich dabei: Es wird so sein wie Leben in der Wüste, und der Tod ist die Wüste, und Leben darin ist überraschend, strahlend, reine Gnade und wie eine Kostbarkeit geliebt.«

Wehen

»Und dann wirst du ein Kind bekommen«, sagte die Mutter zu ihrer Tochter, »und wenn es kommt, dann wird es unglaublich weh tun. Bevor es kommt, wird der Schmerz immer schlimmer, und es ist ein wahnsinniger, unglaublicher Schmerz, wie ihn kein Mann, außer er hätte vielleicht im Kriege einen Arm oder ein Bein verloren, sich vorstellen kann. Und das bei jedem Kind.«
»Aber – warum muß das sein«, fragte die Tochter, »warum muß es sein, daß unser Leben mit so wahnsinnigem Schmerz beginnt und dann auch für jeden Menschen, meistens jedenfalls, mit ähnlichem Schmerz endet?«
»Ich weiß nicht, warum es so sein muß«, antwortete die Mutter, »aber die Menschen sollten erkennen und nicht immer wieder vergessen, wie kostbar ihr Leben dazwischen, zwischen diesen beiden Stationen ist, wie teuer erkauft, wie kostbar jeder Tag ohne Schmerz ist, wie kostbar das Dasein, über das wir uns freuen können.«
Die Mutter: »Unglaublicher Schmerz am Anfang und am Ende – das ist wie zwei Cherubim mit flammenden Schwertern, die das Paradies des Lebens bewachen. Und doch ist uns allen nur ein kurzer Weg durch dieses Paradies vergönnt.«

Die Tochter: »Es gibt auch viel Schmerz *im* Leben. Es ist so, als sei auch dieser Weg, der durch das Leben hindurch führt, immerzu flankiert durch dieselbe Pein, die an seinem Anfang und an seinem Ende steht.«

Die Mutter: »Diese Beziehung, dieses Miteinander von Leben und Schmerz, ist überaus merkwürdig und nachdenkenswert. Und immer wieder ist es nicht zum Aushalten.«

Die Tochter: »Und immer wieder denkt man, warum wir Menschen nur so gepeinigt werden. Soviel kann ein Mensch doch gar nicht sündigen, daß er solche Strafe verdient hätte.«

Die Mutter: »Erst jetzt entdecken wir wieder, daß nicht nur die Menschen leiden, sondern auch die Tiere – Unsägliches, voneinander und von uns. Von den Pflanzen können wir es nur ahnen. Vielleicht ist es so: Je individueller ein Lebewesen ist, um so mehr muß es wohl den Schmerz spüren können. Und wohl deshalb sind besonders Geburt und Tod, individuelle, unvertretbare Akte dieses einzelnen Menschen, so intensiv mit Schmerz ausgestattet. Und die Sachen, die Dinge, die nicht individuell sind, leiden nicht und haben keinen Schmerz.«

Die Tochter: »Wenn der Schmerz ein so hoher Preis ist für Selbstsein und Individualität – sollte man da nicht lieber das Personsein aufgeben und wie die Dinge werden wollen?«

Die Mutter: »Aber wenn Schmerz und eigenes, persönliches Leben so zusammenhängen, auch Schmerz und neues Leben, ja wenn Leben von Schmerz flankiert ist – könnte es da nicht sein, daß all der Schmerz in diesem Leben, auch der beim Tod dazu dient, daß wir selbst unauslöschlich geprägt werden, so daß wir wir selbst sind?«

Die Tochter: »Das glaube ich nicht, das siehst du zu optimistisch. Individualität ohne Schmerz gibt es auch, und es ist zynisch, die endlosen Qualen, die Menschen leiden müssen, nur als Bedingung ihres Selbstseins aufzufassen.«

Die Mutter: »Aber wenn Schmerz und Individualität so zusammenhängen, wenn das eine immer wieder das andere hervorruft und umgekehrt, dann könnte es ja sein, daß der Sinn dieses schmerzhaften Seins in der Welt im ganzen eben jeder Mensch selbst ist, der dann um keinen Preis verloren gehen könnte. Dann wäre aller Schmerz im ganzen vielleicht wie Wehen vor der Freude des dann endgültig gewonnenen Lebens. Auferstehung ist dann nichts anderes als Bewahrung und Bergung, Rettung aller einzelnen nach allem Schmerz. Das Leben, das immer so gepeinigt wird, ist auch angesichts des Todes nicht sinnlos. In allem Schmerz und durch ihn hindurch wird mir mein Leben geschenkt und vor allem bewahrt.«

Die Tochter: »Neulich ist meine Schulfreundin gestorben an einer schweren, langen Krankheit. Aber je länger desto mehr hat sie sich eben wie ein Kind auf den Himmel gefreut. Das hat mich sehr bewegt – so ein kurzes Leben, und sie hatte doch schon etwas entdeckt, was die meisten auch nach langen Jahren nicht finden, Sinn und Freude.«

Die Mutter: »Das ist auch etwas von dem, was ich meine. Meine Geschichte, mein Leben, das bin ich selbst. Und man kann sagen: Es ist immerzu andere Not, das Ganze ist auch die Geschichte meiner Nöte und Schmerzen. Ich bin dadurch geprägt, unfreiwillig. Aber gerade so, in allen schmerzhaften Grenzen, will mich Gott bewahren. Denn mit all diesen Spuren und Narben bin ich ich selbst, im Kontrast von Gnade und Schuld. Meine Geschichte ist voll Versagen und brüchig. Aber ich weiß, daß Gott mich gerade als diesen Menschen in seine Hände geschrieben hat. Und eben deshalb läßt er mich nicht verlorengehen, auch über die Pein des Todes hinweg.«

Die Tochter: »Aber warum muß das so sein, warum muß alles durch diese Pein gehen? Warum ist Individualität so teuer erkauft?«

Die Mutter: »Bei allem, was lebt, sollte man erst nach dem Wozu fragen. Denn das Warum kann keiner beantworten. Zum Wozu aber kann ich dir sagen: Wehen sind dazu da, daß neues Leben sein kann. Vielleicht ist alles Leiden auf der ganzen Welt wie Wehen. Sein Ziel ist neues Leben. Oder anders gesagt: Das Ziel dieses schmerzlichen Prozesses jetzt, aller Schmerzen jetzt, ist die unverbrüchliche Bewahrung aller einzelnen über den Schmerz des Todes hinweg, für immer und ewig.«

Wehen und neues Leben

Vom Sandsturm des Todes werden wir alle erfaßt. Leben ist die Ausnahme in einer Welt, in der ringsum nur Tod ist.

Oft wird Leben scheinbar besiegt. Doch wir können immer wieder bewundern, daß Gott dieses Geschenk mit großer Zähigkeit ausgestattet hat.

Tod ist dann aber die äußerste Bedrohung des Lebens. Doch auch in aller Bedrohung und an allen Grenzen begegnen wir wieder nur Gott, weil nicht wir die Herren sind und nur endlich. Im Tod begegnen wir keinen vordergründigen Grenzanlagen mehr, sondern Gott selbst. So ist der Tod die Begrenzung des Lebens allein durch Gott. Und er allein könnte diese Grenze aufheben, und das wäre Auferstehung.

Auferstehung könnte eben das sein: Daß Gott diese Grenze, das Leben, das er selbst geschenkt hat, am Ende doch ganz radikal und grenzenlos für uns will. Er setzt das Begonnene, die Gnade des Lebens inmitten aller Wüste, siegreich fort, weil er am Ende nicht wollen kann, daß die Grenze geschlossen bleibt. Denn Jesus von Nazareth hat die Aufhebung aller Grenzen verkündet.

Aller Schmerz der ganzen Welt ist immer nur der Schmerz vor etwas Neuem, aber am Ende ist der Schmerz des Todes der Schmerz vor dem Neuen überhaupt.

Aller Schmerz ist Leiden daran, daß wir nicht Gott sind, nicht wir, sondern er. Wir leiden an unserer Grenze.

Genau so leibhaftig aber, wie wir leiden und sterben, da wir sehr begrenzt sind, genau so leibhaftig werden jetzt schon die Grenzen aufgehoben, die zwischen Juden und Heiden, Mann und Frau, Weißen und Schwarzen, Reichen und Armen. So hat Gott begonnen, jede Grenze und am Ende auch den Tod, die Grenze zu ihm hin, aufzuheben. Weil er uns alle als seine Kinder liebt.

Ein Pfarrer hat mir erzählt, er habe vor einiger Zeit kurz nacheinander lange am Sterbebett einer alten Frau gesessen und dann am Wochenbett seiner eigenen Frau, um die Geburt seines Kindes mitzuerleben. Und beide Erfahrungen hätten sich ineinander geschoben, so daß er dann, als die alte Frau gestorben war, der Trauergemeinde von seinem Sitzen am Wochenbett erzählen konnte. Denn von daher habe sich auch das Sitzen am Sterbebett erschlossen. Denn er habe das Sterben als etwas Ähnliches erlebt, als schmerzvolle Anstrengung auf eine große, lösende Befreiung hin. Davon könnte auch Paulus ausgehen. Sterben kann man mit Wehen vergleichen.

Auferstehung und Wehen (8,22–23)

Ein rabbinischer Text: »In Sprüche 30,15-16 heißt es: Drei sind es, die nie satt bekommen, vier die sagen: nie genug! Das Totenreich, der unfruchtbare Mutterschoß, die Erde, die des Wassers niemals satt wird, das Feuer, das nie sagt: genug! – Wie kann man daraus die Auferstehung ableiten? Totenreich und Mutterschoß sind nebeneinander genannt. Das hat eine tiefere Bedeutung. So höre: Wenn schon der Mutterschoß mit Freuden empfängt und mit Schmerzen gebiert, um wieviel mehr wird da nicht die Erde, die mit Schmerzen empfängt, mit Freuden gebären!«

Verglichen werden Zeugung und Geburt mit Begräbnis und Auferstehung. In dieser Reihenfolge stehen sie jeweils nacheinander. Aber das Verhältnis zwischen ihnen ist umgekehrt. Im ersten Falle: Zeugung und Empfängnis geschehen mit Freuden und die Geburt mit Schmerzen. Umgekehrt ist es dann im zweiten Falle, bei Sterben und Auferstehung: Die Beerdigung erfolgt mit Trauer, aber das Wiederherauskommen aus der Erde bei der Auferstehung mit Jubel. In beiden Fällen wird ein Mensch von einem Behältnis empfangen, der diesen Ort später wieder verläßt. Und die Umstände von Empfangen und Verlassen sind jeweils gegensätzlich. Die Erde ist aber größer und umfassender als der Mutterschoß. Die Gegensätzlichkeit, die von der Erde gilt, also die bei Bestattung und Auferstehung, wird so sehr viel stärker sein als bei Empfängnis und Geburt. – Beim Mutterschoß weiß man um die Abfolge, bei der Auferstehung ist sie umgekehrt; gemeinsam ist das Aufbewahrtwerden für eine Zeit und daß es um elementares Leben dabei geht. Uralte Metaphern finden sich im rabbinischen Text wieder: die Analogie von Mutterschoß und Erde und die von Auferstehung und Geburt.
Die beiden Phasen von Empfängnis und Geburt bilden die Folie für den Auferstehungsglauben. Die kühne Umkehrung der Erfahrung von Freude und Schmerz steht für das Ganze des Vorgangs. Am Ende geht es um etwas Einfaches: um die Vertauschung der Abfolge von Freude und Schmerz.
Jüdisches Denken hat keine Scheu, den Schmerz der Gebärenden und die Freude bei der Empfängnis direkt mit dem Thema Auferstehung

zu verbinden. Der Charme des rabbinischen Textes besteht darin, daß die elementare Erfahrung von Freude und Schmerz bei der Entstehung des Lebens in Beziehung gesetzt wird zur Auferstehung als dem ersten Akt des neuen Lebens. Rabbinisches Denken offenbart hier nicht nur tiefe Weisheit im Verstehen elementarer menschlicher Vorgänge, sondern auch eine demütige Art von Gewitztheit: Wie wäre es, wenn genau dieses, was wir kennen, bei der Auferweckung, auf die wir nur hoffen können, einfach umgekehrt wäre und man sie sich auf diese Weise vorstellen könnte?

Hier wird nicht nach der physischen Beschaffenheit der Auferstehungsleiber gefragt, wie es neugierige christliche Apologeten später dann tun werden, sondern hier geht es um die Leibhaftigkeit von Lachen und Weinen, Freude und Schmerz. Sie sind Wegmarken unserer Existenz. Und solche elementarste Erfahrung darf und muß wohl in geistliches Denken eingebracht werden. Nicht anders wird man am Ende überhaupt religiöse Aussagen machen können. Und doch wird die Scheu vor dem Neuen ganz bewahrt: Es wird anders sein, denn der Unterschied von Trauer und Freude wird viel größer sein, und es geht um eine Umkehrung in der Reihenfolge. Und dennoch: Auferstehung wird keine theologische Doktrin, sondern sie liegt in der Reichweite von Lachen und Weinen, von Schmerz und Lust. Diese überaus menschlichen Erfahrungen werden hier ganz und gar ernstgenommen. Wie kann man Auferstehung besser plausibel machen als mit den Grunderfahrungen von Freude und Schmerz? Am Ende wird der Jubel bei der Auferstehung verglichen mit der Lust beim Empfangen eines Kindes. Aber wie sparsam und eigentlich unanstößig wird die Entsprechung von Orgasmus (oder ähnlicher sexueller Lustempfindung) mit dem Auferstehungsjubel gezeichnet.

Die religiöse Aussage der Rabbinen ist hier menschlich geblieben – und dennoch von großer Kühnheit.

Wir können Paulus mit seiner Rede von den Wehen vor der Auferstehung in diesem Kapitel besser verstehen, wenn wir die Denkweise des rabbinischen Judentums zu diesem Thema begreifen und in ihrer Weisheit erfassen.

Denn Auferstehung ist nicht irgendwie »abgehoben« von den leiblichen Erfahrungen jetzt. Vielmehr sind diese (Liebe, Geburt) schon Gestalten der Lebendigkeit Gottes. Und viel zu selten wird bedacht, daß das Hohelied Teil des Kanons der Bibel ist.

Schon verherrlicht (8,29f)

Diese wohl kühnste Aussage, die Paulus über uns Christen macht, daß wir nämlich schon verherrlicht sind, begründet er christologisch: Der Sohn ist zuerst, was wir werden sollen. Paulus selbst hat den auferstandenen Christus geschaut. Wir wissen über die Herrlichkeit des Sohnes etwas aus Mk 9,2–13 (Verklärungsgeschichte). Daher wird hier ausnahmsweise der – zweifellos nicht ungefährliche – Versuch unternommen, eine paulinische Aussage im ersten Schritt mit einer markinischen zu deuten. Dabei bleibt aber die Meditation zu Mk 9,2–13 in sich geschlossen, ohne paulinische Einträge. Erst wenn der Begriff Verherrlichung so mit Anschauung gefüllt ist (und darum geht es), wenden wir uns wieder Röm 8,29f zu.

Auch der Sohn war schon verherrlicht (zu Mk 9,2-13)

Wie eine Ikone ist dieser Text. Als ein fremder Block ragt er hinein in all die anderen, freundlichen, uns geläufigen Jesusgeschichten. Hier aber, in der Mitte des Evangeliums haben wir etwas, das wie ein Spiegelbild der Moseoffenbarung in der Wüste ist. Der Berg der Offenbarung, die Wolke, die Stimme, das Leuchten des Offenbarers, das Herabsteigen, das alles ist wie die Offenbarung am Sinai. Sogar Mose selbst kommt zu diesem Ereignis. Hier in der Bergeinsamkeit ist die Offenbarung selbst mit Händen greifbar, als Hereinbrechen von Licht und Wort, als Gleichzeitigwerden mit Mose und Elia. Die Zeit ist wie aufgehoben, Jesu Leib und Gewand sind physisch verändert. Zeichen einer Begegnung zwischen Gott und Menschen, die intensiver kaum sein kann. Ein Moment der äußersten Nähe zwischen Gott und Welt. Wie wenn sich beide für einen Augenblick berühren. Weit mehr als eine Ekstase: ein Punkt, an dem Gottes Stimme zu hören ist und die Nähe Gottes leibhaftig verwandelt. Durch nichts ist die Fremdheit dieser Erzählung zu beschönigen. Aber hier wird derselbe sichtbar, der auch die unerträgliche Kühnheit der Bergpredigt zu verantworten hat. Jesus ist nicht der sanfte Rabbi, sondern einer, der das Sohnsein gegenüber Gott in einer Offenbarung wie am Sinai erfährt. So reagieren die Jünger mit Schrecken und Unverstand.

Und auch die Konsequenz ist nicht gering: Nicht drei Offenbarungszelte stehen nebeneinander – wie die drei Ringe in Lesssings Fabel – so äußert sich nur der Unverstand des Petrus.

Vielmehr sagt die Stimme, daß allein Jesus der Sohn, allein er zu hören sei und kein anderer. Er hat die Gestalten, auf die man wartete, einen wiederkommenden Propheten wie Mose und einen wiederkommenden Elia wie in sich aufgenommen. In diesem neuen und letzten Geschehen auf dem Berg ist Gottes Offenbarung wie in einem Brennpunkt zusammengefaßt: nur er. Doch die Schrecklichkeit des Geschehens wird nur dadurch wie verwandelt, daß Jesus als der Sohn, als der geliebte Sohn bezeichnet wird. Gottes Berührung mit der Welt, die fast wie eine Katastrophe anfängt, mündet in die Aussage der Liebe. Der Schrecken des Sinai, das strenge Antlitz aller Gottesmänner wird zu der ekstatischen, alles andere vergessen machenden Aussage, daß Jesus geliebt sei und Sohn. Die Starre des Schreckens löst sich in die unfaßbare Begeisterung, daß Jesus gänzlich geliebt ist.

So ist der Kern, die Mitte des Evangeliums dies, daß er, ein Mensch, von Gott als Sohn ganz und gar wie der einzige Sohn geliebt wird. Darin wird die alte Offenbarung am Sinai nicht aufgehoben, sondern vollendet. In der letzten Tiefe ist dieser Gott einer, der liebt. Die Erfahrung dieser Liebe wird als ein Geschehen aufgefaßt, das alles Faßbare übersteigt. Denn Berg und Licht und Wolke, Verwandeltwerden und Himmelsstimme sind Zeichen, Hinweise auf diesen überwältigenden Kern der Botschaft. Die bizarre Landschaft des Berges, die Steinwüste wie am Sinai, die surreale Wolke, die Blitzhaftigkeit des Geschehens dienen nur der Erklärung süßester Liebe.

Aber diese äußeren Zeichen sind nicht belanglos. Es wird nicht einfach nur etwas gesagt. Jesus sagt nicht nur, daß er so etwas wie das Gefühl großer Nähe zu Gott habe. Sondern es geschieht etwas – von außen her und damit überwältigend. Freilich ereignet sich dieses in einem anderen Außen. Für biblisches Denken gibt es so etwas wie zwei Außen: das menschliche Herz, das menschliche Innere steht wie in der Mitte zwischen dem Raum, in dem Visionen möglich sind und in dem man Offenbarung hört, und dem Raum der sichtbaren Außenwelt. Beide Außen werden durch Sehen wahrgenommen und wirken auf das Innere des Menschen ein, können ihn verändern und stehen auch in Spannung zueinander. In beiden Außen ist der Mensch nicht für sich, sondern in Gemeinschaft. Auch das Außersichsein ist kein privater Zustand. Was der so Herausgerufene erfährt, gilt für alle. Daher heißt es, daß alle Jünger auf Jesus hören sollen.

Nur von außen her, nicht von uns selbst her, kann jegliche Angst und kann insbesondere die Angst vor dem Tod besiegt werden. Denn daß nicht nur der Mensch überhaupt, sondern daß insbesondere der von Gott Erwählte und Geliebte wider unser Erwarten leiden und sterben muß, das ist der zunächst unausgesprochene, dann aber doch offen gesagte Hintergrund dieser Erfahrung Jesu und seiner Jünger. Warum mußte Jesus, gerade er, und warum müssen so viele ungerecht sterben? Die Angst vor dem Leiden wird aufgehoben, indem Jesus jetzt zuvor so von Gott berührt wird. Dieses ist die Botschaft der surrealistischen Bilder, die vor uns aufgetürmt werden.

Doch es ist nicht privater Trost, der hier vermittelt wird. Sondern das Geschehen auf dem Berg ist wie ein neuer Bund, ein erneuertes Sinaigeschehen. Beim Abendmahl wird Jesus sagen, daß sein Tod das Zeichen dieses Bundes ist. Auch so also ist sein Tod diesem Geschehen zugehörig. Jesus wird verwandelt. In einem alten Text der Kirche zum Totengedächtnis heißt es: »Denn denen, die an dich glauben, Herr, wird das Leben nicht genommen, sondern verwandelt.« Der Tod ist nicht das Ende, sondern Beginn der Verwandlung. Auch Paulus kann die Auferstehung als Verwandlung bezeichnen. Doch hier ist Verwandlung vor dem Tod. Gerade weil Jesu Tod ab jetzt im Blick steht, wird Jesus hier verwandelt in Gottes Gestalt. Damit kein Tod ihm etwas anhaben kann. So ist er versiegelt und geschützt gegen den Tod.

Verwandlung, Wandlung, Änderung sind Schlagworte, Reizworte, Zauberworte für alle, die je unter Begrenztheit leiden, unter Krankheit, Not und Tod. Verwandlung und Wandel werden ersehnt. Das reicht vom Daphnemythos und dem von Philemon und Baucis bis hin zum »Wandel durch Anpassung«. In diesem Text geht es um die christliche Form des Mythos von der Verwandlung: Gott selbst kommt unvergleichlich nahe, dies ist sein neuer Bund: Er wagt Liebe zu uns. Und dies ist der wahre Traum: Seine Liebe ist stärker als jeder Tod. Gott selbst ist das Ziel jeglicher Verwandlung. Und dieses Ziel, er selbst, das Geheimnis aller Dinge, ist süßeste Liebe. So ist dann alle Veränderung nichts anderes als Durchsichtigwerden für diese Liebe. Jetzt schon leiblich verherrlicht zu sein bedeutet daher hier (wie dann auch in Röm 8,29f), daß die Schwelle des Todes zwar noch besteht, aber substanzlos wird.

Leibhaftiger Abstand von Gott

Nicht eine allgemeine, ferne, leere Angst, sondern meine eigene, meine faustdicken, stets unter den Teppich gekehrten Probleme meint Paulus. Und nicht irgendein Leiden, sondern das große Päckchen, das ein jeder selbst zu tragen hat. Wie wenn in den Ländern Südeuropas in der Karwoche selbst angesehene Leute wie ein Bankdirektor oder ein Bürgermeister ein leibhaftiges Holzkreuz auf den Rücken nehmen und eine lange Strecke tragen, ein hilfloser Gestus, um zu sagen: Was ich angerichtet habe und was ich zu tragen habe, das ist eins. Am Ende ist kein Unterschied mehr zwischen Schuld und Schwäche. Stöhnen vor Schmerz ist alles. Und die Kreuzträger sagen uns: Diese Erfahrung unserer Erbärmlichkeit im ganzen hat mit Gott zu tun und mit Jesus Christus und dem Evangelium. Alles das, was Paulus Leiden nennt, ist für ihn Anfrage an Gott.

Schwäche und Schuld und die Mauern zwischen Mensch und Mensch und zwischen Mensch und Gott – Abstand von Gottes Herrlichkeit sind sie. Nur wenn wir alles das, was negativ oder falsch ist, vor Gott bringen, es als die Frage nach Gott erkennen, nur dann könnten wir durch das Evangelium berührt werden.

Vielleicht sind alle Kreuze, die wir tragen müssen, wirklich wie Wehen. Die nicht für sich stehen, sondern nach denen etwas kommt wie nach der Karwoche der Ostersonntag. Und die Angst, die wir haben – sie ist auch Angst vor den Folgen dessen, was wir angerichtet haben. Damit aber ist es Angst vor Gott, denn er sorgt nach dem Verständnis der Bibel dafür, daß das Tun Folgen hat oder haben kann. Und offenbar erfährt Paulus diese Angst auch physisch, denn wenn er von Schwäche redet, ist es auch immer die seines Leibes. Seine Krankheit und seine Religion hängen zusammen. Die meisten Leiden sind leibseelisch. In der Tiefe geht es um Angst und Abstand vor dem Geheimnis dessen, den man den heiligen Gott nennt. Angst und Mauern und Abstand zugleich. Und: Verbohrtsein in die Feindschaft gegenüber dem Leben.

Wie kommt Paulus, der dieses so tief erfährt wie kaum einer vor ihm, wie kommt gerade er zu der Behauptung, es gebe Licht am Ende des Tunnels? Und nicht nur das: Gott hat uns schon verherrlicht, sagt er. Er hat uns berufen und gerecht gemacht und verherrlicht. Nicht nur Jesus, sondern uns hat er schon verherrlicht.

Es geht immer um das Ganze: Die Schwäche und das Leiden werden nur verständlich, wenn man sie auf den äußersten Sinn des Daseins bezieht, vergleichbar der Entdeckung des Fluchtpunktes, wodurch man mit einem Male perspektivisch zeichnen konnte. Und bei dieser umfassenden perspektivischen Betrachtung kommt der Leib in den Blick.

Herrlichkeit jetzt schon

Auch die Botschaft der Herrlichkeit wird so erfahren, wie wenn uns buchstäblich ein Stein vom Herzen fällt. Wie der Stein, der zu Ostern weggerollt war.

Deshalb sind wir schon verherrlicht, weil alle Angst, die uns krank machte, schon genommen ist. Weil das, was unser Herz wie ein Eisen umklammerte, abgesprungen ist. Denn derselbe Gott, dessen geheimnisvollen Abstand, dessen Übermacht und Vollkommenheit wir in unserer Schwäche erfahren, derselbe Gott hat durch das Kreuz Jesu Christi das erlösende Wort gesprochen. Durch ein schreckliches Zeichen, in dem er aber unseren Schrecken zu seinem eigenen gemacht hat. Das Kreuz konfrontiert uns mit Schuld, Not und Schwäche, und diese sind unsere eigenen. Aber der Mensch, der dort am Kreuz unsere Wirklichkeit zum Ausdruck bringt, legt sie gleichzeitig in Gottes Hand. Er läßt sich am Kreuz fallen – für uns und mit uns allen – in Gottes Hand. Das ist es, was befreit: sich getrost fallen lassen dürfen.

Indem Gott uns in unserer Schwäche geliebt hat, hat er uns befreit von allem, was Angst macht: von dem Abstand zu seiner eigenen Majestät, vom Tod, von aller Schwerfälligkeit unseres Tuns.

Er hat uns einen Stein vom Herzen genommen – denn er hat uns von Angst befreit. Er hat uns eine Hoffnung gegeben. Er hat uns gesagt, daß wir uns einfach an ihn wenden dürfen und ohne große Tieropfer. Daß wir schon die Begeisterung und Leichtigkeit zum Tun haben dürfen, bei der wir immer nur nach vorne blicken sollen, nicht rückwärts nach einem Bibelbuchstaben. Leichtigkeit von Leuten, die sich selbst leicht nehmen. Genau diese Leichtigkeit des Handelns meint die Bibel, wenn sie vom heiligen Geist spricht.

Herrlichkeit entspricht bei Paulus am ehesten der Freiheit und der Kindschaft. Und sie widerspricht dem Leiden, dem Tod, der Vergänglichkeit, der Knechtschaft.

Die Leibhaftigkeit der Befreiung

Gott hat uns schon verherrlicht: Das ist nach Paulus ganz leibhaftig
und leiblich zu verstehen. Denn weil wir uns fallen lassen dürfen, ist
die Angst uns genommen. Weil wir geliebt sind, bedeutet dies das Be-
rufensein zur Leichtigkeit des Tuns und nicht verzagtes Herumkreb-
sen. Am Kreuz ist die Angst besiegt, mit der Gabe des Geistes ist unsere Schüchternheit besiegt und unser Geizen mit uns selbst. Feindschaft, daß sich alles gegen uns zu richten schien, ist besiegt: Gott ist
am Ende nicht unser Feind, sondern unser Vater. Gott ist ein Name
für diese Erfahrung, daß uns am Ende ein Sieg geschenkt wird.
Die Worte des Paulus, daß Gott uns schon verherrlicht hat, sind nicht
hohl und ein Wortgeklingel. Herrlichkeit meint immer, daß Gott bis
in die letzten Spitzen unseres Leibes – und unseres Lebens im Alltag
hineinreicht.
Gott hat uns jetzt schon verherrlicht, weil das alles leibhaftig und in
Raum und Zeit passiert ist. Weil Jesus nicht nur etwas Schönes gesagt
hat, sondern dafür zu sterben bereit war. Weil die Apostel nicht nur
von Freiheit gesprochen haben, sondern den Geist Gottes als etwas erfuhren, was sie frei machte und Menschenunmögliches vollbringen
ließ. Weil die Bibel nicht nur ein Buch ist, sondern weil es immer wieder lebendige Zeugen gibt, die uns sagen: Ja, damit kann ich etwas anfangen, besser leben und besser sterben. Das alles kann uns bis in unseren Leib hinein befreien: Wir dürfen uns fallen lassen und, weil
Gott uns geliebt hat, auch uns selbst annehmen.
In 2 Kor 3,18 denkt sich Paulus diese Verherrlichung als fortschreiten-
den Prozeß. Aber Verherrlichung hat auch nach dieser Stelle schon
begonnen, und zwar, wenn wir 2 Kor 3,17 und 1 Kor 15,44f. 52 folgen,
so, daß wir durch den Geist Gottes, der in uns ist, Gottes Eigentum
sind. Durch seinen Geist aber macht uns Gott sich ähnlich. Auch hier
geht es daher um Vollendung der Schöpfung, nach der der Mensch
Gottes Bild sein sollte. Als Eigentum Gottes aber sind wir auch unsererseits verpflichtet, ihn zu verherrlichen (1 Kor 6,20). Gott nimmt
uns durch seinen Geist in Beschlag (in Besitz; wie bei Tempeln; gerade deshalb war nach Röm 9,4 »Herrlichkeit« schon immer Gabe an
Israel), und zugleich ist dieses der Geist der Verwandlung.
Verwandeltwerden ist auch im antiken Umkreis des Neuen Testaments der Traum der Menschen nach Unsterblichkeit; außerhalb der

Bibel aber werden Menschen zumeist in Pflanzen (Daphne in einen Lorbeerstrauch; Philemon und Baucis in Bäume) als der am weitesten entfernten Art von Leben und zurück in die göttliche Unberührtheit der Natur verwandelt. Das Neue Testament greift diese Mythen und Träume der Verwandlung auf. Wie alle Mythen, so werden auch diese nicht zerstört, aber in die Bindung an den einen Gott einbezogen, radikaler, verbindlicher und konkreter gedacht. Radikaler, denn als Verherrlichte werden wir von Gottes Art und wirklich seine Kinder. Verbindlicher, denn dieses wirkt sich aus in unserem Tun; konkreter, denn Jesus ist schon auferstanden, Erstling der Entschlafenen, und das dem genau entsprechende Angeld haben wir schon in uns.

Zur Besonderheit dieses Mythos gehört auch: Der Blick auf das in Raum und Zeit vor uns aufgerichtete Kreuz beschönigt nichts – daher ist das Kreuz das realistische Zeichen unserer Wirklichkeit. Gott befreit uns von Krampf und falscher Ordnungsliebe, vom Kreisen um uns selbst und von der Sorge nur um uns. Unsere Süchte, von denen wir wissen, daß sie uns zerstören, können unter der Perspektive dieser Sehnsucht gelöst werden, besiegt durch die freie, frische Luft eines Ja, das noch nie getrogen hat.

Erfahrung der Herrlichkeit Gottes

Herrlichkeit heißt: ein Hauch von Erleichterung wie nach einem Gewitter. Befreiung von der Angst, die am Ende immer Angst vor dem Tod ist. Weil uns so viele Zeugen sagen: So kann man leben. Man muß kein Heiliger, keine Heilige sein: Auch diese Angst brauchen wir nicht zu haben. Angst auch nicht vor dem Moralin der Kirche. Und vor saurem Puritanismus. Auch das wäre nur eine Angst vor Gott.

Sondern: klare Verhältnisse. Leider ist das Kreuz unsere Wirklichkeit. Das ist ganz eindeutig, und da ist nichts zu beschönigen. Aber auch eine klare Antwort: eine Liebe, die ganz tief durchdringt, ein Segen, der auch das Letzte verwandelt, ein Sieg über den Tod selbst.

Ich gebe zu, daß es ein mutiges und waghalsiges Bekenntnis ist. Aber ich setze darauf, weil es jetzt schon Befreiung, Hoffnung und Seligkeit ist. Und weil mir diese lieber sind als Süchte und Verkrampfungen. Ich glaube, daß Mut und Freiheit zusammengehören. Und genau das ist für mich: Erfahrung der Herrlichkeit Gottes.

Keine Angst mehr vor Verurteilungen (8,31–33)

Verurteilung und Rehabilitierung

»Vorbestraft . . ., einschlägig vor Gericht bekannt«, oder: »haftentlassen, Knastbruder a. D.«, oder auch: eine der Arten von Mord ist Rufmord. – Wir verknüpfen mit solchen Worten Assoziationen über die Stellung von Menschen in der Gesellschaft. Ich glaube, daß Paulus vor allem deshalb von Unheil und Heil wie von Prozeß- und Gerichtssachen spricht, weil er sehr sensibel für menschliches Miteinander ist. Er kennt die Spielregeln des Gegeneinanders und der Tiefschläge, er weiß, was gilt, und daher weiß er auch, wie man etwas gilt. Daher redet er so oft von Sich-Rühmen und von Ruhm. Paulus hat ein feines Gespür für soziale Ränge und Klassifikationen. Die »underdogs« mögen reich sein und gebildet – das hilft alles nichts, wenn sie kein soziales Ansehen haben. So etwas wie eine verzerrte »Rechtfertigung nicht aus Werken« begegnet bei uns leider oft auf der sozialen Ebene wieder; denn man kann tun, was man will, man bleibt »außen davor«. Und gerade Christen haben, ob bewußt oder unbewußt, die Lehre des Paulus häufig ganz in diesem Sinn aufgenommen, nicht gerade im guten Sinne. Damit soll hier nur angedeutet sein, daß die »Geltung« einer der Tragpfeiler paulinischer Theologie ist.

Aber Verurteilung ist natürlich die Katastrophe im sozialen Ansehen. Ist nicht unsere Hauptangst immer wieder die vor dem Urteil – vor dem anderer und dem eigenen? Verurteilung ist der Tiefpunkt im Rangsystem der Geltung, die Paulus so sensibel zu schätzen weiß. Auch als Jude weiß Paulus um das Ansehen von Juden in der Gesellschaft (1 Thess 2,15b). Nicht zuletzt als Jude weiß Paulus äußerst genau, wie es um jene unsichtbaren und subtilen Rangunterschiede im Miteinander bestellt ist. Vielleicht ist er gerade als Jude, ganz und gar erfahren in der Situation des antiken Antijudaismus, dazu in der Lage, das Spiel um den sozialen Stellenwert von außen, und damit um so genauer, zu betrachten.

Und von Gott gerechtgesprochen sein, das heißt: Gott hat uns gesellschaftsfähig gemacht. In unserem sozialen Ansehen sind wir durch

den höchsten denkbaren Gerichtsherrn voll und ganz wiederherge-
stellt. Er hat uns zu seinesgleichen (nämlich: zu seinen Kindern) gemacht. Er hat uns »zu Tisch gebeten«. Gegen diese soziale Tat Gottes
ist jedes andere Etabliertsein Makulatur geworden. Unsere Eingliede-
rung ist offiziell verfügt. Er hat uns gesellschaftsfähig gemacht. Und
das gilt, wenn man denn überhaupt sein Urteil annimmt.

Darauf zielt alle »Rechtfertigung«: Unsere Angst vor dem vernich-
tenden Urteil, vor dem Nicht-bestehen-Können im Miteinander ist ab
jetzt unbegründet.

Weil alles Unglück der Menschen vom Verurteilen kommt – gegenüber anderen und gegenüber sich selbst, deshalb hat der Gott Jesu
Christi seinen Entschluß verkündet, selbst auf eine Verurteilung zu
verzichten. Damit das Urteilen überhaupt überflüssig werde. Damit
niemand mehr berechtigt sei, dieses verheerende Tun anzuzetteln.

Feindesliebe Gottes

Das Thema dieses Abschnitts ist die Gefährdung des Heils. Denn
noch hat Gott nicht alles geschenkt, noch kann man den Anfang in Jesus Christus übersehen. Und es gibt genügend Mächte, die den Menschen nicht wohlgesonnen sind, zum Beispiel wir selbst. Paulus denkt
sicher auch an Engel und an den Satan dabei (vgl. dazu den Text zu
Röm 8,38). Vor allem aber Gott selbst könnte uns ja gefährlich werden. Denn wenn irgend jemand das Recht hätte, uns zu verurteilen,
dann er. Könnte er nicht das Selbstverständlichste tun, das jedermann
erwartet, nämlich unser Richter sein? Ist es nicht sein Recht, diese Zuwendung abzubrechen?

Doch sein richterliches Amt hat Gott schon und endgültig vollzogen,
indem er uns gerecht gesprochen hat. Und wenn er uns nicht mehr
verurteilen kann und will, dann kann es auch niemand anderes wagen. Denn er ist die letzte Instanz.

Paulus redet hier nicht direkt von unserer Rechtfertigung, er spricht
vielmehr von der alles entscheidenden Hingabe des Sohnes. Gott hat
den Sohn nicht geschont – zu unseren Gunsten. Er hat ihn ausgeliefert an unsere Grausamkeit. Und uns dieses in einem Akt der Feindesliebe als Stellvertretungsopfer Jesu Christi angerechnet. Wenn selbst
das möglich war, dann kann uns weiter nichts Schlimmes passieren.

Wenn Gott so zu unseren Gunsten sich selbst vergessen kann, dann dürfen wir uns in der Tat »Auserwählte« nennen. Wenn er uns nicht richtet deswegen, sondern uns vergibt daraufhin, dann ist in der Tat kein weiteres Gericht zu erwarten.

Immer wieder kommt Paulus darauf zu sprechen: Mit dieser Feindesliebe Gottes ist der entscheidende Heilsvorsprung des Neuen Bundes gegenüber dem Alten gewonnen. Damit sind alle Würfel gefallen. Der uns richten sollte (und wie erst angesichts dieser Tat!), ist zu dem geworden, der uns für immer Recht geben wird. Das ist die unbegreifliche Tat seines Erbarmens. Wer so etwas tut, wird nicht wieder umschwenken: Wer auf seinen Sohn ohne Vergeltung verzichtet, kann um so viel leichter auch auf das Richteramt verzichten.

Gott für uns

Gott ist für uns, und zwar endgültig. Und dieses wird stärker sein als jegliches mögliche Versagen unsererseits. Wir, die auf diese Weise Auserwählten, sind deswegen nicht bessere Menschen, aber uns geht und ergeht es besser. Denn daß Gott für uns ist, das ist ein Satz, der so direkt in unser Leben eingehen kann, wie Traubenzucker ins Blut. Das kann leicht zum hoffnungsvollen Vorzeichen unseres gesamten Tuns werden. Zum letzten und tiefsten Halt als einem Grundgefühl, das immer präsent ist. Zum Primat von Hoffnung und Dankbarkeit. Es bewirkt eine Gelassenheit, die nicht Trägheit ist und Resignation, sondern in der wir wissen, daß wir geborgen sind, was immer auch kommen mag. Wenn Gott für uns ist, müssen wir auch keine Angst mehr haben vor uns selbst, dem größten »Risiko« in dieser ganzen Veranstaltung. Denn er ist auch größer als unsere Unsicherheit.

An manchen Tagen meinen wir, daß »sich alles gegen uns verschworen hätte«. Und wie leicht hatte Paulus, der einsame, streitbare Einzelkämpfer, so etwas denken können. Vielleicht lag es ihm auch sehr nahe. Sein Glaube äußert sich aber gerade darin, daß er hier getröstet wird, denn Paulus hatte sie alle gegen sich, oder sie waren jedenfalls nicht auf seiner Seite: Juden, Heiden und sehr viele andere Christen. Und mit Anklagen gegen ihn wurde nicht gespart.

Paulus spricht von der Hingabe des Sohnes; aber in dessen Nachahmung hinein begibt auch er sich und gewinnt gerade so die Überzeugung, daß Gott ganz tief und bedingungslos für ihn ist. Daß Gott einen Pakt gegen Tod und Teufel mit ihm geschlossen hat angesichts Jesu Christi.

Wir kennen Gott so zumeist nicht; es ist ein spezielles Bild von Gott, das Paulus uns hier so verkündet. Die meisten kennen nur das Schweigen der Verlegenheit – im Gegenzug zu uns Theologen, die zuviel darüber reden. Oder sie sind sich sicher, daß sie den Gedanken an ein Gericht ablehnen würden, doch eher aus Protest gegen die Kirche als mit paulinischer Gesinnung. Dabei ist das, was Paulus hier vorschlägt, revolutionär genug: das Ende der Angst. Wenn das namenlose Geheimnis allen Seins kein unheimliches ist, kein abweisendes, wenn es vielmehr am Ende »für uns« ist, dann kann auch die äußerste Angst, die wir haben könnten, nicht mehr bestehen. Freilich ist diese letzte Geborgenheit nicht platte Gemütlichkeit. Denn Gott schickt auch weiterhin Leiden, begegnet uns im Tod als unsere Grenze und bleibt unergründlich – nur zu allerletzt, ganz sicher zu allerletzt geschieht uns nichts Böses. Denn Gott ist immer der je Größere.

Weder Engel noch Mächte (8,38)

Sagt mir doch nicht
Es gäbe keine Engel mehr
Wenn ihr die Liebe gekannt habt
Ihre rosigen Flügelspitzen
Ihre eherne Strenge
Marie Luise Kaschnitz

Bei den rosigen Flügelspitzen denke ich an den Widerschein der Sonne bei Auf- und Untergang auf den steinernen, bisweilen schneebedeckten Spitzen alpiner Bergketten, während das Tal noch im Nebelschleier der Dunkelheit liegt. Die Macht der Liebe wird als das Zarteste, als Widerschein des wärmenden, beglückenden Tages erfahren – und als das Strengste, das kein Wenn und Aber und keine Kompromisse zuläßt. In beiden Hinsichten geht es um Herrlichkeit – um das Strahlende fast überirdischen Jubels und um die Strenge der Verbindlichkeit. Nicht zufällig wird in der Antike die Liebe als göttliche Macht, als Gott erfahren.

Engel stellen die Herrlichkeit Gottes dar, oder anders gesagt: Die Erfahrung von Mächtigkeiten hat man hier wie Personen benannt. »Von guten Mächten wunderbar geborgen« – es geht um eine poetische, nicht um eine dogmatische Erfassung von Wirklichkeit. Sowie man an Engel glauben oder sie gar beweisen muß, ist es wie nichts. Solange man Erfahrung übermächtiger göttlicher Wirklichkeit so in Worten darstellt, ist das eine besondere Weise, Gottes Unfaßbarkeit zu erleben. Denn weil man das Geheimnis Gottes nicht wie in einem Punkt erfassen kann, sind die Engel wie ein Widerschein von Gottes Herrlichkeit und Abgründigkeit zugleich. Und daher spricht man von einer Vielzahl von Engeln, weil der Abglanz des wahren Lichtes endlos vielfältig sein kann. Vielleicht wird das unfaßbare Geheimnis Gottes besser gewahrt, wenn man daran denkt, daß dieses eine Geheimnis in einer Vielzahl von Mächten sich bricht. Was wir erfahren, ist am Ende nicht Gott selbst, sondern die Vielfalt und Widersprüchlichkeit von Mächten, die alle auf ihn weisen. Er hat vielfältige Diener – er selbst bleibt Geheimnis.

So sind die Engel überhaupt gar keine Konkurrenz zu Gott, wie wir es oft denken und deshalb die Engel »abschaffen«; offenbar können wir uns alles, was über eine isolierte Existenz hinausgeht, nur als Konkurrenz vorstellen, so bei Jesus und Johannes dem Täufer, so bei Jesus und den Heiligen. Unser modernes Konkurrenzdenken hat uns verdorben. Und so machen wir Gott zum alleinigen Bewohner des Himmels, nicht unähnlich einem modernen Einzelmieter. Und dabei verkennen wir sehr gründlich, was die Rede von den Engeln meint. Die Menschen der Antike nannten das »Epiphanie«: Aufscheinen der Hoheit und Herrlichkeit, Abglanz und Repräsentiertwerden in einem Ereignis oder an einem »Repräsentanten«. Engel stellen Gottes Herrlichkeit dar, und alle ihre Herrlichkeit zusammen ist schon unfaßbar, wie dann erst Gott selbst. Und so sind Engel nicht isoliert zu denken – sie sind Gottes »Diener«. Gott als das Geheimnis, das sie darstellen, liegt noch weit »dahinter« und »darüber«. Die antiken Menschen dachten, daß Gott selbst dann noch einmal wie hinter einem Vorhang sitzt, wie durch einen Vorhang von ihnen getrennt ist. Bis in den Kirchenbau der Ostkirche hinein (Abgrenzung des Altarraumes) hat sich diese Auffassung erhalten.

184

Gottes Liebe im Streit mit Gottes Herrlichkeit

In unserem Text stehen die Engel und Mächte für Gottes abweisende Hoheit. Sie wehren sich gegen menschliche Eindringlinge in den Hoheitsbereich Gottes. So wird die Niedrigkeit des Menschen angesichts der Herrlichkeit Gottes erfahren. Und es gibt viele jüdische Texte, nach denen der Widerstand der Engel gegen die Bevorzugung von Menschen durch Gott sich in förmlichen Protesten äußert. Die Engel sind »neidisch«, daß Gott sich mit den geringeren Menschen abgibt – ähnlich wie im Gleichnis vom verlorenen Sohn, wo der Vater sich dem verlorenen Sohn zuwendet. Aber mit alledem wird doch nur das Wunder der Zuwendung Gottes zu den Menschen überhaupt bedacht. Daß er sich trotz seiner übermächtigen Herrlichkeit mit den Menschen abgibt. Und so kommt es, daß nach jüdischem Denken die Engelmächte für die Wahrung von Gottes Standeswürde stehen, während das Erbarmen mit den Menschen Gottes allereigenste Initiative ist, hinter dem Vorhang seinen Ursprung hat. Und damit wird gesagt: Ist schon Gottes Herrlichkeit unfaßbar, so ist seine liebevolle Zuwendung zu uns Menschen erst recht das absolute Geheimnis, schier unfaßlich wie die letzte verborgene Hoheit Gottes selbst.

Wenn daher erzählt wird, die Engel würden von dieser Erwählung der Menschen abgeschnitten und ausgeschlossen (vgl. auch 1 Petr 1,12b), dann wird Gottes Hoheit gegen sein Erbarmen ausgespielt, dann wird das Wunder der Annahme des Menschen so dargestellt, als habe Gott seine eigene Hoheit und Herrlichkeit überlistet. Und das alles ist Ausdruck des Staunens über das schier Unmögliche, das unfaßbar Wunderbare.

Als der geheimnisvoll Verborgene handelt Gott gegen seine Herrlichkeit. Er ist frei. Die Starre der Rangordnung ist nur die eine Seite. Gott muß sich nicht daran halten; er wird so zum Positiven hin unberechenbar. Er überspringt seine Herrlichkeit. Schon das Judentum weiß: Es gibt noch mehr als Gottes Herrlichkeit, noch weitaus Faszinierenderes: seine grundlose, unvernünftige Liebe. Herrlichkeit ist Ordnung; aber, wo Gott liebt und erwählt, wird die Ordnung durchbrochen durch Gottes freie, unverstehbare Tat.

Was bei uns allzu leicht und längst gängige, abgegriffene Münze ist, daß Gott eben »die Liebe« sei, ist in Wirklichkeit das unvorstellbare Wunder. Was wir gewohnheitsmäßig und oberflächlich, seit langem ohne Staunen konsumieren, beruht eigentlich auf der Ahnung von einer schlechthin unvernünftigen, verrückten Tat Gottes, stellt grundsätzlich das in Frage, was normal und erwartbar wäre: daß der mächtige Gott der hoheitsvolle und unnahbare ist; daß Macht dazu da ist, ausgespielt zu werden, zu beherrschen und je nach Laune zu vernichten. Hier dagegen ist verkehrte Welt, Gott springt, wenn es das geben könnte, über seinen eigenen Schatten. Die Hoheit begibt sich ihrer selbst und wird zur zärtlichsten Liebe. Sie bleibt auch darin streng, wie Liebe streng ist. Aber angesichts Jesu Christi ahnen Menschen, daß es vielleicht ganz anders ist mit der Herrlichkeit Gottes: Das Erschrecken vor Gottes Schöpfermacht und vor der menschlichen Grenze wird umgekehrt, wird abgelöst durch die im wahrsten Sinne des Wortes faszinierende Zuwendung.

Die Ahnung, daß das Geheimnis des Seins am Ende dieses schlechthin Wunderbare will, bedeutet seitdem etwas für jede Macht auf Erden. Noch immer erfahren wir Macht täglich als schrecklich und bedrohlich, Macht in der Hand von Menschen und Macht als Krankheit und Tod. Aber die Revolution ist schon längst eingeleitet. Die einzige wirkliche Revolution. Gott liebt in Kontrast zur Ordnung der Hoheit; dabei ist indes die Ordnung vorausgesetzt, da sonst diese Liebe gar nicht erkennbar ist. Engel, Throne und Gewalten – so ist Gottes Hoheit. Gott »ist« nun aber nicht etwa beides zugleich, hoheitsvoll und erbarmend. Gott ist nicht »einfach« in diesem Sinne. Sondern er ist absolute Herrlichkeit, und das andere ist die Ausnahmesituation, ist die reine Überraschung und ein Auf-den-Kopf-Stellen aller nur möglichen Erwartung, und zwar in Raum und Zeit, nicht in allgemeiner Streuung. Denn Gott hat etwas angestellt, das unseren Vorstellungen von dem, was sich für einen Gott gehört, entgegensteht. Und wenn Gott uns Sünder gerecht spricht, dann ist eben das geschehen.

Wir wären glücklicher, wenn an die Stelle unseres üblichen gelangweilten Unglaubens das ungläubige Staunen über diese unglaubliche Tat Gottes träte.

Der Tod und Gottes Herrlichkeit

Als erstes nennt Paulus in Röm 8,38 den Tod. Und in der Tat stellt das Judentum sich auch den Tod als leuchtenden, herrlichen Engel vor.

186

Das ist bemerkenswert: Auch der Tod ist nichts und niemand anderes als ein Repräsentant der Herrlichkeit Gottes. Auf seine Herrlichkeit stoßen wir im Tod, indem wir angesichts ihrer gleichzeitig die Konsequenz unserer Schwäche erleben. Im Tod erfahren wir Gottes Herrlichkeit. An keiner anderen Grenze wird sie in ihrer unerbittlichen Strenge so deutlich. So ist der Tod zwar grausam, aber erhaben.

Der Tod ist nichts Düsteres, sondern Berührung mit Gottes Herrlichkeit, mit ihm als dem verzehrenden Feuer.

Wenn aber jetzt der Tod uns nicht mehr von Gott trennen kann, dann hat er in ihm den letzten und energischsten Repräsentanten seiner Herrlichkeit ausgeschaltet. Dann hat Gott die letzte Grenze zu sich aufgehoben. Denn diese letzte Grenze ist: Wir sind sterblich, er ist lebendig. Wenn Gott diese Grenze aufhebt, hat er uns vergottet. Dann wird »hinter« Gottes Herrlichkeit auch im Tod noch das weitaus größere Geheimnis seiner lebenspendenden Liebe sichtbar.

Brüder als Ärgernis (9,1–5)

Die Universalität des Heils ist eine Zumutung

Wir tun immer so, als sei Gottes universaler Heilswille etwas Schönes und Angenehmes. Das war es für die jeweils »anderen« Betroffenen keineswegs. Die Geschichte des Bruderhasses zwischen Juden und Christen hat gezeigt, daß Gottes universaler Heilsplan eine der größten Zumutungen an die Menschen war. Mit blutigem Ausgang zu allen Zeiten.

Zumeist sehen wir überhaupt nur die Oberfläche: daß es schön ist, wenn alle Menschen gewollt sind und alle von Gott bedacht werden. Daß es gut ist, wenn keiner ausgenommen ist, weil so am ehesten Frieden möglich sei. Das ist eine Utopie und auch ein Stück aufklärerischer bürgerlicher Religion, die man schon bei Lessing in der Ringparabel findet. Doch die Wirklichkeit war und ist anders.

Sodann meinen wir fast immer, es sei eine Zumutung für Israel gewesen, die bedingungslose Hinzunahme der Heiden zu ertragen. Daß das für Juden nicht leicht zu begreifen und zu ertragen war, zeigen die in der Apostelgeschichte berichteten Streitigkeiten, bei denen öfter Juden die Christen bei der Obrigkeit anschwärzten. Welche Trauer aber die Entstehung des Christentums und seine Lösung vom Judentum (abgesehen von den Verfolgungen im Namen dieser Religion) für sie bedeutet hat, das kann man nur zu ermessen versuchen.

Der Text in Röm 9,1-5 ist zunächst vom Juden Paulus angesichts nichtchristlicher Juden formuliert worden. Aber wenn wir ihn als Heidenchristen lesen, gibt es zu den eben genannten Sichtweisen von Gottes Universalismus noch eine dritte, und da sind wir gemeint.

Denn hier geht es einmal nicht darum, daß Juden uns Heidenchristen neben sich ertragen müssen, sondern nach diesem Text müssen wir Heidenchristen Entscheidendes bei Israel, und zwar bei dem nichtchristlichen Israel lassen. Wir müssen es mit ansehen, daß keineswegs geringe Güter wie die Kindschaft gegenüber Gott, wie Gottes Herrlichkeit am Sinai und im Tempel, die Bundesschlüsse, das Gesetz, die Väter, die Verheißungen und vor allem Jesus selbst als Mensch – daß alles dieses unwiderruflich bei ihnen geblieben ist und bleibt.

Uns wird hier eine neue Form von Gottes Universalismus abverlangt: den Juden, die doch nicht an Christus glaubten und glauben, gleichwohl Entscheidendes zu lassen und neidlos zu gönnen. Und Paulus wagt es, Gott für diese Zweigleisigkeit in 9,5b zu loben.

Das geht uns zweifellos gegen den Strich, und zwar nicht zuletzt deshalb, weil wir doch gerade in unserer Religion von ganzem Herzen glauben sollen und dürfen. Und bedeutet Glauben nicht ein in bestimmter Hinsicht einliniges Denken, verknüpft mit dem freudigen Bewußtsein des Geliebt- und Erwähltseins? Wenn Christentum ungeteilte Hingabe fordert – wie kann Gott durch diese Zweigleisigkeit unsere Identität gerade dort bedrohen, wo er sie doch fordert und wo sie zum Handeln nötig ist? Hatte Paulus nicht gerade in den Kapiteln 5–8 dieses Briefes die liebevolle Zuwendung Gottes zu uns, seinen Auserwählten, gelobt und betont?

Und jetzt werden wir damit konfrontiert, daß Gott zweigleisig fährt, daß gerade und ausgerechnet »die Juden«, die nicht an Christus glauben, Entscheidendes behalten und nicht enterbt werden.

Es ist nicht nur »Toleranz«, zu der wir aufgefordert werden, denn Toleranz betrifft immer nur Fernstehende. Es geht um Brüder aus der gleichen Familie. Das ist das Ärgernis. Wir werden zu einer Form von Brüderlichkeit angehalten, die in der bisherigen Religionsgeschichte des Judentums unbekannt war: dem, der nicht glaubt, der aber Abrahams Kind ist, gleichwohl sein Recht zu lassen.

Ist nicht unser religiöser Antijudaismus in der eigenartigen Konstellation dieser Bruderschaft begründet? Daß wir es einfach nicht ertragen, daß Entscheidendes uns nicht gehört. Und das ist gegen unser Herz, gegen den notwendigen Vereinnahmungscharakter unserer und jeder Religion. Unsere religiöse Identität ist »angeknackst«, denn wir sind nicht allein; Israel, unser Bruder, ein Bruder, der auf eine uns störende Weise anders ist, gehört zu dem gleichen Vaterhaus.

Besonders uns Deutsche stört alles, was anders ist. Offenbar, weil wir uns selbst nicht so ganz sicher sind; wir möchten die Irritation ausschalten. Israel aber irritiert uns schon deshalb, weil wir Christen sind, aber eben sehr unsicher, und dann noch einmal, weil wir Deutsche sind, aber eben noch unsicherer. Paulus hatte nun allerdings im Römerbrief bisher nichts anderes getan, als die Identität des christlichen Weges zu begründen. Erst nachdem er dieses so gründlich getan hat, rückt er nun mit der Sprache heraus. Anders als Religionen sonst kann christlicher Glaube nicht einfach Identität verstärken. Sondern: Wie Gott in der Liebe zu uns Sündern buchstäblich über den eigenen Schatten gesprungen ist, so ähnlich müssen auch wir über unseren eigenen Schatten springen und darauf verzichten, allein geliebt zu werden. Wir haben nicht alles. Es gibt nicht nur Gott und uns. Gottes Liebe ist je größer und weiter.

Gottes Universalismus äußert sich nach Röm 9,1-5 darin, daß er Israel neben uns Heidenchristen bestehen läßt. Und dieses gerade im Zeichen eschatologischer Wahrheit. Die Geschichte unserer Verbrechen an Juden zeigt, daß dieses ein ungeheuerliches Ärgernis ist. Es ging nicht anders; Gott kommt zu allen Menschen nur so, daß er dabei an Israel festhält. Das Gotteslob von Röm 9,5b wird Paulus am Ende in 11,33–36 verstärkt wiederholen.

Christus dem Fleische nach

Daß Jesus Jude aus dem Stamm Davids war, ist das Ärgernis nicht nur für die Nationalsozialisten und die Deutschen Christen, sondern für viele religiös interessierte Rassisten zuvor gewesen. Aber nicht nur das ist ärgerlich, sondern alles Konkrete überhaupt.

Denn das eigentlich »Jüdische« am Christentum ist, daß es dabei nicht um schöne, freundliche, unverbindliche Ideen geht, sondern um sehr alltägliche und sehr konkrete Verbindlichkeiten. Wir können es bei jeder Liebe beobachten: Liebe gibt es nur als Konkretion, als die vielen kleinen Mosaiksteine, wovon jeder einzelne mehr oder weniger unscheinbar ist. Gott und Teufel streiten sich ums Detail.

Nur in unseren vielen kleinen Handlungen sind wir auch fehlbar, nicht in unseren hehren Absichten und Ideen. Sich zum konkreten Handeln zu bekennen, sehr buchstäbliche Verbindlichkeiten einzugehen bedeutet auch den Mut, fehlbar zu sein und nicht unfehlbar. Bloße Ideen sind stets unfehlbar. Für Konkretionen dagegen gibt es nie eine Patentregel, sie zwingen zur Anstrengung, immer neue Lösungen zu suchen. Wer diesen Weg wählt, kann das Neue Testament nicht als Gebrauchsanweisung lesen, sondern nur als Gleichnis.

Der »Christus dem Fleische nach« – das ist Jesus als Jude in Raum und Zeit, mit zeitbedingten Anschauungen und Verhaltensweisen. Als wirklicher Mensch und nicht als Phantom. Die Geschichte der Jesusbücher zeigt, in welch hohem Maße sich alle immer wieder Jesus so zurechtmachen, wie sie ihn gerne hätten. Auch wir hätten gerne einen Jesus, der gerade so modern, sozial, progressiv, feministisch und aufgeklärt gesonnen war, wie wir es von uns glauben. Aber wenn man wirklich alles zusammennimmt, was zum Beispiel die Evangelien von »Christus dem Fleische nach« berichten, dann ergibt sich keineswegs ein einheitliches, sondern ein durchaus widersprüchliches Bild. Nur mit Gewalt kann man ein einheitliches Bild daraus machen. Und nur mit noch größerer Gewalt eines, das unseren Idealen ganz entspricht. Schon daß Jesus die Nächte hindurch betet, könnten wir ehrlicherweise nicht verstehen, erst recht nicht seine Vorstellungen vom notwendigen Verwandtenhaß oder von der von innen her entspringenden Reinheit. Auch Jesu Radikalität preisen wir lautstark, aber das wohl mehr aus Heuchelei. Zum Beispiel: Eunuchen um des Himmelreiches willen. Eine gute Regel scheint zu sein, daß man das Netz des Verstehens zwischen den äußersten Eckpfosten spannt, zwischen den scheinbar oder wirklich gegensätzlichsten Aussagen. Und wenn man das versucht, kann man sich immer wieder nur wundern. Denn es gibt da kaum allgemeine Ideen, die jedem Recht geben und in denen sich jeder wiedererkennen kann. Sondern die Faszination, die Jesus auf seine Zeitgenossen und Jünger ausgeübt hat, geschieht in, mit und unter sehr direkten, sehr paradoxen und für alle Jahrhunderte in gleicher Weise rätselhaften Worten und Taten. So ist der »Christus dem Fleische nach« alles andere als der Repräsentant einer allgemeinen Humanitätsidee, die man auch anderswo haben kann. Er ist ein ganz und gar jüdischer Messias für die Juden seiner Zeit. Jeder Versuch, ihn auf Schritt und Tritt vom Judentum zu isolieren, ist wohlgemeint apologetisch, aber verfehlt. Die Wirkung Jesu, in deren Bann wir alle stehen, ist für alle Zeiten nicht davon zu trennen, daß der Gott Israels sein Vater ist. Nur »darin«, nicht aber »dagegen« kann man ihn zu verstehen versuchen. Von Jesus geht ein Wirkungsimpuls bis in unsere Tage hinein aus, weil, und nicht: obwohl der Gott Israels sein Vater ist.

Wenn wir uns als Christen bekennen, dann deshalb, weil uns ein von Menschen vermittelter Impuls erreicht, der am Ende auf Jesus zurückgeht. Daß uns an seiner Botschaft etwas einleuchtet, das ist immer nur möglich im Widerstreit von Wiedererkennen und Kritisiertwerden, Weitergebrachtwerden. Alles dieses gehört dazu. Die beiden letztgenannten Größen sind nach meiner Erfahrung wichtiger als die ersten. Deshalb steht der »Christus dem Fleische nach« in seiner Rätselhaftigkeit und Unvereinnahmbarkeit für die Absicht, die nach allem, was wir ahnen, wohl Gottes Absicht ist, daß wir nicht in falscher Ruhe und Langeweile verhungern.

Schmalspur (9,6–13)

Warum gerade der?

Gott und die allgemeine Menschheit – das ist für biblisches Denken alles andere als eine ausgemachte Sache. Für Paulus stellt sich Gottes Handeln an Menschen hier eher so dar, daß der Kreis derer, die Gott liebt und erwählt, immer nur eine Auswahl aus einer größeren Menge ist. Nur Isaak und nicht andere Kinder Abrahams, nur Jakob und nicht Esau, nur die Judenchristen jetzt und nicht die Juden allgemein sind die jeweils bevorzugten Partner Gottes. Zu keinem Zeitpunkt sind es alle, von denen man es sich hätte denken können. Gottes Weg mit Menschen ist so immer auf einer Schmalspur verlaufen. Und man könnte hinzufügen: Nur Abraham und nicht der Rest der Menschen, nur Jesus Christus und niemand anders in Israel war Partner Gottes.

Die Schmalspur in Gottes Handeln bezieht sich nicht nur auf die jeweils bevorzugten Personen, wir finden dieselbe Eigenheit auch im messianischen Handeln Jesu: Den wenigen, die er heilt, erspart er doch das Sterben nicht, sein Handeln bleibt Stückwerk. Auch der Messias folgt daher dem Gesetz der schmalen Spur.

Und doch will Gott gerade in diesem Handeln erkannt und anerkannt werden. Denn es geht ja nicht nur um ein Handeln, das nur wenige betrifft und Stückwerk bleibt. Vor allem wird für dieses Handeln der Anspruch erhoben, es sei das allein und für alle maßgebliche. Denn wo Gott handelt, geht es immer um Endgültiges mit bleibendem Anspruch. Ist er doch der einzige Gott, und außer ihm gibt es keinen.

Uns Christen ist das Problem von Jesus Christus und vom Neuen Testament her bekannt: Er ist nicht nur »der Erwählte« und der Messias Israels, sondern auch der »Erlöser der Welt«. Er ist »der Weg, die Wahrheit und das Leben«, und es ist ganz selbstverständlich, daß dieser Anspruch von keinem je geteilt werden könnte. Das heißt: Man wird die Anstößigkeit des Glaubens an Jesus als den einzigen Weg zu Gott nicht begreifen, wenn man nicht zuvor auch die Anstößigkeit der Erwählung Israels, Isaaks und Jakobs begriffen hat. Immer geht es dabei um dieselbe Handschrift Gottes. Er erwählt immer nur wenige oder einen einzelnen.

Und der für diesen einzelnen dann jeweils erhobene Anspruch bringt mit Sicherheit stets Proteste mit sich. In allen diesen Protesten aber wiederholt und steigert sich der eine Protest dagegen, daß es nur einen Gott geben solle. Und eigentlich wird die Einzigkeit Gottes auch erst dann eine heikle, herausfordernde Sache, wenn er nicht über allen Wolken thronend, sondern als der einzige durch einen einzigen Erwählten Handelnde, dargestellt wird. Dann erst fragen die anderen: Warum nicht wir, warum gerade der?

Das Problem kennen wir vom Neuen Testament her: Warum gerade Jesus von Nazareth, geboren und schändlich hingerichtet in einem entlegenen Winkel der antiken Welt. Warum gerade er?

Der einzige Gott hat einen Willen

Und die Antwort ist immer dieselbe: Der Gott Israels ist nicht nur theoretisch der einzige, sondern er hat auch einen Willen. So und nicht anders erfährt man diesen Gott. Und er wollte es eben so und nicht anders. Aber er hat eine Handschrift, einen bestimmten »Charakter«, und den versucht Paulus aufzuspüren. Und dieser Charakter ist: Gott handelt immer auf dem Weg über die Erwählung einzelner im Gegensatz zu anderen. Im Unterschied zu anderen Göttern, die man ja auch gegeneinander ausspielen konnte, hat dieser Gott auch ein festes Ziel, nämlich alle Menschen zu seinen Kindern zu machen, da er der Schöpfer aller ist. Aber dieses Ziel erreicht er nur auf dem Weg über die Partikularität, über die wenigen Erwählten.

Paulus verdeutlicht sich mit diesen Mitteln, warum in seiner Gegenwart nur wenige Juden Christen wurden, der Rest aber nicht. Und er wird später zeigen, daß dieses nicht nur Gottes Handschrift ist, sondern auch zu dem universalen Ziel führt, daß Gott sich aller erbarmt. Vielleicht handelt Gott auch jetzt so. Daher gibt es als Gottes Spur nur die Kirche und nicht die allgemeine Menschheit, und in der Kirche nur wenige und die meisten nicht. In den Evangelien wird in diesem Zusammenhang vom »Sauerteig« gesprochen.

Es liegt nahe, bei solchen Gedankengängen an das Prinzip der faulen Entschuldigung zu denken: Das Christentum war eben nur für wenige Juden attraktiv, und christliche Botschaft ist heute nicht oder nicht mehr allgemein angenommen, weil es der Kirche an Glaubwürdigkeit mangelt. Muß man das »mystisch« zu erklären versuchen?

Paulus würde darauf vielleicht antworten: Das menschliche Versagen und die menschliche Bosheit seien unbestritten. Aber Gott ist der Herr aller Geschichte, und er ist zweifellos größer und mächtiger als unser negatives Tun. Er kommt auch durch dieses Tun hindurch und vielleicht gerade so zu seinem Ziel. – In Röm 9,11 betont Paulus überdies, daß Gott auch ohne gutes oder böses Tun der Menschen seine Erwählung beschließt. Und: Gott ist nicht im Allgemeinen, sondern im Konkreten. Das einzelne sichtbare Zeichen in der Geschichte ist notwendig und unüberholbar. Daher wird der Gott Israels zumeist nicht »in der Natur«, sondern in der Geschichte erfahren: weil er auch von uns will, daß wir seinen Willen in den konkreten Aufgaben der Geschichte erfüllen.

Unausweichlichkeit

Der Gott Israels scheint, wenn man das Bild gebrauchen darf, geradezu eine Furcht vor dem Allgemeinen zu haben, vor dem Nebulösen und Undefinierbaren. Dieser Gott will sich festlegen, will verbindlich und nicht unverbindlich sein. Das wirkt er durch Erwählen. – So geht es immer um das »Hier und Jetzt«. Das gilt von Gottes Handeln wie von dem, was er von uns fordert. Die Unausweichlichkeit dieses Anspruchs macht die Sache so mühselig. Wir haben dann keinen Raum, uns zu entschuldigen. Und daher empfinden wir diesen Anspruch als anstößig. Denn das sind immer zwei Seiten derselben Sache: das Erste Gebot mit Gottes Anspruch für sich selbst und die Verpflichtung zu einem engagierten Handeln in der Endlichkeit jeder Situation.

Unser modernes Denken ist davon sehr weit entfernt. Denn wir haben keinen Sinn mehr für Alleinvertretungsansprüche. Wir sind gebrannte Kinder durch Kirchen, die verbindlich forderten, aber dabei an ihre Macht dachten. Und wir sehen nicht ein, warum Gott nicht auch in anderen Religionen wirken könnte; vor allem können wir nicht verstehen, wieso nicht alle in den Himmel kommen sollen. Und ist nicht der Pluralismus der Demokratien durch prophetisch-verbindliche Elemente eher nur gefährdet? Und: Die moderne Sehnsucht nach Mythen ist die nach der Unverbindlichkeit, der Wunsch, unter vielen Göttern statt unter einem einzigen zu leben, angeblich um dem Dogmatismus des einen Gottes zu entgehen. – Jedoch sollte man dieses spätbürgerlich-aufklärerische Weltbild durchaus in Frage stellen lassen durch die »Intoleranz« jüdischer und neutestamentlicher Aussagen. Den Sinn für konkrete geschichtliche (und auch politische) Verantwortung haben gerade die Evangelischen in Deutschland erst seit rund einhundert Jahren mühsam lernen müssen. Und eine klare Orientierung ist nicht mit autoritärem Gehabe und Intoleranz zu verwechseln; glaubwürdige Darstellung der Dinge, die man selbst für verbindlich hält, ist noch etwas anderes als zwangsweises Missionieren. Und am Ende überträgt sich die Leidenschaft für die Sache. Sie ist etwas anderes als persönlicher Machttrieb oder als das Gehabe von Ayatollahs. Korrektiv für uns ist: Der Gott Israels steht nicht für die allgemeine Menschheits- und Fernstenliebe, sondern für das Ja zu begrenzter Endlichkeit. Und das ist ein Segen für uns, denn nur so kommen wir auch bei ihm »vor«, jeder und jede einzelne.

Ist etwa Ungerechtigkeit bei Gott? (9,14–22)

Herr, wieder muß ich es sagen: Ich finde es ungerecht, wie du mit Menschen umgehst. Da ist von Gleichbehandlung oder auch nur von Verhältnismäßigkeit keine Spur.

Vielleicht bilden wir uns auch nur ein, daß du so gerecht sein müßtest, wie wir uns das vorstellen. Aber damit wird das Problem nicht gelöst. Denn die Frage lautet zumindest: Wie können Paulus und die Schrift des Alten Testaments so über dich denken?

Ungerecht ist nicht nur, daß du die einen grundlos liebst (das könnte man noch verstehen), viel schlimmer ist, daß du andere ebenso grundlos haßt. Ich finde es ungerecht, daß du angesichts dessen von uns strikte Gleichbehandlung und -achtung aller Menschen forderst. Während du selbst es dir leistest, die einen zu erwählen, die anderen zu verstocken.

Ich finde es nicht nur ungerecht, sondern auch für die betreffenden entwürdigend, wie du Menschen nur als Instrumente benutzt, als Werkzeuge deiner Pläne. Du nimmst sie und legst sie weg, ohne dich um ihr Heil oder Unheil zu kümmern. Offenbar sind die, die du jetzt verstockt hast, gnadenlos dem Untergang geweiht. Niemand weiß, was aus denen wird, die du einfach zu Gefäßen des Zornes bereitet hast.

Und wir erhalten die Auskunft, du habest sie eben als Gefäße des Zornes bereitet. Und weiter sind sie nicht interessant. Sie dienen deinen Zwecken und haben damit ausgedient. Uns dagegen lehrt gerade das Christentum, einen Menschen niemals nur zum Zweck zu gebrauchen. Und du tust es; nach der Meinung des Paulus wird das ungläubige Israel der Gegenwart regelrecht »verschlissen« auf dem Weg zur Erlösung aller.

Herr, wie kann es sein, daß du so mit Menschen wie mit Spielbällen umgehst? Daß sie nur deinen Zwecken dienen müssen? Ist es so wie in orientalischen Ländern, in denen das Menschenleben nicht viel wert ist? Aber wie kann ich mich dann auf dich verlassen? Und das kommt noch hinzu: Dann tadelst und richtest du die Menschen auch noch. Dann werden sie auch noch zur Verantwortung gezogen.

Muß ich denken, daß du hart und tyrannisch bist? Daß du Menschen verbrauchst? Daß die einzelnen keine Rolle spielen?

Denn so bekomme ich es hier auch gesagt: Ich sei wie Ton in der Hand des Töpfers. Darf etwa das Tongefäß dem Töpfer sagen: Warum hast du mich gerade so gemacht? Das bezieht sich auf die Gefäße des Zorns, die die nicht-glaubenden Juden jetzt sind. Und die Antwort liegt auf der Hand: Nein, das Tongefäß hat kein Recht, so zu fragen. Denn es ist entweder so oder so gemacht, ist Gefäß des Erbarmens oder Gefäß des Zorns wie der Pharao, den du einfach verstockt hast, um an ihm deine Macht zu zeigen. Denn wie du gerade willst, so erbarmst du dich oder beschließt die Verhärtung. Es gibt kein »Recht« und keine Berufungsinstanz, es gibt nur deinen Willen.

Aber ist nicht unsere Erfahrung auch wirklich so? Spüren wir nicht, seitdem die großen Massenbewegungen Geschichte gestalten, ungleich stärker als je zuvor, daß wir wie »geworfen« sind? Und ist nicht gerade auch Glauben oder Nicht-Glauben oft eine Sache des Milieus, der Biographie und der Erziehung? Gilt der Ausspruch des großen Theologen Karl Rahner nicht auch für andere, daß, wäre er nicht als Kleinkind getaufter Christ gewesen, ihn wohl nichts bewegt hätte, Christ zu werden? – Und erleben wir nicht auch, daß halbe Völker im Kampf um die Freiheit aufgerieben werden? – Und finden wir uns nicht weitgehend einfach vor – mit unseren Eigenschaften und Neigungen, Erbanlagen und Wünschen? Sind wir nicht in der Tat Demonstrationsobjekte der Macht dessen, der uns hier so hingestellt hat?

Noch immer erleben wir unsere Welt und unser Geschick ähnlich wie Paulus: In jedem Falle ist das, was ein einzelner ändern kann, wenig. Wir müssen bescheiden werden. Vielleicht ist es nötig, daß unsere Abhängigkeit von dir einmal so klar beschrieben wird mit dem Bild von Töpfer und Tongefäß. Denn du bist der Herr, auch über jeden von uns. Du hast uns so gemacht, wie wir sind. Jeder einzelne ist Gefäß aus deiner Hand.

Herr, der einzige Trost in dieser bleiernen Situation scheint mir zu sein, daß nicht ein blindes und taubes Geschick, nicht ein böser Dämon uns hierher gesetzt haben, sondern du, der lebendige Gott, mit dem ich reden kann, vor dem ich darüber klagen kann. Dann aber kann das Bild vom Tongefäß aus der Hand des Töpfers noch einmal einen neuen Sinn bekommen. Wir kommen aus deiner Hand, nicht aus einer Maschine. Wir können mit dir reden, und weil du keine Maschine bist, gibt es auch die Chance des Erbarmens. Das ganze Unternehmen der Offenbarung des Alten wie des Neuen Testaments hat doch nur den einen Sinn, gegenüber der gar nicht geleugneten Erfahrung der düsteren Seite deiner Macht eine Ahnung davon zu geben, daß das Ende Erbarmen sein wird. Nur weil du der Herr bist, hast du auch die Freiheit, dich zu erbarmen. Und auch Paulus, der die von dir ausgehende Verstockung hier so intensiv als dein eigenes Recht erklärt, auch Paulus wird diese Zeilen damit schließen, daß du dich am Ende aller erbarmst.

Und noch etwas scheint mir an diesem Text wichtig zu sein: Du bist Herr auch über unser Glauben oder Nicht-Glauben. Damit sich niemand seines Glaubens oder Glauben-Könnens rühme wie eines Werkes. Damit niemand vom Glauben rede, ohne das jeweilige »Geworfensein« mitzubedenken, in dem der steht, der glaubt oder nicht glaubt. Denn niemand kann über die Geschichte hinausspringen. – Und niemand soll meinen, die Frage, ob er persönlich glaube oder nicht glaube, das sei nun für ihn selbst und alle anderen ungeheuer wichtig. Er soll sich und uns damit in Frieden lassen. Denn die Gelassenheit ist schon der halbe Glaube. Es gibt mehr als mich und meine Probleme. Es gibt Epochen und Phasen in der Geschichte. Es gibt Zeiten der Begeisterung und Zeiten der Volkskirche, Zeiten des Martyriums und Zeiten des Abfalls.

Nein, Herr, ich will nicht allen Ungehorsam auf dich abwälzen. Aber dennoch: Dein Weg mit uns ist dunkel. Du bist uns verhüllt, und unser Blick ist verstellt. Du in deiner uns abgewandten Seite und wir in unserer dir abgewandten Seite begegnen sich. Wenn du dich abwendest und wenn wir widerspenstig sind.

Doch beides ist wiederum nicht gleichrangig; denn du bist der Herr. Und das heißt: Dein Handeln ist der Raum, in dem unser Handeln sich bewegt. Du hast den Raum für uns abgesteckt, das Feld für uns begrenzt. Du hast die Fläche eingegrenzt, das Feld, auf dem wir arbeiten, das Haus, in dem wir leben, den Raum, in dem wir handeln, den Spielraum glauben zu können und alle die besonderen Bedingungen dazu hast du gesetzt. Im Rahmen deiner Bedingungen sind wir.

Die Bedingungen können wir kaum verändern, nicht die Großstrukturen der Geschichte und nicht uns selbst mit unseren Anlagen und Wünschen. Doch in all dem können wir vielleicht auf unsere Weise hören, auf unsere jeweils andere, bescheidene Weise zu glauben versuchen.

Herr, vielleicht müssen wir nicht vollmundig glauben. Wenn wir nicht glauben können wie wir meinen, daß es sein müßte, dann müssen wir nicht gegen unser skeptisches Gefühl unbedingt unseren Willen durchsetzen. Glauben ist keine Willensakrobatik gegen alles in uns. Vielleicht genügt die demütige Anerkennung, daß du uns eben so gewollt hast und dich am Ende unser erbarmen wirst. Und ich möchte wetten, daß auch das Glauben ist.

Das Nicht-Volk wird zum Volk berufen (9,25f)

Das Zitat aus Hosea 2,25 war in seinem biblischen Kontext auf Israels Umkehr bezogen. Gottes Volk wird wieder zum Volk, indem es Umkehr vollzieht. Paulus aber vertauscht die Rollen: Ärgerlicherweise sind es jetzt die Heiden, die zum Volk berufen wurden. Israel dagegen bleibt in der Verstockung. Aber: Paulus bringt es immerhin nicht fertig zu sagen, das Volk Israel sei jetzt zum Nicht-Volk geworden. So weit kann er nicht gehen. Dennoch: Was mag in dem Juden Paulus vor sich gegangen sein, in ihm, der sein Volk liebt (9,2f), wenn er feststellen muß, daß plötzlich die Heiden zum Volk Gottes berufen und es geworden sind?
Wir bedenken: Gottes eigentliche Tat (abgesehen von der Schöpfung) war die Berufung seines Volkes. Alle Offenbarung des Alten Bundes ist darauf bezogen. Und ähnlich ist auch die neue Offenbarungstat Gottes die Berufung eines Volkes, doch jetzt aus allen Völkern. Und das muß nach diesem Ansatz so auch seine letzte Offenbarungstat sein, denn mehr als Israel und Heiden gibt es nicht. Das sind alle Menschen, und daher ist diese neue Tat die endgültige Offenbarung Gottes. Es geht wirklich um altes und um neues Offenbarungshandeln Gottes. Dabei wird das alte keineswegs sinnlos – nur: Gott handelt jetzt innerhalb der Geschichte zum zweiten Mal.
Wie mögen Paulus und andere frühe Christen zu diesen überaus gravierenden Einsichten gelangt sein? Warum denkt man sich das so, daß Gott ausbricht aus dem engen Kreis der ersten Offenbarung, daß er jetzt in einem zweiten Schritt auf alle Völker zugeht? – Vielleicht war es so: Die Trennung zwischen Israel und den Heiden schien völlig belanglos, sinnlos angesichts der neuen, alles andere überstrahlenden

Erfahrung Jesu Christi und seines Geschickes. Jetzt gab es etwas, das man den Heiden einfach so sagen konnte und mußte; Paulus war als Apostel der Völker berufen. So war die Berufung des Nicht-Volkes der Heiden als Volk für Paulus eher Anlaß zum Jubel als zum Schmerz: Denn es war der Gott Israels, dem auf diesem Wege alle Völker würden gehören können. Und diese Erfahrung – da ereignete sich etwas unter den Heiden, da wirkte Gottes Geist – der Paulus und andere Apostel begegnen, diese Erfahrung der Grenzaufhebung wird hier von Paulus in das Gottesbild eingezeichnet: Er hat ein Nicht-Volk zum Volk berufen. Es geht ja nicht nur um Beseitigung der Grenzen, sondern um die völlige Annahme sogar als »Kinder«.

Ist Gott also wankelmütig, wenn er plötzlich über seine alte Offenbarung hinausschreitet und die sorgsam gefestigte Grenze überschreitet? Ist auf ihn kein Verlaß, da er jetzt ein Nicht-Volk beruft?

Paulus würde antworten: Nur weil Gott so frei ist, deshalb kann die Geschichte Gottes mit den Menschen ein entscheidendes Stück weitergehen und in den Zeitraum der Vollendung eintreten. Nur weil Gott so lebendig ist, wird das möglich. So ist er kein Tyrann, der mal dieses Volk, mal jenes will, sondern: In dieser lebendigen Willensäußerung Gottes liest Paulus einen Sinn, den Sinn, daß es Gottes eigenster »Charakter« ist, je länger desto mehr Grenzen aufzuheben. Paulus erfährt dieses als exklusives Recht Gottes. Er allein konnte die Beschneidungsforderung an diesem Punkt außer Kraft setzen.

In der Erzählung vom barmherzigen Samaritaner wird genau dieses auch als Antwort von unserem Tun erwartet. Durch das Erbarmen mit dem Nächsten heben wir Grenzen auf. Auch in dieser Erzählung geht es um die Grenzen zu Gottes »altem« Volk Israel.

Wenn es aber um diese Konsequenzen geht, dann hellen sich die »tyrannischen« und willkürhaften Züge im Gottesbild von Römer 9 erheblich auf: Gottes Willkür ist dann nur die andere Seite seiner Freiheit, und die ist gerade die Bedingung dafür, daß es überhaupt weiter geht zwischen Gott und den Menschen, daß am Ende Gottes Verhältnis zu den Menschen mit dem Anspruch und der Verheißung des Schöpfergottes zur Deckung kommt.

Das eigentliche Geheimnis liegt darin, daß Gott in diesen zwei Schritten handelt: Erwählung Israels in Abraham – und Erwählung auch der Heiden in Jesus Christus. Denn nur wegen dieser zwei Schritte, weil es nicht einen, sondern zwei gibt, ist dieser Prozeß für Israel mit so großen Schmerzen verbunden, die Paulus als Trauer und die nicht-glaubenden Juden als Verstockung, als Draußen-sein-Müssen erfahren. Aber es gibt diese zwei Schritte, weil es Jesus Christus gibt. Weil Gott auf die Zeit der Sklaverei unter dem Gesetz die Zeit der Kindschaft aller Menschen folgen läßt und am Ende die ganze Kreatur von der Sklaverei der Vergänglichkeit befreien will. Dann wird wirklich der Schöpfer mit dem Erlöser in seinem Tun »zur Deckung kommen«. Wenn man Gott zum Gegenüber hat, muß man auf Überraschungen gefaßt sein, die die Grenzen sprengen, die – und das ist das Ärgernis – er selbst gesetzt hatte. Auch die Heidenchristen sind vor Überraschungen nicht sicher (11,20–24), wenn sie auf den lebendigen Gott nicht sensibel hören und lebendig antworten.

Ich glaube jedoch nicht, daß man bei einer Anwendung dieses Textes heute sagen kann: So kann Gott auch die Erste Welt verstoßen und die Dritte Welt berufen oder Ähnliches. Mit moralischem Versagen kann Gottes Wollen nur bedingt rückgängig gemacht werden. Und nach unserem Text geht es um Einmaliges und um Gottes letzte Offenbarung: Es geht um die letzte Schwelle im Handeln des Schöpfers, und der vollendete Adam ist Jesus Christus.

So ist es, wie wenn der letzte Schöpfungsakt, die Erschaffung des Menschen, sich als kompliziertestes, noch immer nicht abgeschlossenes Schöpfungswerk darstellte. Die Menschen zu dem Frieden, der Ordnung zu bringen, die die übrige Natur einhält, ist das Werk einer langen Geschichte.

Paulus erlebt in seinen Tagen, im »augusteischen Zeitalter«, was wir in unseren auch erleben: Die Welt wächst zusammen, die Völker sind nicht mehr feindselig getrennt. Und in dieser Welt ist es ausgerechnet der Anspruch des jüdischen Christentums, Vorreiter bei dieser Einheit zu sein. Man bedenke: Juden standen in dem Ruf, sich von aller Menschheit abzusondern, galten als menschenfeindlich. Ausgerechnet mit ihrem Messias wird der Anspruch verbunden, die treibende Kraft bei der Einigung der Menschheit zu sein. Der Grund ist: Mit vielen Göttern kann es nie die eine Menschheit geben. Das ist nur möglich mit dem einen wirklich einzigen Gott, dem Gott Israels. Kein anderer Gott hat je so seinen Ausschließlichkeitsanspruch verkündet. Daher ist, wenn der Gott Abrahams und Jesu Christi der wahrhaft einzige Gott ist, auch allein in seinem Namen Einheit und dauernder Friede in der Menschheit möglich. Wenn dieser Gott nun begonnen hat, die Grenzen des jüdischen Partikularismus zu durchbrechen und niederzulegen, dann ist jetzt das Zeitalter der Verwirklichung seines Anspruchs für alle Völker und die ganze Schöpfung gekommen. Und Jesus Christus »konkurriert« durchaus mit den römischen Kaisern. Er ist der Brennpunkt der neuen Einheit der Menschheit, um ihn sollen sich die Völker sammeln von den Enden der Erde.

Gott als Fallensteller (9,33)

Wer einen Stein in den Weg legt, an den man stoßen und über den man dann stolpern soll, ist gemein. Als Kinder haben wir öfter große Äste und Baumstämme quer über den Weg gelegt, wurden aber stets durch strengen Tadel der Eltern zum Abbau der Barriere gezwungen, da Menschen darüber stolpern könnten, besonders im Dunkeln. Und so ist das auch mit Steinen, die man in den Weg legt, mit dem Felsbrocken, der in unserem Text der »Fallstrick« ist. Das griechische Wort für Anstoß ist dasselbe wie für Ärgernis, und wörtlich heißt es »Fallstrick«. Wegelagerer legen Fallen, in die man mit Wahrscheinlichkeit hineintappt.

So aber, als Falle und Stolperstein, wird hier Jesus von Paulus beschrieben: Er ist von Gott auf den Zion gelegt, das heißt: für Israel aufgestellt. Wer sich nicht an ihm stößt, wer an ihn glauben kann, der wird nicht zuschanden. Aber die Wahrscheinlichkeit, daß es zu Letzterem kommt, ist nicht besonders groß. Wer einen Fallstrick legt, rechnet nach menschlichem Ermessen damit, daß der, der des Weges kommt, daran scheitert. Die Falle macht es leicht, ja wahrscheinlich, daß man hineingerät.

Der Fallstrick und Stolperstein auf Zion ist wie ein Prüfstein, er kann zwei Funktionen haben, er kann zum Glauben führen mit dem Resultat der Rettung – und er kann zum Fallstrick werden. Aber das Letztere ist doch wohl seine gedachte Bestimmung; schwach, wie die Menschen sind, ist es auch das Erwartbare.

Gott hat diese Falle aufgestellt, er hat den Stein in den Weg gelegt. Israel mußte mehrheitlich scheitern. Nicht der Teufel hat den Fallstrick gelegt, sondern vielmehr Gott selbst.

Gott steht hier – und das macht den Text nun seinerseits anstößig – in enger Wirkgemeinschaft mit dem Ungehorsam, dem Bösen. Zwar kommt es nicht von ihm. Aber Gott läßt es eben nicht nur zu, sondern erhöht durch die Art seines Handelns die Wahrscheinlichkeit, daß es eintrifft.

Wozu diese merkwürdige Wirkgemeinschaft dienen soll, das wird Paulus am Ende, in 11,32 sagen: Diese zeitweilige Kooperation mit dem Bösen dient dem Ziel, daß Gott sich aller erbarmt.

Paulus denkt hier sehr kühn. Er fällt nicht zeitlose Aussagen über Gott und seine Eigenschaften. Er sagt nicht, wie Gott ist und wie er immer sein muß; dieser Gott ist nicht ewig sich selbst gleichbleibend. Sondern er ist in seinem Handeln gegenüber Israel und den Völkern je nach Zeitabschnitt ganz verschieden. Und vor allem handelt Gott nicht immer gleichmäßig unanstößig. Vielmehr steht er in einem äußerst riskanten Manöver zeitweilig in einer »großen Koalition« mit dem Versagen Israels. Er bedient sich auch des Bösen zu seinem Ziel, wirkt durch es hindurch, spannt es vor seinen Wagen.

Auch die Alte Kirche kannte etwas Ähnliches, wenn sie von der »glücklichen Schuld Adams« zu sprechen wagte: »Ja, wahrlich geschehen mußte die Sünde des Adam, daß Christi Sterben sie sühne. O glückliche Schuld, gewürdigt eines Erlösers, so hehr und erhaben.« An der Schuld wird kein Zweifel gelassen, sie wird jedoch durch das, was Gott danach tat, zu einem wichtigen Stück Weges Gottes mit den Menschen. Denn was Gott daraufhin tat, das übertrifft die Schrecklichkeit der Schuld Adams bei weitem. Ähnliches galt schon in Röm 5,15–20, und es gilt auch hier: Das Versagen Israels ist schuldhaft und schrecklich, aber nur so, nur dadurch können die Heiden hinzugenommen werden, weil sie jetzt an der Stelle stehen, die den nichtglaubenden Juden zugekommen wäre. Der Ungehorsam Israels ist im nachhinein kostbarer, nicht zu missender Teil der Geschichte Gottes mit den Menschen, die gut enden wird. – Und jeder, der nicht kleinlich-moralisch denkt, könnte dieses vermutlich auch für sein eigenes Leben und das anderer Menschen so erfahren haben: Versagen und Schuld ist die eine Sache – aber was Gott daraus macht, wie Gott es in seinen Plan von Geschichte einbaut und es verwendet und zum Guten, ja zum Besseren zu wenden versteht, das ist die andere Sache. Gott ist nicht einfach der »liebe Gott«; er ist nicht auf das »Prinzip Liebe« im vordergründigen, berechenbaren Sinn festzulegen. Ein

Gott, der Fallen stellt, ist nicht »lieb«. Das zu sagen oder zu denken brächte auch zwangsläufig Enttäuschung, denn die Dinge sind nun einmal nicht so. Seine Wege sind nicht unsere Wege. Auch wenn wir ganz gewiß sein dürfen, daß Gott am Ende Erbarmen zeigen wird, so ist doch der Weg dahin dunkel. Das Unsägliche und Schreckliche auf dem Weg dahin können wir weder rechtfertigen noch verstehen.

Aber wo immer wir etwas davon erblicken, daß Blindheit und Versagen so etwas wie eine Vorphase vor einer größeren Öffnung waren, vor intensiverer Einheit unter Menschen oder neuer Geschwisterlichkeit, dort erkennen wir die Handschrift des Gottes Israels, deren Leitmotiv die Wiederholung der Abfolge von Begrenztheit und größerer Allgemeinheit, von Partikularität und Universalität in immer neuen Variationen ist. Darum geht es auch im Römerbrief, zu dessen Themen die Aufhebung der Grenzen zwischen Israel und den Heidenvölkern gehört. Auch heute noch scheint das Thema der Weltgeschichte immer wieder das der »Einheit« zu sein.

Im Rahmen dieses »Themas« kooperiert Gott eine Zeitlang mit Blindheit und Versagen, um am Ende sich gänzlich aller erbarmen zu können. Erklärt wird das Böse so nicht; entlastet werden die Täter so auch nicht. Aber Gott ist der Herr der Geschichte. Nicht nur daß das Versagen gegen seine Führung nicht ankommt, vielmehr umgekehrt: Er hat es in seinen Willen einbezogen, er baut konstruktiv darauf auf, und dieses wird zur Erfahrung Gottes selbst. Gott ist nicht nur zu jeder Zeit, sondern auch stets auf seine Weise Herr der Geschichte, und dieses jenseits unserer Kategorien von Gut und Böse.

Der Gott, der Israel eine Falle gestellt hat, bestimmt seine Wege selbst. Denn Israel konnte wohl kaum diesen neuen Weg Gottes erkennen, weil es sich, und darin liegt die Falle, für das Bewahren des alten Weges auf Gott, auf eben diesen Gott und sein Wort berufen konnte. Damit aber wird deutlich: Israels Versagen hatte nichts mit Moral im landläufigen Sinne zu tun. Es hätte schon einer buchstäblich übermenschlichen Wachsamkeit und Sensibilität bedurft, diese neue Offenbarung als solche neue Offenbarung zu erkennen.

Es fällt auf, daß gerade Jesus oft und eindringlich von solcher Wachsamkeit spricht. Oft steht sie in Verbindung mit Beten: »Wachet und betet.« Das ist mehr als Moral. Und Paulus ermahnt dann seine Gemeinden: Prüfet, was Gottes Wille ist, prüfet es gemeinsam. Die frühen Christen haben es fastend und betend getan.

Man kann es auch so ausdrücken: Auf der Hut sein. Nicht vor irgend etwas, sondern angesichts Gottes. Sensibel sein für das, was er fordert, als Konsequenz des Glaubens an Jesus, als dessen lebendige Gestalt. Das ist nicht irgend etwas, sondern unser ganzes Herz, unsere ganze Sensibilität. Vielleicht verstehen wir auf diesem Hintergrund den Teil aus dem Vaterunser besser: »Und führe uns nicht in Versuchung.« Dieses Gebet richtet sich an Gott, an eben diesen Gott, der Fallstricke legen kann. Denn das heißt »in Versuchung führen«. Auch das Vaterunser hat daher eine Ahnung davon bewahrt, daß Gott nicht einfach »lieb« ist; es wird auch nicht der Teufel für das Böse verantwortlich gemacht, hier nicht und bei Paulus auch nicht. Wenn wir durch das Gebet mit Gott verbunden bleiben, dann haben wir eine Chance, uns den wachen Sinn zu bewahren für das, was Gott von uns will. Denn so sagt es Jesus: »Wachet und betet, damit ihr nicht in Versuchung geratet.« Die Weltgeschichte damals und heute – das sind die Wege Gottes. Und Gott ist damals wie heute sicher nicht einfach derjenige, der Bibelstellen »ausführt« und durch sein Handeln befolgt. Die Art, in der Gott jeweils die Geschichte führt, ist nicht aus Bibelstellen abzuleiten. Wenn frühe Christen um die Sensibilität für Gottes Willen gebetet haben, dann haben sie sich dieses Beten etwas »kosten« lassen, an Gesprächen miteinander und an Zeit. Denn die Gebete dieser Menschen haben wir uns nicht als Stoßseufzer vorzustellen. Gott geht auf dunklem Weg. Wie wenn man einen reißenden Fluß überqueren will und für einen Augenblick den Rücken eines gefährlichen Untieres, das daherschwimmt, als Trittstelle benutzt. So sind für Gottes Plan Verstockung und Gottferne nur eine Art Sprungbrett zu neuen Ufern. Denn Gott schreibt auch auf krummen Zeilen gerade.

Christus, das Ende des Gesetzes (9,31 und 10,1–4)

Das Bild von den beiden Satzhälften

Als Luther Röm 10,4a im Deutschen mit »Ende des Gesetzes« wiedergab, hatte das Wort »Ende« noch bemerkenswert andere Bedeutungsinhalte als jetzt. So fragte man früher: »Zu welchem Ende tust du das?« und meinte damit: Mit welchem Ziel, mit welcher Absicht, welches ist das, was am Ende stehen soll? – Unsere Auffassung von »Ende« ist dagegen typisch verschieden: Für uns ist das Ende die Zerstörung, die Auflösung, die Beseitigung. Unsere Vorstellung vom Ende leidet unter mangelnder Perspektive. Mit dem »Ende« ist für uns »alles aus«. Für Paulus und für Luther dagegen ist das Ende das, was schließlich Bestand hat, was am Schluß als das Gültige dasteht.

Und wie könnte Jesus Christus die Auflösung des im Gesetz kundgemachten Willens Gottes sein? Vielmehr ist er der Schlußpunkt der im Gesetz ergangenen Zuwendung Gottes zu den Menschen. Das ist kein jämmerliches Ende, sondern wie die zweite Satzhälfte, nachdem das Gesetz die erste, unvollendete Satzhälfte war. Mit ihm erst wird das ganz, was Gott im Gesetz wollte. Mit ihm erst wird daraus ein einziger Satz, ein einziges Wort.

Denn das Gesetz war und ist von Gott, es ist von der Natur des Geistes Gottes, aus demselben Stoff, könnte man sagen. Es ist dazu da, um Leben zu ermöglichen, aber doch erst als vollendeter, nicht als halber Satz. Als halber Satz wirkt das Gesetz nur Fragen, Zweifel, Nöte, Ungewißheit. Und dann endlich wird in Jesus Christus die Offenbarung Gottes an die Menschen vollendet. Der erste halbe Satz könnte so gelautet haben: »Dieses Gesetz ist die Regel des Lebens für jeden, der...« Und der zweite halbe Satz könnte vollenden: »... an Jesus Christus und an mich glaubt«.

Das Bild von den beiden Satzhälften gilt auch entsprechend für einen anderen paulinischen Gedanken: Das Gesetz ist von der Qualität des Geistes Gottes – und sinnvoll wird das erst dann, wenn auch wir Menschen den Geist Gottes in uns haben. Denn es gilt: »Wär' nicht das Auge sonnenhaft, die Sonne könnt' es nicht erblicken.«

Das Gesetz ist die Ordnung sozialer Vernunft

Alle Rede des Paulus von der negativen Funktion des Gesetzes richtet sich nicht gegen das Gesetz selbst, sondern gegen die Hoffnungslosigkeit der Zeit, da das Gesetz nur die erste Hälfte der Offenbarung Gottes war. In der Jesus Christus noch nicht gesandt und gekommen war. Denn der Wille Gottes bestand, doch es gab nicht die Kraft, ihn zu erfüllen. Der Wille Gottes selbst war und ist »gut« und heilig.

Vielleicht ist es richtig, »Gesetz« so mit dem Willen Gottes zu um-schreiben. Der Wille Gottes ist dann Gottes Forderung an uns, deren Ziel es ist, daß wir mit ihm (und miteinander) in Gemeinschaft leben können. Dann gäbe es eine Entsprechung zwischen Gesetz und Ge-rechtigkeit: Gerechtigkeit ist die dem anderen gewährte Möglichkeit, mit einem zusammenzuleben, Gesetz die an ihn gestellte Forderung. So kann Paulus sagen: Israel gelangte vor Jesus Christus nicht »bis zum Gesetz«, nämlich nicht zu einem Zusammenleben, das der For-derung entsprach. Aber Gott hat dieses durch den Erweis seiner Ge-rechtigkeit aufgeholt. Denn jetzt kann man von ihm her mit ihm zu-sammenleben. Oder anders gesagt: Weil der Geist Gottes die ent-scheidende Gabe dieser Gerechtigkeit Gottes ist, ihre positive inhaltli-che »Füllung«, deshalb kann nun das Gesetz Gottes von den Men-schen erfüllt werden, damit sind auch wir zu einem sinnvollen Zu-sammenleben mit Gott befreit. Auf uns angewandt heißt das:

Den Glauben nicht zum Gesetz machen

Gesetz ohne Christus ist alles Sollen und speziell: Gott als Gegenüber zu erfahren, und zwar in seiner Macht und in unserer Ohnmacht. Ge-setz ist alle Konfrontation mit dem, was uns in dieser Hinsicht gegen-übersteht. Gesetz ohne Christus ist alle Angst, nicht bestehen zu kön-nen, nicht gesellschaftsfähig zu sein, Erwartungen nicht zu erfüllen, nicht dazuzugehören. Paulus hat es richtig erkannt: Durch Konfron-tation mit unserem Scheitern erfahren wir Gott nicht so, wie er sich uns seit Jesus Christus zeigen will. Es war nicht der letzte und eigent-liche Sinn seines Willens (des »Gesetzes«), uns auf diesen Punkt hin-zuweisen.
Aber vielleicht ist es typisch für unsere Zeit, daß wir weniger die Kon-frontation mit unserem moralischen Versagen und Scheitern ange-sichts des Willens Gottes spüren (das meinte wohl Paulus) als viel-mehr unser Nicht-glauben-Können. Darin aber, daß die meisten nicht glauben können, wiederholt sich die Struktur des Gesetzes ohne Christus; denn ein solches Gesetz ist alles, was uns fremd gegenüber-steht und uns nur unsere Ohnmacht demonstriert.
»Gesetz ohne Christus« – das ist Glaube, wie er uns allzu oft präsen-tiert wird: als Willensanstrengung, als Krampf, als Sprung ins Über-

natürliche, als Annehmenmüssen unlogischer bis absurder angeblicher Tatsachen, als gewaltsames Fürwahrhalten eines Weltbildes, das nicht unseres ist, als etwas, worum man sich plagen und mühen muß. Alles dieses ist »Glaube als Werk«. Und es trifft wohl zu: Glaube dieser Art hat keine Zukunftschancen.

Aber so wird Paulus den Glauben kaum verstanden haben. Vielmehr: Glaube ist wie eine Taube. Wenn man die Hand ganz ruhig hält und ausstreckt voll Vertrauen, dann kann es sein, daß sich die Taube darauf niederläßt. Wenn man die Taube aber krampfhaft zu erhaschen sucht, unruhig nach ihr greift und sie um jeden Preis »haben« will, dann fliegt sie weg. Glaube ist eine Art von Gelassenheit.

Wir meinen allzu oft, die Bedingung des Glaubens sei die Annahme aller möglichen dogmengeschichtlichen »Wahrheiten«. Und dann hat er wieder die Struktur des Gesetzes ohne Christus. Und dabei verwechseln wir den Glauben mit den Zeichen, in denen er sich äußern kann. Ganz sicher: Einen Glauben ohne »Dogmen« oder bestimmte Glaubenssätze gibt es nicht; aber die Frage ist doch, ob diese Sätze wie eine Hürde sind oder nicht vielmehr wie eine Antwort auf das, was Glauben je zuvor schon war. Es ist etwas anderes, ob man mit den Zeichen des Glaubens beginnt (als Hürde) oder ob man mit ihnen endet (als den Ausdruck, den er findet). Mit den Zeichen als Hürde zu beginnen, das hieße das Pferd vom Schwanze her aufzäumen. Die Gelassenheit des Glaubens ist nicht Faulheit, sondern ist geprägt durch ein natürliches Verhältnis zu Sichtbarkeit und Sinnlichkeit: Es besteht kein Problem, den Glauben in Zeichen zu äußern, die Zeichen sind natürlicher Ausfluß des Inneren, nicht Werke, zu denen ich mich aufraffen muß. So, wie Martin Luther es sagt: »Wes das Herz voll ist, des der Mund überfließt.« Und so sind die Bekenntnissätze des Glaubens zu verstehen. Es kommt zuerst darauf an, das Herz voll zu machen. Und es ist die Frage, ob es klug ist, zu diesem Zweck mit den Schlußsätzen des Lobpreises anzufangen.

Glaube ist eine Art von Temperament, eine Mischung aus Gelassenheit, Fröhlichkeit und dem Wunsch, diese beiden spontan zu äußern (in Tat und Bekenntnis); nicht etwas, zu dem man sich durchringen muß.

Christus ist das Ende des Gesetzes, weil er das Ende von Scheitern, Konfrontation mit Ohnmacht und Niederlage ist, aber auch das Ende eines Glaubens, der Willensanstrengung und Krampf wäre.

Gott, den Auferwecker, bekennen (10,9–11)

Bekennen und Widerstand

»Nec laudibus nec timore« – weder durch Lob noch durch Furcht, so lautete der Wahlspruch eines mutigen Bischofs in der Nazizeit. Denn es gibt Zeiten, und diese waren für den christlichen Glauben immer die fruchtbarsten, in denen man durch Bekennen offensichtlich und öffentlich beschämt und nicht gerettet wird. In denen also dem Augenschein nach genau das Gegenteil von dem vorliegt, was Paulus hier sagt: »Wer glaubt und bekennt wird gerettet ... und wird nicht beschämt werden.« Und auch Paulus selbst hatte als Jude und dann noch stärker als christlicher Einzelkämpfer für das Evangelium mehrfach am eigenen Leib zu erfahren, was es heißt, daß der Bekenner beschämt wird. Gegen alle Erfahrung setzt Paulus aber auf Gott seine Hoffnung.

Das reine Glauben mit dem Herzen genügt offensichtlich nicht; es muß das Bekennen mit dem Mund hinzutreten. Dadurch aber wird dieser Text zu einem der Schlüsseltexte über den Glauben bei Paulus. Glaube ist kein Gefühl, sondern mündet im bekennenden Wort; erst dann ist der Glaube »rund« und »wirklich«. Wie in einer Liebschaft, wenn sie zur Liebe werden soll, irgendwann eine Liebeserklärung, wie auch immer sie aussehen mag, »fällig« ist, wie ein Wort, das nur einmal zu vergeben ist.

Gott, der Auferwecker, und unsere Rechtfertigung

Zwischen Bekennen und der Auferweckung Jesu Christi besteht eine besondere Beziehung. Denn die Auferweckung Jesu ist nicht mit den Totenerweckungen (etwa der des Lazarus) vergleichbar, die von Jesus in den Evangelien erzählt werden. Vielmehr ist die Auferweckung Jesu – und das gilt wohl auch für Paulus – die Auferweckung eines von den Menschen zu Unrecht Hingerichteten. Damit aber geht es – anders als bei Totenauferweckungen sonst – um Gottes Recht und um das Unrecht der Mörder.

Es kann sogar sein, daß die Gruppe der Hellenisten (um Stephanus), die Paulus anfangs verfolgte und zu deren Glauben er sich dann bekehrte, ihren Ursprung ganz wesentlich auch als Bewegung aus dem Protest gegen den Justizmord an dem Gerechten namens Jesus nahm. Wie dem auch sei – Paulus jedenfalls wird vom Verfolger, der sich im Recht glaubt, angesichts der visionären Erfahrung des auferstandenen Herrn zu dem, der zugibt und von jetzt ab bekennt, daß Jesus Recht gehabt hat und daß Gott dieses Recht Jesu und damit auch sein eigenes durch die Auferstehung Jesu erwiesen hat. Damit aber wird der Zusammenhang von Auferweckung und Bekennen erkennbar:

Bei der Auferweckung Jesu geht es nicht nur um Leben und Tod (wie bei Totenauferweckungen sonst), sondern zugleich auch um Recht und Unrecht, um den Erweis von Gottes Recht. Und jeder, der sich zu diesem Gott bekennt, reiht sich ein in die Demonstration für Gottes Recht und gegen das Unrecht der Menschen.

Die Auferweckung Jesu gibt den Mördern Jesu (und für Paulus sind das die Machthaber auf Erden) Unrecht. Sie werden so widerlegt. Und damit der gesamte mörderische Machtgebrauch von Menschen gegen ihre Opfer. Die Auferstehung bekennen heißt: sich auf die Seite Gottes stellen gegen diesen tödlichen Machtgebrauch der Menschen. Durch diese eindeutige Stellungnahme setzt der Bekenner des Auferweckers sich in Gegensatz zu den Menschen und ihren Maßstäben. Paulus ist lebendiges Zeugnis dafür, daß dies zuhauf Nachteile einbringt. Erst wer sich in diese Demonstration für Gottes Recht – und gegen alle Opfer der Menschen – einreiht, erst der gehört zu denen, die Gott wirklich öffentlich Recht geben, die glauben und bekennen. Und so und nur dann sitzt er automatisch mit Jesus »in einem Boot«.

Und auf diese Weise hängt wohl auch die Bekehrung des Paulus mit seiner Lehre von der Rechtfertigung zusammen, die Erfahrung der Auferstehung Jesu mit der völligen Infragestellung allen Rechts der Menschen außer den Fällen, in denen Gott es ihnen selbst schenkt. Denn durch die Auferweckung Jesu widerlegt Gott das mörderische Tun der Menschen, und gerade so erweist er sich als Gott. Und gegen alle diese Ungerechtigkeit setzt er sich durch als Gott. Vor ihm hat Ungerechtigkeit nicht das letzte Wort. Genau so ist es auch mit unserer Sünde. Er erweist sie als Unrecht, um sie im gleichen Atemzuge durch sein auferweckendes Tun in ihren Folgen zu besiegen. Und Auferwecken ist sein ureigenstes Schöpferhandeln.

Paulus selbst wird durch die Vision des Auferstandenen in seinem vermeintlichen Recht widerlegt. Er wird entlarvt als Spießgeselle der Mörder. Und zugleich wird er als Apostel berufen und zum Gefäß für Gottes Gnade gemacht. Ich meine, daß dieses Doppelte seither seinen (und unseren) Auferstehungsglauben kennzeichnet: Unser Unrecht wird nicht nur erwiesen, sondern auch hingeordnet auf das, was man Jesus angetan hat. Und: Dem, der dieses Unrecht bekennt und mitbekennt, der gegen das Unrecht mit auf die Seite Gottes tritt, dem gibt er auch zu erkennen, daß er die Folge der Ungerechtigkeit nicht nur durch die Auferweckung Jesu besiegt, sondern dieses überhaupt auch sonst tun kann und tun wird. Gott entlarvt die Sünder und ist stärker als die Macht der Sünde und alle ihre Folgen. Nicht nur, daß wir Unrecht haben und Gott Recht, sondern: Gottes Recht ist auch eine überwältigende Macht, eben die der Auferweckung.

So wird deutlich: Das Bekennen erst bringt auf die Seite der Partei Gottes und stellt den Bekenner außerhalb der üblichen Wert- und Machtkonstellationen unter den Menschen. Wer sich daher auf die Seite der Bekenner stellt, stellt sich in den Wirkungsraum der auferweckenden Macht Gottes und gegen alles, was sonst gilt.

Jesu Auferweckung ist die eines Märtyrers. Das Bekennen gerade dieser Tat Gottes, reiht ein in die Schar der Märtyrer. Denn zu behaupten, daß Gott Recht hat und nicht wir, bringt bleibend und immer wieder Unannehmlichkeiten.

Du bist mein Gott

Für jeden Juden und jeden Christen des Neuen Testaments ist das klar: Der Gott, der Tote auferweckt, kann nur ein einziger sein, der Gott Israels. Sich zu diesem Gott bekennen heißt daher: alles auf diese eine Karte zu setzen, mit allen Sorgen, allen Nöten und allem Jubel ihn zu meinen. Daher ist biblisches »Glauben« auch wesentlich Treue. Und das bedeutet: Die wechselnden Bedürfnisse nicht mit Hilfe verschiedener göttlicher »Partner« zu lösen und zu befriedigen wie ein Konsument, der hier dieses bekommt und dort jenes, sondern sich einzulassen auf ein einziges Geheimnis, alles, was man auf dem Herzen hat, in eine einzige Richtung hin zu sagen, sich an diesem einzigen göttlichen Gegenüber zu »reiben«, Klage und Trauer, Jubel und

Verzweiflung vor ihn zu tragen. Für den, der so glaubend treu ist, bedeutet dieses die Chance und den heilsamen Zwang, in die Tiefe zu gehen, sich selbst als Person zu gewinnen, Gottes »Namen« und den eigenen »Namen« sich gegenseitig finden zu lassen, Identität angesichts seiner geschenkt zu bekommen. Wenn ich nach Gottes Gegenüber frage, gewinne ich Antworten auch für mich selbst und über mich selbst. Indem dieser Gott dann in Jesu Geschick sich als der offenbart, der Tote erweckt, wird er als der erkennbar, der in der tiefsten Tiefe meines Selbst, dort, wo Leib und Seele zusammenhängen, handeln wird. Denn dort, wo das Selbst in die Leiblichkeit hineinragt, ist der Ort der Auferweckung.

So könnte ich im Gegenüber zu Gott nicht nur mich selbst gewinnen, sondern der Auferwecker weist noch in das Geheimnis meiner leibhaftigen Zukunft, weit über mein gesamtes Bewußtsein hinaus, in die tiefste »Substanz« des Selbst, dort, wo auch die Zukunft meiner Leiblichkeit beschlossen liegt. Nicht nur mein persönliches Bewußtsein könnte ich so formen lassen, als der Auferwecker bestimmt Gott mich über mich selbst hinaus. So hängen Glaube an die Auferweckung und die rechte Selbstliebe zusammen. Auferweckung wird das letzte der herrlichen Werke Gottes an mir sein. Und in diesem Sinne werde ich gerettet und nicht zuschanden werden. So gibt es nicht nur dieses Gegenüber des einzigen Gottes und des Menschen, der so zur Einheit seiner Person findet. Vielmehr: Indem dieser Gott mich rechtfertigen kann, übersteigt er sich selbst, läßt seine eigenen Maßstäbe zurück. Und indem er mich auferwecken wird, greift er über mich selbst hinaus in meine Zukunft, die, wenn seine Verheißung nur gilt, alles an Herrlichkeit Vorstellbare hinter sich zurücklassen wird. So ist mit Rechtfertigung und Auferstehung das Kühnste überhaupt Vorstellbare über Gott und uns Menschen gesagt.

Der Mißerfolg (10,14-18)

Verarbeitung des Mißerfolgs der Verkündigung

Paulus stellt uns eine Kette ohne Lücke vor Augen: Sendung der Boten des Evangeliums – Verkündigung – Hören – Glauben – Anrufen des Namens des Herrn. Diese Kette ist logisch und suggestiv. Eine heile Welt wäre das. Man könnte auch an die technische Perfektion einer militärischen Kommandokette denken und auf Lk 7,8 hinweisen: Der Hauptmann denkt, Jesus müsse nur etwas befehlen, und es geschähe. Doch die Vollkommenheit dieser Linie ist ein Traum, der an der Wirklichkeit zerbricht. Vielleicht hat Paulus die elegante Vollkommenheit dieser Kette überhaupt deshalb entworfen, weil die Wirklichkeit ihr gegenüber gerade fraglich und ungewiß ist. Von einer Kette kann oft nicht die Rede sein. Auf Verkündigung folgen eben zumeist nicht Hören und Glauben.

Paulus kennt diese Wirklichkeit genauso wie wir. Und er stellt fest, daß es sich um ein oftmals tief widersprüchliches Geschehen handelt: Er spricht immer wieder ab V.11 von »allen« und von »jedem« – alle haben gehört, alle können anrufen. Und doch gilt die Frage: »Herr, wer glaubte uns schon?« Und dieser Mißerfolg steht in Kontrast dazu, daß es sich doch um das Evangelium handelt, um »Gutes«, um eine frohe Botschaft, denn »angenehm sind die Füße derer, die das Gute verkündigen«. Wie kann es nur sein, daß das Evangelium nicht ankommt? Paulus ist ausgezogen, einer Welt das Evangelium zu verkündigen, die es nicht »braucht«.

Paulus betreibt nun nicht soziologische und psychologische Ursachenforschung, um diese Frage zu klären. Er fragt vielmehr, was Gott dazu zu sagen hat. So stößt er auf des Gebet des Jesaja in Jes 53,1 (V.16). Er stimmt ein in diese Klage des Menschen, der von Gott gesandt ist und auf Ablehnung stößt. Die Schrift, Gottes Offenbarung ist das Instrument, um zu begreifen, was geschieht. Auch der Mißerfolg und damit der Gesamtvorgang von Gelingen und auch Mißlingen gehört vor Gott, ist bei Gott aufgehoben.

Wir meinen in aller Regel, ein Erfolg des Evangeliums habe etwas mit Gott zu tun, der Mißerfolg aber mit uns menschlichen Verkündigern. Und so versuchen wir, den Mißerfolg wegzustecken, versuchen, ihn in der Verkündigung oder im Gottesdienst zu verschweigen. Genau das tut Paulus nicht. Denn Gottes Wort umfaßt auch und gerade eine nicht-vollkommene Wirklichkeit. Es ist ja nicht so, wie es aus dem Abschnitt Röm 3-6 scheinen könnte, daß die Zeit des Versagens nur in die Phase vor Christus gehört. Nein, Defekte, schwere Versäumnisse, wessen auch immer, gibt es auch jetzt. Auch das Nicht-Ankommen der Botschaft gehört dazu, es wird in der Offenbarung selbst bedacht. Auch dieses wird von Gottes Wirken umfangen. Auch die Klage des Verkündigers (»Wer glaubt uns schon . . .?«) gehört hinein in das gesamte Geschehen.

Eine weitere Antwort auf den Mißerfolg gibt Paulus erstaunlicherweise nicht. So muß er sich und andere mit dem Mißerfolg nicht belasten. Das ist überaus verwunderlich, denn es wäre leicht zu mißbrauchen. Die gesamte Fragerichtung des Paulus ist in diesem Punkt von der unseren verschieden; aber vielleicht können wir uns etwas davon abgucken: Paulus versteht sich restlos als Beauftragter Gottes, er blickt ohne Wenn und Aber nach vorn und kreist in gar keiner Hinsicht »um den eigenen Bauchnabel«. Er verschwendet keine Zeit und keinen Gedanken an jene Art von Selbstreflexion, die ihn doch nicht weiter brächte. Und das bedeutet: Er betrachtet seine Funktion als Bote Gottes, seine gänzliche Hingabe an diesen Dienst, in gar keiner Weise moralisch. Sondern er ist ganz und gar Instrument Gottes, Apostel der Völker. »Manöverkritik« ist ihm fremd. Im Unterschied zu manchen modernen Pfarrern muß er sich nicht als eine Art Showmaster im Familiengottesdienst verstehen, der nachher seine Mitarbeiter fragt, wie und ob er »angekommen« ist. Paulus ist daher auch kein Star, sondern schlicht der Bote.

Das Evangelium ist seiner Auffassung nach klar und eindeutig, und wenn es nicht ankommt, liegt das schlimmstenfalls daran, daß Satan die Menschen verhärtet hat (2 Kor 4,3f) – aber das erwägt Paulus hier im Römerbrief nicht. – Ob wir mit unserer ausgeprägten Neigung zu Manöverkritik nicht oft zuviel, will sagen: zu wenig des Guten tun? Vielleicht kommt Glaubwürdigkeit, und sie ist das Entscheidende, weder durch ständige Liturgiereformen noch durch alle möglichen Publikumswirksamkeiten, sondern ganz anders zustande. Mir will es scheinen – angesichts mancher Auswüchse bei uns –, daß die moralinfreie Selbsteinschätzung des Paulus hier naiver ist, aber entschieden weniger gefährdet als unsere Selbstreflexionen. Paulus bringt den Mißerfolg vor Gott. Er verschweigt ihn nicht, er sieht ihn als Teil seines Dienstes. Damit wird niemand entlastet, doch der Entmutigung wird gewehrt. Man bedenke: Paulus hat keine Institution, keine Ökumene hinter sich oder neben sich, die ihm »helfen« oder ihn trösten könnten. Er ist Partisan für Gottes Evangelium, und so bleibt ihm nichts anderes übrig als, im Falle des Mißerfolgs, der Dialog mit Gott. Texte wie Röm 10,16b lassen meines Erachtens deutlich erkennen, wie paulinische Theologie aus dem Beten des Apostels entsteht. Vielleicht ist das glaubwürdiger als die Tristesse des Stars oder moralisches Fragen, das ja doch auch immer Bestätigung wünscht. Die »religiöse« Lösung, auch hier ist es eine vor-moralische, trägt weiter.

Wenn es stimmt, daß die Glaubwürdigkeit des Verkündigers das einzige adäquate Mittel ist, das Evangelium zu verkündigen, dann ist der Weg des Paulus, sich auch angesichts des Mißerfolgs auf die Sache und den Auftraggeber zu beziehen, überzeugend. Paulus kann so unsere Ichbezogenheit kritisieren.

Der Anfang ist wie das Ganze

»Und jedem Anfang wohnt ein Zauber inne, der uns beschützt und der uns hilft zu leben.« Diese Worte Hermann Hesses fielen mir angesichts der Vergangenheitstempora von Röm 10,18 ein. Obwohl Paulus gerade erst dabei ist, nach Rom zu reisen, gilt doch schon der Psalmvers, daß »ihre Worte bis an die Grenzen der Erde ergingen«. Denn mit der Eröffnung ist schon das Ganze geschehen. Entscheidend ist, daß Gott überhaupt gehandelt hat, daß er den Anfang gesetzt hat. Das Eis ist gebrochen, das Schweigen ist aufgehoben, der Morgenstern ist der Garant des neuen Tages. Das ist mit dem Messias Jesus Christus so, der erst den Anfang von allem gemacht hat, und der Anfang gilt doch schon. Er ist der Erstling der Entschlafenen, und deswegen gilt die Hoffnung auf Auferstehung. Und das ist auch nicht anders mit der Gabe des Geistes an uns, die erst Angeld ist, aber doch schon unwiderruflich das Ganze verbürgt. Und es ist wie beim Segen: Mit dem Segenswort hat Gott gesegnet; daher wünschen wir einem Kind zu Beginn seines Lebens und einem Hochzeitspaar Segen. Dann aber gilt dieses sicher auch von unserem Glauben, unserem Umgewandeltwerden, und das tröstet uns. Der Anfang war das Entscheidende, und jetzt sind wir nicht mehr allein. Es galt auch in negativer Hinsicht von Adam und der Sünde.

Es ist daher eine biblische Denkform, daß mit dem Anfang das Ganze gesetzt ist. Und diese Weise, Wirklichkeit zu erleben, bedeutet für Paulus und für uns einen großen Vorrat an Hoffnung. So können unsere Skepsis und Hoffnungslosigkeit kritisiert werden. Denn nur eine Handbreit ist unser Leben vor Gott, und was sollen wir da auch noch ungeduldig sein? So versteht Paulus sein Christentum nicht als Vertröstung, sondern als rechte Entfaltung dieses Anfangs, mit dem das Entscheidende geschah und angesichts dessen das, was noch kommt, bei weitem das Geringere ist. Die Schwelle ist genommen, und alles andere ist Vertrauen. Auch die Frage, wie bald etwa das »Weltende« kommt, ist für Paulus sicher zweitrangig angesichts dessen, ob man Angst davor haben muß oder nicht. Der Anfang ist der Schlüssel für das Ganze. Daher rührt die Bedeutung Jesu Christi für die ganze Veranstaltung von Gottes Herrschaft und Reich, für den Gesamtsinn der Weltgeschichte. Daher heißen wir Christen. Denn wie bei einer Wüstenwanderung ist der erste Schritt in Richtung der Oase der alles entscheidende. Und daher gilt: Nicht der Tod zehrt am Leben, sondern das Leben zehrt schon am Tod. Die Grundkonstellationen sind umgedreht worden. Paulus ist darin ganz Seelsorger: Er erzählt wohl deshalb nicht Geschichten von Jesus aus Palästina, weil er frontal und direkt zu den Fragen und Problemen der Menschen in seinen Gemeinden Stellung nimmt. Und er sagt den Menschen, die vor allem von der Gewißheit des Todes umgeben sind: Der Anfang ist gemacht. Das ist keine Vertröstung, sondern ein frühlingshafter Anfang. Und das gilt auch später: In der Geschichte des Christentums gibt es wahrhaftig genug Entmutigendes; aber man wird zugeben müssen: Das eigentliche Wunder besteht darin, daß die Kirche sich nicht dazu hat durchringen können, das Evangelium zu exkommunizieren. Denn daraus erwächst ihr und jeglichem Mißbrauch immer wieder der Widersacher im eigenen Leibe. Und noch immer gab es in der Kirche neue Aufbrüche, reine Herzen und faszinierendes junges Leben. Anders als in solchen immer neuen Aufbrüchen gegenüber massiven Verkrustungen geht es wohl nicht. Aber auf diese Aufbrüche sollte man blicken, und ihnen gilt unsere ganze Sympathie und unsere ganze Hoffnung. Denn der Anfang ist immer das Ganze, und wo anders als in immer neuen Anfängen wäre das ganze Christentum zu erblicken?

Hat Gott etwa sein Volk verstoßen? (11,1)

Treu zur Verheißung

Gottes Volk sind nicht nur wir. Sein Volk sind vielmehr in erster, in allererster Linie andere, »die Juden«.

Israel ist durch nichts zu enterben, nicht einmal durch Gott selbst.

Gott hat sich gebunden, sich festgelegt für immer. Seine Zusage an Israel ist stärker, fester als alle Verfehlung und auch als aller Unglaube Israels.

Selbst noch Abrahams geringstem Enkel und Urenkel, mag er auch noch so schuldbeladen sein, gilt Gottes Treue. Seine Zusage wird siegen; er wird des Bundes gedenken. Denn er wäre nicht Gott, ließe er sich von seinem Versprechen abbringen.

Wie der Fels und der Berg, so fest ist seine Zusage. Der Name Gottes kann nicht genannt werden ohne dieses: ohne eine Verheißung, die sich auch durch das äußerste Dunkel hindurch erhält und sich eines Tages erfüllt, verwandelt vielleicht, aber doch noch immer erkennbar.

Ältere Geschwister

Vielleicht ärgert es uns Heidenchristen, daß wir nicht primär Gottes Erwählte sind.

Daß wir immer einen älteren Bruder vor uns haben – Israel.

Daß uns immer eine ältere Schwester vor die Nase gesetzt ist – die Synagoge, mit unverletzlichen Rechten.

Wir haben uns an diesen Rechten geärgert, wollten den Vater allein für uns haben. Und wir haben es auch aus diesem Grund bis zum Geschwistermord gebracht. Auch aus diesem Grunde. Wir waren wahnsinnig eifersüchtig.

Aber in Wirklichkeit darf man doch froh sein, wenn man einen älteren Bruder, eine ältere Schwester hat. Viele Menschen wünschen sich ältere Geschwister. Die einem erzählen können, wo die Eltern vorher gewohnt haben, oder wie es war, als die oder der noch lebte.

Ältere Geschwister, die die Eltern schon länger kennen und eher wissen, wie sie sind und wie sie reagieren.

Die das Herz der Eltern schon unvordenklich lange kennen und auch deren Nöte und Sorgen. Die auch deren Liebe und Verzweiflung kennen. Die von früher erzählen und denen man lange zuhören kann.

Gegen den Anschein

Alles ist etwas anders, als es scheint. Diese Regel ist eine alte Weisheit jüdischen und christlichen Glaubens. Man muß immer von neuem damit rechnen, daß man sich anfangs getäuscht hat.

Macht blendet und täuscht am meisten. Feindschaft zwischen Juden und Christen hatte immer etwas mit politischer und wirtschaftlicher Macht zu tun. Wer sich in den Bannkreis der Macht begab, verfolgte den anderen. Christen fühlten sich in Verbindung mit der Macht des römischen Reiches als Sieger – mit den bekannten Konsequenzen. Aber sie hatten sich getäuscht. Denn sie waren nicht Sieger, sondern hatten in demselben Augenblick ihre Seele verloren. Und in Wirklichkeit blieben sie bestenfalls die jüngeren, gnädigerweise adoptierten Geschwister.

Und die Synagoge schien die Blinde, Verstoßene, Besiegte, ja Preisgegebene zu sein. In Wirklichkeit aber gehörte und gehört ihr Gottes erste, heiße Liebe wie seit Anbeginn.

Daß die Juden fast alle nicht an Jesus Christus glaubten und glauben, schien sie zu Gottes Feinden zu machen. In Wirklichkeit aber hat Gott sie in seine Hände geschrieben, sie sind sein Eigentum und auch als verstockte Zeugen seines geheimnisvollen Ratschlusses.

Was Juden feierten und in der Synagoge taten, ihre Beschneidung hielten Christen für einen fremdartigen Greuel.

In Wirklichkeit aber war fast genau das die Welt Jesu von Nazareth, an der er aktiv und fromm teilhatte. Und in Wirklichkeit war alles dieses der alte, von Gott den Juden verordnete Weg, den wir Heidenchristen nur per Ausnahmeregelung nicht beschreiten müssen.

Gebrochen im Medium der Geschichte

Unser christlicher Glaube, unsere Religion, ist in diesem Punkte überhaupt nicht »einfach«. Es kann sein, daß gerade inbrünstiger Glaube meint, es sich ganz einfach machen zu können – als ob diejenigen, die den rechten Glauben an Jesus Christus haben, damit auch die einzig Erwählten wären und als ob alle anderen »draußen« stünden.

Mit der Dankbarkeit verbinden wir ganz leicht die Rechthaberei und schließen die anderen aus. Als ob Gottes Erwählung in der Richtung einer Einbahnstraße verliefe. Unser Glaube ist hier nicht »einfach«, als sei mit dem Dank auch schon das Recht verbunden. Sondern unser Christentum, unser Glaube ist gebrochen im Medium der Geschichte.

So gilt: Wer glaubt, wer fromm ist, ist nicht schon damit allein Gottes Liebling. Wir sind nicht einfach, wie es früher Könige von sich meinten, ohne Wenn und Aber, von Gottes Gnaden eingesetzt als die jeweils einzigen Macht- und Rechthaber.

Auch Gottes Handeln hat sich an der Geschichte gebrochen. Es ist nicht nur Bestätigung einer einzigen Gruppe.

So ist unser Glaube nicht mehr einfach. Denn Gottes Handeln ist nicht einlinig. Es hat viele Schichten und Dimensionen: Gegenüber Israel war es Erwählung und Verstockung, Rettung aber wird es erst am Ende sein. Und gegenüber uns Heidenchristen war es: gnädige Hinzunahme auf Bewährung mit der Hoffnung auf Sichtbarwerden unserer Rettung am Ende.

Was siegen wird

Wer hat denn recht, Juden oder Christen? Ist unsere Religion nicht »wahr« und Jesus Christus nicht der Messias Israels?

Und andererseits gibt es Christen, die so wacklig in ihrem Selbstverständnis sind, daß sie meinen, sie täten den jüdischen Partnern einen Gefallen, wenn sie auf Christologie und Dreifaltigkeit verzichten. Und sie wundern sich, wenn sie nur wenig Achtung ernten.

Nach Paulus ist alles dieses keine Frage der Wahrheit der Lehre, sondern Gott allein hat hier recht, und zwar auf seine Weise: Er setzt die Erwählung der Juden und die Adoption der Christen durch sein Handeln im Raum der Geschichte in ein Verhältnis zueinander.

Es geht nicht um die rechte Lehre, sondern um ein überaus dramatisches Geschehen. Gott ist der Autor dieses Dramas. Und am Ende wird nicht eine Christologie siegen, sondern sein Erbarmen.

Das Gleichnis vom Ölbaum (11,17–24)

Der einzige Baum

Ganz sicher: Das Bild des Ölbaums ist für Paulus der Schlüssel überhaupt, um das Verhältnis von Israel und Heidenchristen zu denken. Nichts als ein einziger Ölbaum. Gottes ganze Geschichte mit den Menschen ist wie ein Ölbaum, mit heiliger Wurzel und herausgeschnittenen und eingepfropften, auf diesem Wege künstlich veredelten Zweigen, und das sind wir Heidenchristen. Alles Handeln Gottes ist wie Handeln an diesem Baum.
Es gibt in der gesamten Geschichte zwischen Gott und den Menschen – bildlich gesprochen – nur diesen einzigen Baum. Alles Geschehen zwischen Gott und Menschheit ist wie gärtnerische Tätigkeit Gottes an diesem Baum. Durch keine Sünde wird er beseitigt. Und weil aller Anfang für das Ganze gilt, so gilt auch hier: Jegliches Heil wird immer nur Erfüllung der an Abraham ergangenen Verheißung sein und sonst nichts.
Ölbäume sind nicht besonders schön für unseren Geschmack, aber man sieht diesen knorrigen, untersetzten Gestalten an, was sie durchgemacht haben im Kampf gegen Sonne und Hitze und Sterben.

Wider die Kälte der Geschichtslosigkeit

Der Charme des modernen progressiven Christentums, besonders des protestantischen mehr oder weniger calvinistischer Prägung, besteht in seiner Direktheit, in der Fähigkeit zu unvermittelter Aktualität und in seiner ethischen Orientierung. Eine ausgeprägte Rationalität macht dieses Christentum fast immun gegen Mißachtung von Menschenrechten und läßt es als glaubwürdigen Verfechter dieser wichtigen Sache auftreten. Verschiedene Emanzipationsbewegungen, die sich jetzt mit Christentum verbinden, sind gleichfalls moralisch-ethisch orientiert (Befreiungstheologie, Feminismus, Ökologie, Emanzipation sexueller Minderheiten). Dazu gehört auch der jüdisch-christliche Dialog.
Der Preis für diese ethische Rationalität scheint mir in einem völligen

Fehlen des Sinnes für Geschichte zu bestehen. Die dialektische Theologie hatte ja auch Christentum als das »Ende der Geschichte« verkündet. Mit dem fehlenden Sinn für Geschichte meine ich alles andere als Kenntnisse von Geschichtsepochen oder Jahreszahlen. Damit meine ich vielmehr durchaus diejenige Situiertheit der Christen, die Paulus in dem Bild vom Ölbaum anspricht.

Als Christen sind wir hineingestellt in eine Geschichte, in ein zeitliches Kontinuum, das mit Abrahams Erwählung begann. Daher gibt es auch eine historische Dimension des Glaubens, nämlich einen Standort zu haben in einer Menschenkette der Zeugen, die im Längsschnitt durch die Geschichte reicht. Daß es sich dabei um etwas völlig anderes handelt als um Traditionsdenken, Konservativismus oder um einen falsch verstandenen Philo-Judaismus, muß wohl nicht erst betont werden.

Sinn für Geschichte seit Abraham bedeutet zunächst negativ: Es ist nicht alles in Gleichzeitigkeit und Unmittelbarkeit aufzulösen. Entgegen Sören Kierkegaard wird hier auch die Nicht-Gleichzeitigkeit zu einem Element des Glaubens. So ist der Raum, in dem ich als Glaubender lebe, ein Raum, in den auch Ungleichzeitiges in meine Gegenwart hineinragt und mich begleitet. Die vergangene Geschichte ist durch wie auch immer wachgehaltene Erinnerung in Form von Bildern auf eine indirekte Weise präsent, und diese Bilder bilden einen Teil der Wände des Raumes, in dem ich lebe. Indem ich mich bewußt hineinstelle in die Geschichte seit Abraham, in diese Geschichte förmlich hineinschlüpfe, verzichte ich auf die rationale Planung als das allein für mein Verhältnis zur Geschichte Bestimmende. Und ich verzichte ausdrücklich auf eine Kategorisierung beliebiger Zeiten der Geschichte unter meine modernen Einteilungen. – Vielmehr: Das Vergangene ist nicht präsent, aber auch nicht fern, denn seine Zeugnisse sind Teil meiner Welt. Ein nicht fremder Teil, sondern ein Stück anderen Sinns, der wie potentieller Reichtum mich umgibt.

Wenn Leben im allgemeinen und christliches Selbstverständnis im besonderen nicht nur je punktuell und eine Folge von klugen Anpassungen und Modewellen sein soll, dann müßte es über die Dimension des Punktes hinaus versuchen, einen Raum zu erfülltem Leben zu erlangen. In diesem werden die Zeugnisse der Geschichte seit Abraham nicht »angewandt«, sondern sie machen den Raum vertraut und heimisch, in dem ich wohne, da ich mein Christentum von diesen Zeugen her empfangen habe. Daher werde ich auch nie auf Jona, Sacharja, Augustinus, Thomas von Kempen und Martin Luther verzichten können, weil ich immer durch sie geprägt sein werde. Und es ist wohl gut, wenn europäische Christen hier ihren Heimatraum entdecken. In diesem Raum geht es um Wiedererkennen und Fortschreiben. Und Entsprechendes gilt für Christen aus Afrika und Asien dann für ihren Bereich.

Aus diesem Grunde halte ich es für problematisch, hier plötzlich in asiatische Formen von Mystik zu springen. Denn diese gehören nicht zu unserer Geschichte, also nicht in den Prozeß unseres Werdens hinein.

Für mich bedeutet dies die historische Dimension des Glaubens: Es geht um einen Raum zum Leben, der nicht kahl und leer ist wie ein modernes Labor in völliger emotionaler Armut, sondern in dem Ungleichzeitiges den Horizont meines Lebensgefühles bildet; es mag offenbleiben, ob man dieses bildlich als den Schoß Abrahams oder als eine Art Mutterschoß der Geschichte bezeichnen will. Und wieder im Bild: Je schwieriger das Verhältnis zur Generation der leiblichen und geistigen Eltern ist, um so wichtiger wird das hier beschriebene zu den Generationen der Voreltern.

Wenn ich mich – eher emotional per Eindruck und im Sinne des Geprägtwerdens durch eine Erzähltradition als in rationaler Analyse – begleiten lassen will durch die Bilder dieser Geschichte, dann ist sie mir unaufdringlich nahe und vertraut. Sie ist einfach ein Schatz, auf dem ich ruhig werden kann.

Diese historische Dimension des Glaubens hat übrigens auch ethische Folgen: Denn diese prinzipielle Vertrautheit mit Geschichte bedeutet die Ausprägung einer Fähigkeit, die das Mittelalter *discretio* nannte, nämlich: Geschmack, Stil, Unterscheidungsvermögen, Sinn für das, was paßt, ohne daß gewordene Eigenarten zerstört werden. Es bedeutet auch: Über den Zwang zur Aktualität hinaus könnte sich so die Wahrnehmung einer größeren Weite des Spielraums ergeben. Am Ende könnte dieser größere Spielraum auch vernünftiger Argumentation wesentlich mehr Chancen bieten als die Konzentration auf den aktuellen Augenblick, da so vielleicht die Gegebenheiten entzerrter erscheinen.

Ich habe es oft empfunden, daß die Kälte der rationalen Analyse nicht nur den Verlust des primär ästhetischen (im Sinne von: wahrnehmen, erfahren) Lebensraumes der Geschichte bedeutete, sondern auch den Verlust der Fähigkeit, überhaupt zur eigenen Geschichte in einem bedachten Verhältnis zu stehen.

Ich meine, daß das Bild vom Ölbaum uns helfen kann, überhaupt unsere Geschichtsvergessenheit einzuholen, die unglücklicherweise durch den christlichen Glauben auch noch gefördert wurde. Denn sicher ist die Geschichte voller Schuld, was Protestanten immer hervorheben; aber das Ölbaumgleichnis sagt etwas anderes, das noch wichtiger ist: daß sie getragen ist von der Treue Gottes zu den Erzvätern Israels.

Nur Hinzugenommene sind wir

Die Adressaten des Paulus sind, hier mitten in seiner Rede über Israel, mit einem Male wir Heidenchristen. Uns sagt er unmißverständlich: Achtet immer darauf, ihr seid nur Hinzugenommene. Die Wurzel und der Stamm, das sind Abraham und Isaak und Jakob und alle ihre Kinder bis jetzt. Und ihr Heidenchristen dürft nur freundlicherweise mit dazu gehören. Eigentlich wart ihr gar nicht vorgesehen, ihr seid nur Nutznießer, fast so etwas wie Kuckuckseier auf einem Boden, der euch nicht gehört.

Wir haben keinen Grund, uns großartig vorzukommen mit unserer Erwählung. Denn alles verdanken wir Israel, auch den Messias selbst. Und das Christentum ist nichts anderes als ein Zweig der jüdischen Religion am Stamme Abrahams. Aber das betrifft nicht nur die Ideen, sondern unseren Status selbst. Wir existieren vor Gott nur unter der einzig gültigen Perspektive, daß wir hinzugenommene Kinder Abrahams sind. Der Ölbaum aber ist und bleibt alles.

Paulus hatte, wenn wir das im nachhinein sehen, allen Grund uns zu warnen; den Erwählungsgedanken haben wir in der Tat übernommen. Aber ohne Treue. Es fing damit an, daß die Kirche sich im zweiten Jahrhundert das »wahre Israel« nannte und von da ab geneigt war, ihren Status als nur zusätzlich Angenommene einfach zu vergessen.

Wir Heidenchristen hatten vergessen: Gott bleibt gefährlich, er kann auch wieder herausschneiden. Immer wieder wird das Pochen auf Erwähltsein ausgespielt gegen die Gefährdung durch den lebendigen Gott: Die Weise, in der Christen Juden verfolgten und mißhandelten,

Mission und Kolonisierung betrieben und verknüpft haben, ist untrennbar mit der Erwählungsideologie verbunden. Und sollte nicht auch am deutschen Wesen die Welt genesen?

Und es ist ein Skandal, daß, wie in Heidelberg geschehen, ein Theologiestudent mit einer jüdischen Verlobten sein Studium aufgeben muß, weil keine einzige deutsche Landeskirche bereit ist, jemanden, der einen jüdischen Partner hat, auch nur anzustellen. Hoffentlich wächst bald die Generation heran, die solches ändern wird. Die auch anhand von sichtbaren Erinnerungszeichen (wie Bewahrung der Sabbat- und Sonntagsruhe und des beweglichen Ostertermins) stets ins Gedächtnis ruft: Wir sind nur Hinzugenommene, und auch als die, die Gottes Gnade bekennen, sind wir doch gefährdet durch möglicherweise notwendige Schnitte des Besitzers des Ölbaums.

Aber es geht nicht immer nur um die Sünden der Väter und der Behörden: Fühlen wir uns Gott nicht wesentlich näher mit unserem edlen reformatorischen Christentum als die vermeintlich nur abergläubischen Christen in Sizilien? Meinen wir nicht doch, daß wir »es« viel besser begriffen hätten und den anderen sagen müßten, was Sache ist? Laufen wir nicht alle als Akademiker durch die Welt wie verkappte Oberlehrer, weil wir »es« erfaßt haben? Verachten wir sie nicht doch ein wenig, die sogenannten Bürger, die wir meinen aufklären zu müssen über Gott und die Welt? Der Hochmut des deutschen Akademikers ist eine säkularisierte Form eines Erwählungsbewußtseins ohne Treue. Kommt nicht daher unser Verhalten, daß wir einfach gegenüber jedermann immer nur als die Fordernden auftreten? Ich habe nichts gegen Artikulieren der Not – aber wenn es so wird, daß wir nur gegenüber allen die Fordernden sind, dann stimmt etwas nicht. Und im Jahre 1990 habe ich gelernt, daß unser »Stand« zu Freude und Dankbarkeit kaum fähig ist, weil die Schwermut des Besserwissens auf uns lastet. Dann ist das Soziale verschwunden, und eben das wäre bei Paulus nicht nur eine direkte Folge des Glaubens, sondern mit Glauben identisch. Wir sind doch nicht allein im Hause.

Vor allem aber sagt uns Paulus: Gott und Erwählungsbewußtsein ohne Treue sind die eigentlichen Feinde. Gott hat durch nichts Menschen so geliebt wie durch sein Erwählen – und: Gott wird durch nichts so verletzt wie durch Erwähltheitsbewußtsein ohne Treue. Es geht zum Beispiel überhaupt nicht, daß wir in einem Anfall von seichtem Ökumenismus Frieden mit anderen Religionen schließen, ohne zu bedenken, daß wir selbst nur sekundär Hinzugenommene, nicht Herr im eigenen Haus sind, daß wir dergleichen überhaupt nur im Zeichen des Bildes des Ölbaums bedenken dürfen.

Gott als Herr der Geschichte

Paulus aber äußert diese Worte im Rahmen eines universalen Geschichtsentwurfs in Röm 9-11. Paulus hat den Mut dazu, Gott konsequent als den Herrn der ganzen Geschichte zu denken.

Ein gutes Gegenbeispiel sind die mittlerweile zu Recht schon völlig vergessenen Studentenproteste des Wintersemesters 1988/89: Sie waren ohne jegliche Perspektiven, ihnen fehlte jeder Gesamtentwurf. Alles ähnelte eher Gewerkschaftsforderungen als einem Konzept, angekränkelt von Zweifel, ob alles auch nur das Geringste bringt. Die Einsicht in die Komplexität unserer Gesellschaft macht uns vorsichtig und müde zugleich. Wenn man Studenten und Studentinnen fragt, was sie trieb und woran sie glaubten bei alledem, ist erst einmal langes Schweigen. Wenn man lange nachdenkt, ergibt sich bestenfalls ein Mosaik. Doch in Wahrheit hungern und dürsten sehr viele nach einer Konzeption überhaupt. Das Leben ist viel zu kurz, um nur für gute Lebensbedingungen zu sorgen. Sie lösen das Eigentliche nicht.

Und gerade jetzt, wo alles nur noch an Wirtschaft denkt, wo man auch den Sozialismus als die letzte große idealistische Konzeption angesichts eines in dessen Namen angerichteten totalen Bankrotts verabschiedet hat, wage ich es, Ihnen eine Alternative vor Augen zu stellen. Mitten im Dadaismus der zwanziger Jahre, der auch Züge eines verspielten Nihilismus hatte, entdeckt Hugo Ball wie in einer Bekehrung Simeon den Säulenheiligen: Heiligkeit, Ultraplatonismus, wie ihn die Steinfiguren von Chartres ausstrahlen, Strenge, strikte Freiheit, Frieden stiften können aufgrund dieser Freiheit. Konsumverzicht als neue Radikalität, um jene Freiheit zu gewinnen, die allein den Geist ausmacht. Dazu aber helfe uns Gott, dazu helfe uns die Faszination durch jenes Geheimnis, das Paulus in Röm 9-11 beschreibt: daß Gott alle unter die Sünde geführt hat, um sich ihrer aller zu erbarmen.

Die Dramaturgie des Erbarmens Gottes (11,30–32)

Ein Drama in fünf Akten

Spieler: Erstens nichtchristliche Juden, zweitens Judenchristen, drittens Heidenchristen, viertens nichtchristliche Heiden, fünftens Jesus Christus, Gottes Sohn. Bühnenautor und Regisseur: Gottvater. Regieassistent: Paulus, Apostel. Bühne: die Weltgeschichte. Zeit: von Adam bis zum Jüngsten Tag.

Vorbemerkung zur Aufführung: Der Weg Gottes mit den Menschen ist nicht einfach so, daß, wer nur gehorsam ist, auch Erbarmen findet. Das wäre die verbreitete naive Vorstellung über das fromme Bravsein. So, als ob der Mensch nur folgsam sein müßte und dadurch alles andere geregelt wäre. In Wirklichkeit kann er gar nicht brav sein, und Gott regelt alles trotzdem. Aber viele denken einfach an die Abfolge von Bravheit und Belohnung und halten dann mit Recht die jüdische und christliche Religion für autoritär.

Doch in Röm 11,30–32 ist viermal von Erbarmen und ebenso oft von Ungehorsam die Rede, aber kein einziges Mal von Gehorsam. Das Problem und Thema des Dramas ist: Wie kann das zusammengehen, Ungehorsam und Erbarmen? Wie können diese Gegensätze je zusammenkommen?

Die revolutionäre Aussage dieses Dramas ist: Gott kommt zu seinem Ziel auf dem Weg über den Ungehorsam der Menschen. Er erreicht sein Ziel nicht einlinig, sondern über das Gegenteil. Eben deshalb ist es ein Drama mit fünf Akten und nicht nur eine einzige Szene.

Erster Akt: Die angeredeten Heidenchristen waren einst (seit Adams Zeiten) ungehorsam gegenüber Gott. Sie glaubten, solange sie Heiden waren, nicht an Gott und hielten sein Gebot nicht oder nur unvollkommen.

Zweiter Akt: Israel wurde durch die Botschaft des Evangeliums angesprochen, aber es lehnte sie mehrheitlich ab, war ungehorsam. Gottes eigenes Volk erkannte seinen Messias nicht an.

Dritter Akt: Daher wandte sich die Botschaft an die Heiden. Das Erbarmen Gottes, einst und zuerst für sein Volk bestimmt, ergriff die Außenstehenden. Der Ungehorsam Israels bot die Chance für diesen Wechsel der Adressaten. Ihr Ungehorsam machte das »Evangelium für die Heiden« möglich. Die Heidenchristen traten an die Stelle der Teile Israels, die versagt hatten.

– Pause –

Vierter Akt: Am Ende der Zeiten aber wird, weil die Abfolge Ungehorsam/Erbarmen gilt, auch Israel Erbarmen finden.

Fünfter Akt: So wird am Ende Gottes Erbarmen gegenüber allen stehen, gegenüber Juden wie Heiden.

So gilt also für das ganze Drama als ungeschriebenes Gesetz der Szenenfolge: Auf Ungehorsam folgt Erbarmen. Die wenigen Judenchristen haben dieses zuerst erfahren, dann die Heidenchristen; aber auch der ungläubige Teil Israels wird dasselbe erfahren können, nur phasenverzögert, nur eine Zeit später, aber nach derselben Regel. Gott wird auch an ihnen so handeln.

Gott als Gefängniswärter

»Gott hat alle zusammengeschlossen zum Ungehorsam . . .« In der dunklen Zeit des Ungehorsams ist Gott jeweils der »Schließer«, ein Gefängniswärter, der die Menschen einschließt, so daß sie nicht ausbrechen können. Er schränkt ihren Spielraum drastisch ein. Paulus sagt nicht: Gott ist die Ursache des Ungehorsams. Aber es heißt doch: Gott ließ, wenn man überhaupt handeln wollte, keine andere Wahl als den Ungehorsam. – Das sind erstaunliche Aussagen.

Paulus hat diese Aussagen vorbereitet: Laut 9,33 hat Gott für Israel den Fallstrick gelegt. Wer aber eine Falle stellt, rechnet darauf, daß der dafür Vorgesehene hineintappt. Und nach 1,28 hat Gott alle Menschen dem Unverstand übergeben, hat sie blöde gemacht, weil sie ihn nicht anerkannten. Es traf daher keine Unschuldigen. So ist Gott mindestens zweimal verstockend tätig geworden: für die Menschen insgesamt und speziell für Israel angesichts der Ablehnung Jesu Christi. Gott ließ keinen Ausweg. Und doch wird an der Verantwortlichkeit der Menschen kein Zweifel gelassen. Das gilt auch schon für die alttestamentlichen Verstockungsaussagen, zum Beispiel für Jes 6,9f.

226

Gott schließt die Menschen ein, so daß sie nur noch ungehorsam sein können. Er versperrt jeden anderen Ausweg. – Ein grausamer, dunkler Gott? – Jedenfalls macht Paulus nicht den Teufel verantwortlich oder Dämonen. Aber auch nicht den Menschen allein. Denn: Zu abgründig ist dieses Geschehen, als daß der Mensch hier allein am Werk sein könnte. Er ist nicht sein Herr in eigener Regie, auch nicht in seinem Versagen. Gott war zwar nicht Ursache des Sündigens, aber er selbst verstellte den Weg zu jeder Alternative, so daß es vorhersehbar war, daß alle straucheln mußten, auch Israel. Er übergab sie der Verblendung. Gott hat auch dann seine Regie nicht aufgegeben, wenn es um das Versagen des Menschen geht; er ist auch dann Regisseur des Dramas und bestimmt den Ort der Szene im ganzen Stück, damit aber den Handlungsspielraum und das Bühnenbild. Er teilt die Rollen zu. Der Rest ist frei, ist der Ort für menschliche Freiheit.

Der Mensch wird dadurch nicht entlastet, und er ist nicht souverän. Er ist eingebunden und hineinverflochten in ein Drama, das weit über sein momentan von ihm beabsichtigtes und gesehenes Handlungsziel hinausreicht. Sein Ungehorsam und sein Versagen sind nur Etappen auf Gottes Weg. Gottes Weg ist nicht der Weg des Menschen. Gott benutzt den Weg der Menschen, um zu seinem Ziel zu gelangen. Und gerade dort, wo der Mensch meint, allein auf seinem Weg zu sein, als Sünder Gott los zu sein, gerade dort ist Gott als Regisseur tätig oder geht ihm unerkannt voraus. Man kann nicht sagen: Der Mensch denkt, doch Gott lenkt, denn »Lenken« wäre zu viel gesagt. Aber Gottes Tun geht doch im Ganzen in diese Richtung.

Gottes Ziel

Alles liegt daran, welches Ziel Gott mit seiner Dramaturgie verfolgt. Aufgrund der Erfahrung des auferstandenen Herrn sagt Paulus: Wenn Gott auch die Menschen straucheln läßt und sie verstockt – er hat dabei doch nur das eine Ziel, sich aller zu erbarmen.

Das klingt zumindest merkwürdig. Denn: Warum erbarmt er sich nicht gleich? Warum diese irritierenden und Gottes Ansehen schädigenden Umwege?

Der Grund für den umständlicheren Weg ist die Zweiteilung der Menschheit in Israel und die Heidenvölker. Bezüglich Israels hatte sich Gott festgelegt: Israel gilt die Erwählung, ihm ist der Messias gesandt. Nach dieser Selbst-Festlegung wurde es schwierig, zu den anderen zu gelangen, ohne die Festlegung aufzuheben. Das ging nur auf diesem Weg: Nur über das Versagen der einen konnten die anderen gerettet werden.

Weil Gott Israel gewollt, geliebt, bejaht und erwählt hat, wurde der Zickzackweg Gottes nötig, um das Erbarmen allen zuteil werden zu lassen. Gottes Weg ist nicht direkt, so daß er einfach nach der Vertreibung aus dem Paradies allen sein Erbarmen zugewandt hätte. Wer wollte das von Gott verlangen? Vielmehr: Der »Charakter« dieses Gottes ist durch die Erfahrungen gezeichnet, die die Menschen mit ihm gemacht haben.

Dieses ist das besondere Merkmal des jüdischen und christlichen Gottesbildes: Es geht nicht um die reine Idee eines göttlichen Wesens, wie am Reißbrett entworfen. Sondern dieser Gott wird in der Geschichte erfahren, und von daher stammen die Aussagen über ihn. Die Geschichte ist ganz und gar nicht zu überspringen. Deshalb hat Gott keinen »ebenmäßigen« Charakter, sondern er kennt Vorliebe und Zorn, übt Verstockung (auch seiner Lieblinge) und Verwerfung, läßt fallen und nimmt Scheitern in Kauf, züchtigt mit Strafe und schenkt überreiches Erbarmen.

Weil die Geschichte das Erste und das Letzte ist, was wir aus seiner Hand erfahren, deshalb ist es für jüdisches und frühchristliches Denken nicht legitim zu fragen: Hätte Gott vielleicht besser anders handeln sollen? Warum hat Gott nicht gleich nach dem Paradies sich aller erbarmt? Warum war Jesu Kreuzigung nötig? Denn Gott offenbart sich in den Geschehnissen, und immer erst danach kann man sagen, wie er ist. So fragt jüdisches und frühchristliches Denken nicht: Wie hätte Gott das anders machen können? Man versucht auch nicht, für Gott Konsequenzen seines Handelns zu bedenken, die er angeblich selbst nicht bedacht hätte. Die berühmteste Frage dieser Art ist: Was wird aus denen, die das Evangelium nicht vernehmen konnten, kommen sie in den Himmel oder in die Hölle? Man versucht so eigentlich, anstelle Gottes sich über sein Handeln Gedanken zu machen (vielleicht sogar: sich fürsorglich seiner anzunehmen, weil er etwas angerichtet hat, das er vielleicht nicht übersehen konnte), weil man mit dem, was man weiß, nicht zufrieden ist. Etwa nach dem Motto: Hat Gott daran nicht gedacht? Dann müssen wir eine Lösung finden.

Jüdisches und frühchristliches Denken geht dagegen umgekehrt vor. Das, was man erfahren hat, ist das letzte und einzige Datum. Und das, was man nicht erfahren hat, die möglichen Alternativen und die ferneren Seitenkonsequenzen, ist absolutes Geheimnis. Und von dem, was man erfahren hat, gilt: Und wäre es nur dieses gewesen, das wäre schon genug gewesen. So heißt es in der jüdischen Passahliturgie zu den einzelnen Heilstaten Gottes immer wieder als Refrain »das wäre schon genug gewesen«. So also, und nicht mit der Frage: Hätte Gott nicht lieber ganz anders handeln sollen? Jüdisches und frühchristliches Denken nimmt das, was geschehen und ergangen ist, ganz »positivistisch« an und überläßt den Rest Gott.

So fragt auch Paulus nicht dahinter zurück, welches Recht Gott hat, so zu sein. Er kann nur von dem ausgehen, was im Nacheinander offenbar wurde. Denn Geschichte ist nicht revidierbar. Sie ist keine Idee, sondern ein Drama mit Gott.

Nur über das Ende dieses Dramas weiß Paulus etwas seit Jesus Christus. Denn sein Kreuz ist die Peripetie, der Umschwung. Und seitdem kann man den Ausgang vorherahnen: Erbarmen mit allen.

Gottes Handschrift

Glauben ist eine Art, genauer hinzusehen. Und bei genauerem Hinsehen wird jeder es auch für sein Leben bestätigen können: Die Zeiten des Glaubens und des Ungehorsams sind nicht Wege ohne Gott. Er führt uns durch die Zeit der Verweigerung hindurch, unsere Verweigerung geht jeweils nur seinem Erbarmen voraus.

Aber jeder Versuch, Gottes Charakter im vorhinein festzulegen, scheitert. Was man von ihm erwarten kann, umfaßt den denkbar weitesten Spielraum. Er führt hindurch. Er muß sein Wirken nicht abhängig machen von unserer Zustimmung. So führt er auch und gerade dann, wenn wir uns abwenden. Quer zu unserem Willen bestimmt der seine. Wie jemand, der beim Tanzen »führt«, und zwar auch dann, wenn wir ihm bei verschiedensten Tanzfiguren den Rükken zuwenden.

So gilt auch für Gottes Erbarmen am Ende, daß es eine neue, unerwartete Gestalt haben wird. Gott ist da nicht nur der Vollstrecker alt- und neutestamentlicher Bibelstellen. Am Ende geht es dann nicht mehr um Gehorsam und Lohn; der Zusammenhang von Tun und Ergehen ist hier verlassen. Es gilt am Ende Gottes Erbarmen, das alle unsere Irrwege und Gottes Sonderwege zu Ende führt. Dieses Erbarmen wird triumphieren, und ihm wird niemand und nichts mehr Widerstand leisten können. Um dieses Ziel zu erreichen, mußte und wollte Gott selbst in eine begrenzte Kooperation mit dem Versagen der Menschen eintreten. Gewiß, diese Kooperation ist abgründig, aber sein Erbarmen ist noch größer. Das aber gilt auch von meinem Versagen: Gott wird sich durch mich nicht hindern lassen, mir am Ende seine Liebe zu schenken. Ich mag mir selbst im Wege stehen, Gott werde ich nicht im Wege stehen.

Woher das Böse kommt

Paulus leistet in diesen Kapiteln auch einen Beitrag zur Frage nach dem Ursprung des Bösen, der Sünde. Er führt es nicht auf den Teufel zurück, sondern entdeckt neu die Gefährlichkeit und Abgründigkeit Gottes selbst. Die Sünde entsteht durch den ursprünglichen Abstand von Gott und Mensch. So war Gott auch im Alten Testament immer wieder erfahren worden. Auch das Vaterunser bittet: »Und führe uns nicht in Versuchung«, weil Gott es wollen könnte. So bittet Jesus im Vaterunser darum, daß Gott uns vor sich selbst beschützen möge. Deshalb geht es um ein Drama, weil es keine direkten Wege und ebenmäßige Charaktere gibt. Und genau das ist der Sinn der Rede des Paulus von Gottes endgültigem Erbarmen: Gott schützt uns am Ende vor sich selbst, denn er läßt nicht seine Größe, sondern sein Erbarmen siegen. Oder anders gesagt: Jetzt und dann, da er die Schöpfung vollenden wird, kann erkennbar werden, daß der »ursprüngliche« Abstand von Gott und Mensch gar nicht das Ziel der Schöpfung war, sondern nur ein Rohbaustadium. Denn durch Gottes Geist wird jetzt und dann dieser Abstand ausgeglichen, und dadurch entfällt der Zwang zur Sünde. Gottes Geist aber ist die Gabe seiner Liebe (Röm 5,5). Sie ist die letzte und entscheidende Schöpfungstat Gottes.

Aus unserem Ungehorsam wird Gottes Erbarmen (11,32)

Das Thema

Nach der kühnen Aussage des Paulus in diesem Text wird Gott ganz sicher gerade das zum Guten wenden, zum Ziel seines Erbarmens führen, was bei uns nicht in Ordnung war, was Ungehorsam gewesen ist. Die Schlüsselposition hat dabei Jesus Christus inne. Denn in seiner Kreuzigung treiben wir unser Versagen auf die Spitze, und doch ist sie für Gott der entscheidende Anlaß, uns sein Erbarmen zu schenken. Dieser Zusammenhang soll verdeutlicht werden anhand zweier Bilder, die vom Bildmaterial her (Weinbau) zusammen gehören: In Jes 5,1–7 wird anhand des Bildes vom Weinberg Gottes Israels Versagen geschildert; und in den mittelalterlichen Darstellungen von »Christus in der Kelter« wird bedacht, wie Jesus Christus die eigentlich von uns erwartete Frucht des Weinbergs gebracht hat. Das Böse, das wir ihm antun wollten, wurde zum Erweis des Erbarmens Gottes. – Das Bild in Jes 5,1–7 ist besonders gut geeignet, das Versagen von Juden und Heiden zu illustrieren, von dem Paulus ausgeht.

Der Weinberg

Man muß schon Weinberge lieben, um diesen Schmerz zu verstehen. Und wohl oft haben Menschen, die den Weinbergen einen Namen gaben, an diesen Text gedacht. Immer wieder erinnern diese Namen daran, daß Weinberge Bild für Gottes eigenes Land und für die Verheißungen an sein Volk sind: Wir hören und schmecken klangvolle Namen wie Diedesfelder Paradies, Altdorfer Gottesacker, Herxheimer Engelsberg, Ippesheimer Himmelgarten, Malscher Mannaberg, Hügelheimer Gottesacker, Königsbacher Ölberg, Zeller schwarzer Herrgott, Bergzaberner Wonneberg, Dirmsteiner Herrgottsacker und Ürziger Himmelreich. Bei uns in Norddeutschland dagegen kennt man oft nicht einmal den Unterschied zwischen Weißwein und Rotwein, denn auf der Getränkekarte in der Gaststätte liest man oft nur »Wein

– 3,80 DM« – und das ist alles. Und man ist ganz traurig, wenn man das liest. Man muß schon Weinberge lieben – mein Lieblingsplatz ist der Weilerer Steinsberg mit einem richtigen Turm in der Mitte wie in Jes 5 –, dann weiß man, daß sie im Herbst wirklich schön sind, vor der Spätlese in den letzten Sonnentagen mit ein wenig herbstlichem Dunst, der die Farben zu einem zarten Leuchten bringt. Dagegen ist der Frühling nichts Besonderes im Weinberg, die Blüten sind ganz unscheinbar. Die Zeit des Weinberges ist der Herbst. Und wie jämmerlich sieht alles erst im Winter aus. Wie schrecklich, wenn es so bliebe: kleine Knötchen statt Trauben. Wenn es bei winzigen grünen Dingern bliebe, die durch keine Sonne mehr zu retten sind und nur noch verfaulen können. Weinberge sind anfällig, und fordern fast das ganze Jahr hindurch Zuwendung. Der Wein wächst nicht so von selbst wie Kartoffeln. Er ist ein »Hätschelkind«. Um so größer die Enttäuschung, wenn die Ernte nichts einbrachte. Dann waren viele tausend Stunden vergebens. Vielleicht hat man aber in diesem Fall auch nicht den richtigen Standort gewählt. Wenn man beispielsweise mit der Bahn durchs Maintal nach Würzburg fährt, blickt man immer auch auf Flächen, die nichts tragen. Und oft weiß niemand warum.

Auch der enttäuschte Gott fragt in unserem Text nicht nach dem Warum. Er fragt nicht: Wart ihr vielleicht erblich belastet oder hattet ihr eine schwere Kindheit oder einen Komplex oder eine Neurose. Er fragt nicht: Warum verweigert ihr die Frucht? Aber andererseits fordert er auch nichts Besonderes, sondern nur das Erwartbare: daß nach unendlicher Mühe und Zuwendung, nach allen nur erdenklichen Vorgaben der Weinberg nur noch einfach das annehmen müßte, was in ihn hineingesteckt wurde. Das Tun lag auf der Seite Gottes, der Weinberg mußte es nur geschehen lassen, die Früchte tragen und nicht ihr natürliches Werden blockieren. Voll Verzweiflung fragt er nicht: Warum verweigert ihr die Frucht, sondern: Warum hoffte ich? Und es ist ganz logisch, daß in diesem Rechtsstreit der Weinberg dann nicht zu Wort kommt. Es geht nur im Gottes Liebe vorher und die Enttäuschung jetzt.

Die Kirche des frühen Mittelalters nimmt diesen Text auf in den Improperien der Karfreitagsliturgie, und wenn wir den Text nur auf uns alle beziehen, dann gilt er auch jetzt:

»Mein Volk, was habe ich dir getan, womit nur habe ich dich betrübt? Antworte mir!

Ich habe dich herausgeführt aus dem Lande Ägypten; dafür bereitest du deinem Heiland das Kreuz.

Vierzig Jahre lang habe ich dich durch die Wüste geführt; ich habe dich mit Manna gespeist, dich geleitet in ein reich gesegnetes Land; dafür bereitest du deinem Heiland das Kreuz!

Was hätte ich mehr tun sollen und tat es nicht? Ich habe dich gepflanzt als meinen auserlesenen Weinberg: du aber, wie bist du mir bitter geworden! Du hast mich in meinem Durste mit Essig getränkt, hast deinem Heiland die Seite durchbohrt mit der Lanze!

Deinetwegen habe ich Ägypten geschlagen und seine Erstgeburt; und du – verraten hast du mich und geschlagen mit Geißeln!

Mein Volk, was habe ich dir getan? Womit nur habe ich dich betrübt? Antworte mir!

Ich habe dich herausgeführt aus Ägypten, den Pharao versenkt in das Rote Meer; und du hast mich an die Hohenpriester verraten.

Ich habe das Meer vor dir aufgetan; und du – du hast die Seite mir aufgetan mit dem Speer.

Was hätte ich mehr tun sollen und tat es nicht?

Ich bin einhergezogen vor dir in der Wolkensäule. Und du hast mich gezogen vor den Richterstuhl des Pilatus.

Ich habe dich mit Manna genährt in der Wüste. Und du hast mich in das Gesicht geschlagen und hast mich gegeißelt.

Ich habe dir aus dem Felsen zu trinken gegeben Wasser des Heiles – und du: Galle und Essig hast du mir gegeben zum Trank.

Deinetwegen habe ich die Könige der Kanaanäer geschlagen, und du: mit einem Rohr hast du mich geschlagen aufs Haupt.

Ich habe dir ein königliches Szepter verliehen – und du hast mein Haupt gekrönt mit einer Krone von Dornen.

Ich habe dich erhöht mit großer Kraft; und du hast mich erhöht am Holz des Kreuzes!

Mein Volk, was habe ich dir getan? Womit nur habe ich dich betrübt? Antworte mir!

Und das Volk kann nichts antworten zu seiner Entschuldigung. Es hat alles empfangen und das Gegenteil getan. Richtet zwischen mir und dem Weinberg – sprecht euch selbst das Urteil.

Denn so gälte das jetzt:

Ich habe euch zum reichsten Land der Erde gemacht – aber ihr könnt und wollt nichts abgeben.

Ich habe euch alle Gaben der Wissenschaft und der Kunst gegeben – aber ihr nutzt sie aus zum blanken Profit.

Ich habe euch gesegnet mit großen Lichtern der Kirchengeschichte – und ihr wollt euch das Erbe noch nicht einmal ansehen.

Ich biete euch Freude und Vergebung in Fülle – aber ihr sät Haß und Ängstlichkeit und brütet über den Ordnungen eures Kleingeistes.

Ich habe alles in der Welt mit Schönheit geschmückt – aber ihr müßt immerzu gerade dieses zerstören.

Ich habe euch die Fähigkeit zu denken und zu lieben gegeben – aber die Art, in der man in eurer Gesellschaft Posten bekommt oder nicht bekommt, ist reine Menschenverachtung.

Ich habe euch das Miteinander in Europa als reiches Erbe und große Chance zum Frieden geschenkt – aber ihr geht nicht einmal zur Wahl und überlaßt den Rechtsradikalen die Abstimmung.

Und immer wieder geht es darum: Ich bin der Herr des Weinbergs – und ihr tut so gegenüber einander, als wäret ihr es. Und dabei fordert ihr, wo ihr nichts gegeben habt. Ihr habt nicht den Weinberg entsteint und gepflanzt und gehegt, ihr könnt es viel besser ohne Mühe nur mit Forderungen. Ihr seid eine schlechte Kopie eures Herrgotts.«

Den Rechtsstreit, in dem wir verstummen müßten, haben wir nur verlagert in das Verhältnis von Mensch zu Mensch: Du tatest nicht das, was ich wollte, pflegen wir zu sagen. Wir kehren es um: Wir sollten antworten auf das, was uns geschenkt ist, großzügig und kreativ. Statt dessen klagen wir an und stellen Hürden auf, wo wir selbst nie zu schenken bereit waren.

Wir spielen Herren des Weinbergs

Gott hat uns mit viel Liebe wie einen Weinberg angelegt. Aber statt Frucht zu bringen, behandeln wir Menschen wie in der Kelterpresse. Wir warten nicht auf Wachsen, sondern pressen das Letzte aus ihnen heraus. Unsere scheußlichste Erpressung ist unsere Parteilichkeit. Daß wir Menschen abstempeln, die nicht in unsere Richtung passen. Grobschlächtiges Pressen ist das. Dieses macht mir oft zu schaffen und bekümmert mich: Von dem Maß unserer Gefühle könnten zehn Parteien leben. Aber in Wirklichkeit könnte es keine, denn noch im-

234

mer verwechseln wir Demokratie mit Theokratie und mischen uns schlimmer als Ayatollahs ein, mit drei fundamentalistischen Eigenschaften: Besserwissen, Anklagen und Fordern. Wir setzen andere unter Druck, und die eigenen Hände sind leer. Salz der Erde ist etwas anderes, als den anderen alles versalzen zu wollen. Haben wir nie wahrgenommen, wie Sauerteig wirkt, daß er nicht allgemeine Säuerlichkeit, sondern einen Teig schafft, der nicht fade ist? Haben wir nie daran gedacht, daß das Licht der Welt auf Anhieb Freude und Befreiung schaffen müßte und nicht die Finsternis eines moralisierenden Meinungskonformismus? Je fundamentalistischer wir tun, um so leichter können wir jeden moralisch bis aufs Hemd ausziehen. Was wir Liebe zur Gerechtigkeit nennen, ist neue Blindheit ohne Maß geworden. – Ich weiß es auch: Das differenzierende Denken der etablierten Parteien ist mit der Todsünde der Langweiligkeit behaftet. Und mit Verrottung, wie die desolaten Zustände in vielen Ortsvereinen der Parteien zeigen. Differenziertes Denken ist für sich ebenso wenig schon gut wie radikales. Aber Gott schütze uns, Sie und mich, vor Blindheit. Schütze uns vor all den kleinen Propheten, Ayatollahs und Jeanne d'Arcs, die rechts und links neben sich nichts und niemanden mehr kennen und nur noch recht haben und sonst nichts.

Christus in der Kelter

Das Bild des Weinbergs findet seine Fortsetzung in den spätmittelalterlichen Darstellungen von Christus in der Kelter. Die Kelterknechte als Folterknechte, die Jesus bis aufs Blut peinigen. Das genau kommt dabei heraus, wenn Menschen sich als Herren des Weinbergs aufführen. Immer wieder peinigen und pressen wir Menschen, und so haben wir auch Christus in die Kelter genommen. Christus in der Kelter – das genau ist das Gegenbild zu Gottes liebevollem Pflanzen und Hegen des Weinberges. Wir nehmen Menschen in den Schwitzkasten. Wir machen alles immer so schrecklich eng und simpel und gewaltsam, aus Mangel nicht nur an Geduld, sondern in Wirklichkeit aus Mangel an Hoffnung. Herdentrieb und Gewalt. Gott schenkt, und wir pressen. Und andererseits: Neulich habe ich meinen Kindern Rom gezeigt, auch die Papstgruft unter Sankt Peter, die einsamen, kalten Särge von Pius XII, Paul VI und Johannes Paul I. Nur an einer

235

Stelle war es anders, nur am Sarg Johannes XXIII knieten reihenweise Menschen aus aller Herren Länder, die still beteten. Ich erinnerte mich wieder daran, als ich neulich die »Gorbi, Gorbi« Rufe hörte. Wir Menschen spüren es genau, wenn einer persönlich etwas wagt. Wie tötend muß unsere alltägliche Starre sein, wie hoffnungslos festgefahren, wenn Menschen selbst nach dem dünnsten Strohhalm greifen, der ihnen irgendein Zeichen der Hoffnung gibt, daß nicht immer alles so unmenschlich bleiben muß. Die Größe der Sehnsucht zeugt für die Größe der Not. Daß einer Menschen nicht auspreßt, sondern ihnen Mut macht.

Aber das Bild von Christus in der Kelter führt uns noch weiter: Die Frucht, die wir nicht gebracht haben, bringt er mit seinem Leben. Wir haben ihn nicht nur in die Kelter genommen, die christliche Botschaft bezieht sich auch darauf, daß Gott dieses angenommen hat als die ganze Ernte. Der Wein im Abendmahlskelch – er stammt schließlich aus einem Weinberg – erinnert uns daran, daß er, nicht wir, die Frucht gebracht hat vor Gott. Daß menschliche Grobheit, menschliches Peinigen hier der Weg war, auf dem Erlösung gehen konnte. Wir haben nicht nur keine Frucht gebracht, sondern mit dem Mord an Jesus das größte Verbrechen begangen. Aber gerade diese größte Sünde hat Gott verwandelt in die Gabe des Heils. Das Peinigen kam nicht zum Ziel, sondern zum Gegenteil, wie ein Weg oder Pfad, der steil bergauf führt, aber dann an der Decke des Raumes oder am Himmel in die andere Richtung gelenkt wird, seine Richtung wechselt und als Gnade auf uns zukommt. Der Weg der Peinigung, der von einer gütigen Hand in die entgegengesetzte Richtung gelenkt wird und wie Tau von oben herabkommt.

Wo das Böseste angerichtet werden sollte, gerade dort wurde durch Gottes neue, unsägliche Gnade das Beste daraus. Einmal und ein für allemal das Heil. Diese Verwandlung unserer Bosheit ist das eigentliche Geheimnis des Glaubens. Damit ist unsere Bosheit nicht gut geworden, – ganz allein Gottes geheimnisvoller Macht ist es vergönnt, diese Umwandlung zu vollziehen. Dieser Austausch von Verbrechen gegen Gnade ist das äußerste Geheimnis des Christentums.

Damit wir sehen, daß wir mit aller unserer Bosheit nicht ankommen gegen die Liebe Gottes. Der uns nicht nur den Weinberg, uns selbst, schenkt, sondern auch noch die Frucht dazu. Damit wir endlich, endlich verstehen, daß er die reine Liebe ist.

Glaube und vernünftiges Zusammenleben (12,3)

Glaube und Vernunft

Für viele Menschen ist das heute noch ein Problem: denn Glaube scheint eher ein Gefühl zu sein, eher mit ekstatischen und wunderhaften Dingen zu tun zu haben, eine Nachbarschaft zu besitzen zu Inbrunst, Intoleranz und Schwärmerei oder jedenfalls doch wenigstens zu Begeisterung. Und redet nicht Paulus selbst von Geistesgaben wie dem Zungenreden in höchsten Tönen? Ist er nicht selbst durch seine Vision vor Damaskus und durch seine Entrückung in den dritten Himmel (2 Kor 12) zum Visionär geworden? Und ist seine Kreuzestheologie denn vernünftig – oder spottet er nicht vielmehr über die Weisheit der Welt? Hier jedenfalls, wo es um die Konsequenzen aus dem Glauben geht, überrascht Paulus mit der kalten Dusche der Nüchternheit. Und wenn Paulus »vernünftig« sagt, dann meint er es auch so; dazu hat er zuviel Ahnung von zeitgenössischer Philosophie. Im Aufbau der Kapitel 12 und 13 wird das Drängen auf Vernünftigkeit schließlich in der Zusammenfassung des Gesetzes in Nächstenliebe enden: Denn auch sie ist für Paulus nichts anderes als ein vernünftiger Ausgleich. Weil der Ton auf dem »wie dich selbst« liegt, handelt es sich für ihn um das Programm einer gerechten Ordnung.
Nicht Barmherzigkeit ist das erste Kriterium, sondern Vernunft wird zuerst genannt. Offenbar ahnt Paulus, daß man eine Gemeinschaft nicht mit Barmherzigkeit führen kann, wohl aber mit Vernunft. So heißt es nicht, daß ein jeder sich irgendwie (für den Nächsten oder für das Gemeinwohl) »hingeben«, sondern daß er sich vernünftig und nach dem Prinzip der Gleichberechtigung verhalten soll. Schon deshalb kann Barmherzigkeit auf Dauer keine Gemeinschaft begründen, weil die Gefahren der Herablassung und des Bettlerseins, das heißt: die Gefahren des Abgleitens der gegenseitigen Selbst- und Fremdeinschätzung der Nehmenden und Gebenden zu groß sind. Und es wird auch auf Dauer doch immer die Frage nach dem Nutzen aufkommen. Denn im Unterschied zu Notsituationen, in denen es auf Erbarmen sehr ankommt, geht es bei Gemeinschaften um Dauer.

Ich meine: Das ist erstaunlich und wohltuend nüchtern. Und ich meine auch: Wenn Christen das täten, wäre es schon viel. Alles angestrengte Reden von »Hingabe« hat eher vernebelnde Funktion. Wer auf Dauer mehr will als vernünftige Gleichberechtigung verfällt dem Verdacht der Bigotterie.

Paulus argumentiert in der Tat eher wie ein Politiker als wie ein religiöser Enthusiast, denn er geht aus von einem gemeinsamen Gut, das alle erhalten haben, und das ist der Glaube. Diesen Glauben erachtet er als die strikt gleiche Gemeinsamkeit. Und eben darum kann der Glaube auch das Maß für alles andere sein. Er ist das Verbindende, und entsprechend soll man sich an dem orientieren, was verbindet. Trennendes gibt es ohnehin genug. Trennendes sind die individuellen Begabungen. Angesichts der gemeinsamen Gabe beruft sich nun Paulus nicht etwa auf den Heiligen Geist, wie es vielleicht manche moderne Theologen tun würden, sondern er argumentiert in »demokratischer Unauffälligkeit«: Es geht um Ordnung im Miteinander. Die gemeinsame Gabe ist schlicht der Maßstab. Wer sie zerstört, wer gegen sie verstößt, hat das Maß verlassen.

»Demokratisch« ist das Denken des Paulus hier deshalb, weil die uneingeschränkte Gleichheit aller angesichts dieser verbindenden Gabe betont wird. Vernunft ist eine Folge dieser Gemeinsamkeit.

Paulus reagiert auf eine neue Situation

Paulus muß christliche Kirche von Grund auf »bauen« und organisieren. Wir stellen uns oft gar nicht mehr vor, daß Paulus mit fast allem, was er tut, gänzliches Neuland betritt. Vor ihm gab es in Rom wohl kleinere Hausgemeinden, wie wir an Kapitel 16 sehen. Aber an solche muß man nicht Texte wie Kapitel 12 und 13 des Römerbriefes schreiben; hier geht es um mehr, um eine Gemeinschaft, die eher großräumig politisch, als familiär bestimmt ist. Und damit paßt das Konzept dieses Kapitels auch noch auf uns in volkskirchlicher Situation.

Es war auch für Paulus als geborenen Juden eine neue Aufgabe, die Gemeinschaft der an Gott Glaubenden organisieren zu müssen. Das Judentum, dem Paulus entstammte, hatte klare Grenzen und althergebrachte Ordnungsstrukturen. Gemeinden im christlichen Sinne gab es nicht. Paulus betritt hier Neuland, indem er von jüdischen Voraussetzungen her und doch in einer anderen Situation eine religiöse Gemeinschaft organisieren muß. Das Gemeinsame sind nicht mehr die Abstammung von Abraham, die Beschneidung und die Reinheitsgebote sowie der jüdische Name; es gibt eine neue Art von Gemeinsamkeit, und auf ihr – und auf nichts anderem – muß diese Gemeinschaft aufgebaut werden. Und Paulus muß – wohl selbst überrascht – konstatieren: als Gemeinsamkeit bleibt nur der Glaube. Denn wie in Israel kann nur das Zentrum der Gemeinschaft sein, was die Beziehung zu Gott schafft.

Paulus greift in dieser Situation zu einem nüchternen, demokratischen Modell politischen Charakters. Nicht die Ekstase, sondern das Maß und der Maßstab sind jetzt wichtig. Diese Nüchternheit und dieses Augenmaß des Paulus sind nun freilich nicht mit Spießigkeit zu verwechseln, die sich selbst genügt und für die es weder Gott noch Teufel gibt.

Die Ausgangslage des Paulus ist schwierig: Wenn alle die gleiche Gabe haben, dann kann Gemeinde so etwas sein wie ein »Sack voll Flöhe«, weil keiner mehr Autorität hat als der andere. Das einzige, was da weiter hilft, ist die Vernunft.

Unsere Lage ist anders: Seit Jahrhunderten gibt es geistliche Autoritäten in Fülle; oft hat man den Eindruck, daß sie gemeint sind, wenn man von »Kirche« redet. Die Gemeinsamkeit aller ist darüber ebenso verlorengegangen wie oftmals der Gebrauch der Vernunft. Wie oft wird eher mit angeblicher Autorität des Althergebrachten argumentiert als mit Vernunft? Trotz unterschiedlicher Lage könnten aber die Kriterien des Paulus auch uns weiterhelfen:

Wie wäre es, wenn wir in der Lage wären, den jedem geschenkten Glauben wirklich als strikte Gemeinsamkeit zu achten?

Wie wäre es wenn wir nicht gerade dort, wo es um den Glauben des anderen geht, immer die ärgsten Zweifel an ihm hätten?

Wie wäre es, wenn wir das ernst nehmen könnten: Jeder hat seinen Glauben von Gott, und dieser Glaube ist dieselbe Gabe für alle, es gibt nicht einen schwärzeren oder röteren, sondern nur einen und denselben Glauben? Wie wäre es, wenn man nicht bestimmte Formeln (etwa das »Glaubensbekenntnis«, das Paulus sicher nicht kannte) zum Ausgangspunkt der Bestimmung dessen machte, was gemeinsam ist, sondern über den konkreten Inhalt der wirklichen jeweiligen christlichen Gemeinsamkeit neu nachdächte?

Wie wäre es, wenn wir beim Reden vom Glauben damit vor allem meinen, daß der Betreffende oder die Betreffende damit etwas besitzt, das von Gott ist, das ihn erwählt und kostbar macht vor Gott?
Wie wäre es, wenn wir bei allem Streit um rechts oder links diese Gabe Gottes als die Gabe der Einheit ehrfürchtig schätzten?

Glaube und Gerechtigkeit

Paulus steht mit diesen Versen genau am Übergang vom »theoretischen« zum »praktischen« Teil des Römerbriefes. So bestätigt es den Eindruck Martin Luthers, der Römerbrief sei dem Thema des Glaubens gewidmet, dadurch, daß hier an dieser wichtigen Stelle vom Glauben die Rede ist. Aber auch zum Thema Gerechtigkeit sagt dieser Text Entscheidendes. Denn der Glaube wird den Christen nicht nur zur Gerechtigkeit vor Gott »angerechnet«; das wäre eine reichlich theoretische Angelegenheit, wenn es dabei bliebe. Vielmehr kommt es nun darauf an, dem Gemeinschaftscharakter von Gerechtigkeit entsprechend, nun diese auch auszuleben. Wenn Gott uns die Gemeinschaft mit sich schenkt und unseren Glauben als unseren Beitrag zu der Herstellung der neuen Gemeinschaft annimmt, dann kommt es nun auf die Gestalt dieser neuen Gemeinschaft an. Das führt Paulus hier aus, indem er auf dem Glauben eine gerechte Gemeinschaft begründet. Nichts anderes als Gerechtigkeit scheint mir hier der Maßstab zu sein, eine Gerechtigkeit, die nicht Menschen erdacht haben, sondern die auf der einen, für alle gleichen Gabe Gottes beruht. Wer von Gerechtigkeit spricht, bedarf der Nüchternheit. Paulus unternimmt den Versuch, eine menschliche Gemeinschaft unter einer ganz neuen, so vorher nie dagewesenen Voraussetzung aufzubauen. Er schafft eine Verfassung, die auf dem Himmelsgeschenk des Glaubens beruht. So verbindet er wirklich Himmel und Erde auf eine sehr christliche Weise. Utopie und Nüchternheit begegnen sich dabei. Und vielleicht sind sie am Ende im besten Falle dasselbe.

Die Unvermeidlichkeit des Friedens (12,4–5)

Der Frieden ist schon wirklich

Sowie Paulus auf die Konkretion des christlichen Weges stößt, wird für ihn das menschliche Miteinander zum Thema. Nicht irgendwelche Gebote oder Tugenden stellt er uns vor Augen, sondern das Verhältnis zwischen Individuum und Körperschaft, damit aber das politische Problem überhaupt und damit auch das Problem des Friedens.

Schon in der Schule habe ich viel davon gehört, daß der Erste und der Zweite Weltkrieg angeblich unvermeidbar gewesen seien. Es habe eine Reihe von sachlichen und geographischen Zwängen gegeben. Ich verstehe diesen Abschnitt des Römerbriefes als strikten Gegenentwurf dazu: Das soziale Gleichgewicht (und nichts anderes ist die Gabe des Friedens) wird hier nicht als moralische Forderung aufgestellt. Sie wird nicht eingeklagt und befohlen, sondern Gott hat durch das Christwerden der Christen selbst die Grundlage für Frieden gelegt. Damit ist eine Unvermeidlichkeit des Friedens geschaffen. Denn was Gott den Menschen gegeben hat, ist die Wirklichkeit des Friedens selbst. Hat er doch nicht nur allen etwas Gemeinsames gegeben, den Glauben, sondern er hat auch jedem einzelnen eine individuelle Gabe geschenkt, die, wenn man ihr nur treu ist, konsequent auf ein Miteinander hingeordnet ist. So hat Gott Einheit und Verschiedenheit bereits als Gabe den Christen von Anfang an vermacht und damit ein soziales Gleichgewicht in einem friedlichen Miteinander. So ist, weil jeder Christ durch die Taufe Glauben und ein Charisma besitzt, damit etwas Allgemeines und etwas Individuelles, der Frieden schon in den Menschen selbst. Er ist die christliche Wirklichkeit.

Jedermann weiß, daß auch hier, gerade hier die Schatten der Vergangenheit übermächtig waren. Daß Christen nicht Frieden gehalten haben. Aber dennoch ist es die populärste mittelalterliche Glockeninschrift gewesen »Du König der Herrlichkeit, Christus, komm zu uns mit Frieden« (*o rex gloriae christe veni nobis cum pace*). Wer sollte sonst Frieden schenken können als der kommende Herr? Doch Paulus ist schon einen Schritt weitergegangen: Wenn man es recht betrachtet, ist Frieden mit der grundsätzlichen Konstellation der Christen zueinander geschaffen. Es ist ein Frieden zu einmaligen, besonderen Bedingungen. Er wäre unvermeidlich, hielte man sich an das, was Gott in jeden hineingelegt hat.

Die Situation des Paulus

Wie jeder Kirchenführer will Paulus die Einheit der Gemeinde verwirklicht sehen. Aber mir scheint, er ist sehr viel weiser und damit vor allem sehr viel christlicher in seinem Vorgehen als Dutzende von Kirchenleitern nach ihm, denn er fordert Einheit weder moralisch noch im frontalen Vorgehen. Er sagt nicht, daß jeder etwas abgeben müsse. (Wer will schon abgeben?) Vielmehr sichert er wirklich auf Dauer die Einheit der Gemeinde, indem er damit beginnt, daß gerade die Verschiedenheit die Einheit begründet, mehr noch: daß die Wurzel der Einheit bei jedem einzelnen liegt, in seiner eigensten Gabe, nur dort. Denn diese Gabe ist ihrem ganzen Wesen nach auf die Ergänzung durch andere angewiesen. Alle diese Verschiedenheiten sind sinnvoll, gerade und nur dann, wenn man ihnen treu bleibt. Paulus sichert so auf Dauer eine breite, aktive Trägerschaft der Einheit der Gemeinde. Denn wenn ein jeder mit seiner Gabe nötig ist und bejaht wird, dann ist dieses ein positiver Anstoß zum Mitmachen.
Sein kühner Vorstoß ist: Gerade aus all euren Verschiedenheiten kann Einheit werden. Die Verschiedenheiten unter euch sind überhaupt kein Argument gegen eure Einheit, sondern sie sind als solche der Einheit günstig. In den Versen 7 und 8a fallen dazu besonders die Wiederholungen auf: »den Dienst (hat Gott als Charisma gegeben) – im Dienen (soll man es verwirklichen)«. Diese Wiederholungen sind nicht Platitüden, sondern haben einen tiefen Sinn: Jeder soll wirklich das und nur das verwirklichen, was er empfangen hat, denn die Gaben sind von Gott gegeben im Blick auf den Leib. Es kommt nur darauf an, sie wirklich auszuleben und ernstzunehmen.
Paulus nennt keine »natürlichen« oder erblichen Gaben, auch nicht solche, die man durch Übung sich aneignen könnte, sondern in sehr großer Strenge nur solche, die mit dem Christentum zu tun haben.
Das Bild des Leibes ist zwar in der Umwelt des Paulus gebräuchlich, um die Einheit eines Staatswesens zu beschreiben. Aber neu ist, daß es sich um den Leib einer konkreten Person handelt, den die

vielen darstellen. Damit aber bleibt das Bild vom Leib nicht blaß und abstrakt, vielmehr wird hier eine Person in allen und allen voranliegend greifbar: Es sind die Konturen der Wirklichkeit Jesu Christi selbst.

Das Modell des Paulus von christlicher Gemeinschaft

Im Unterschied zu modernen Verträgen und Vertragstheorien löst Paulus das Problem des menschlichen Miteinanders nicht auf der Basis der Gegenseitigkeit unter Menschen. Er verläßt sich nicht auf Regelungen der Menschen untereinander. Vielmehr verwirklichen sich Frieden und Einheit immer nur auf dem Weg über Gott als dem gemeinsamen Zentrum. Zunächst ist jeder mit diesem Zentrum verbunden, von daher ist auch sein Verhältnis zu den anderen geregelt und bestimmt. Paulus erwartet daher – übrigens recht realistisch – keineswegs Frieden aus dem bloßen menschlichen Miteinander, sondern nur dann, wenn sich jeder für sich und dann alle gemeinsam auf ihr Zentrum, Gott, hin orientieren. So, wie das Verhältnis der römischen Provinzen untereinander nur über die Anbindung jeder einzelnen an die Monopole in Rom geregelt ist. Gott und Christus, sein Repräsentant, sind jedem einzelnen näher als der andere. Nur unter dieser Voraussetzung kann es Frieden geben, ist durch überzeugende Gründe gesichert, daß nicht alle aufeinander losgehen. Die bloße Gegenseitigkeit schafft keinen Ausgleich, sondern nur die Verankerung in der Hoheit und Herrlichkeit Gottes selbst. Daher sind es auch die speziellen »übernatürlichen« Gaben, die die Einheit gewährleisten; denn nur sie sind Gaben im Rahmen der neuen, endzeitlichen Gemeinschaft.

Paulus geht hier wie auch in 1 Kor 12 davon aus, daß grundsätzlich jeder Christ durch seine Berufung selbst bereits ein »Charisma« oder eine besondere Gnadengabe hat. In 1 Kor 12 sind diese Gaben noch stärker wunderhaft ausgerichtet als in Röm 12, aber auch hier geht es um beschreibbare und speziell »christliche«, auf Funktionen in der christlichen Gemeinschaft bezogene Gaben. Wunderhafte oder auch nur speziell für die christliche Gemeinschaft und ihre Förderung geeignete Gaben wird man in der heutigen Volkskirche nur schwer als Gabe grundsätzlich jedes Getauften ausmachen können. Was aber jeder Getaufte hat, das ist nun zwar weniger funktional oder charismatisch gedacht, aber es ist doch wohl ein eigenes Verhältnis zum Glauben, ein eigener Ansatz- oder Einstiegspunkt, seine eigene, durch Schuld und Gnade bestimmte Geschichte. Vielleicht sollte man das eher in diesem Sinne verstehen, um Paulus darin treu zu bleiben, daß jeder Christ, wirklich grundsätzlich jeder, eine besondere christliche Gabe hat. Charisma wäre dann das, was jeder wirklich ganz von sich aus im Glücksfall zu einem Gespräch unter Christen beitragen kann, um damit anderen zu helfen (denn dieser Gesichtspunkt gilt für Paulus als sehr wesentlich dabei).

Schwierigkeiten bei der Übertragung des Bildes

Das paulinische Bild von der Gemeinde als Leib Christi ist besonders schwer zu übertragen. Das liegt nicht nur daran, daß wir Schwierigkeiten haben, die »Charismen« bei uns zu identifizieren. Vielmehr: Die sozialen Aufgaben, aber auch die des Lehrens und fast alles andere sind in unserer »arbeitsteiligen Welt« längst verteilt. Es hat keinen Sinn, nach einem Ort, wo man gebraucht wird, krampfhaft und künstlich zu suchen, nur weil man Christ ist, wenn sich so etwas nicht von alleine ergibt. Künstlich neue Einzelaufgaben als Verwirklichung von Charismen in Gemeinden erfinden zu wollen, wirkt häufig krampfhaft und wie überflüssige Räder an bestens ausgestatteten Wagen. Die Schwierigkeiten liegen vor allem daran, daß das Modell der Ortsgemeinden gerade im Hinblick auf das Bild des Leibes nicht mehr zu tragen scheint.

Denn das Bild der Gemeinschaft mit Aufgabenteilung im Sinne des Paulus gilt wohl nur noch in Vereinen, die zu einem Teil ältere Sozialstrukturen (des 19. Jahrhunderts) bewahren und von Soziologen zumeist im Kleinbürgertum (was kein wertender Begriff ist) angesiedelt werden. So kann es kommen, daß – außer den wenigen erhaltenen kirchlichen Vereinen – das äußere Bild eines modernen dörflichen Feuerwehrvereins weitaus mehr dem paulinischen Bild von Gemeinschaft entspricht als die teilweise damit deckungsgleiche christliche Ortsgemeinde.

Es hilft nun nicht, hier moralische Forderungen zu stellen. Vielmehr ist Christentum keineswegs an bestimmte Sozialstrukturen gebunden. Und daher ist zu fragen, was die paulinische Fundierung der Gemeinschaft für christliche Gemeinden austrägt.

Das Bild des Leibes Christi hat vor allem deshalb für die Ortsgemeinde kaum noch Bedeutung, weil die Menschen sehr viel mobiler geworden sind und gleichzeitig viele überregionale Kontakte für ihr Christsein wesentlich wichtiger geworden sind als die örtlichen. Ich denke nur an Kirchentage oder die zahllosen kirchlichen »Tagungen«. Auch Fernsehen ist eine Form des überregionalen Kontaktes. Das führt zu zwei großen Entwicklungen:

Der einzelne Christ hat durch die größere Beweglichkeit, wenn er daran interessiert ist, mit sehr viel mehr Personen Kontakte, dafür aber auch kurzfristigere. Seine christlichen »Bezugspersonen« sind in aller Regel nicht mehr nur die Nachbarn oder der Pfarrer, vielmehr sind es regionale oder interregionale Partner. So hat er auch keine dauerhaften Funktionen für eine seßhafte Gemeinde mehr im Sinne der paulinischen Charismen. Wenn christliche Gemeinschaft irgendwo entsteht, dann durch die Art und Verschiedenheit, die jeder selbst darstellt. Es geht weniger um bestimmbare »Gaben« wie bei Paulus. Fast könnte man sagen: Charakter und Weg jedes einzelnen seien sein Charisma. Der einzelne ist isolierter geworden, seine Kontakte aber auch wohl differenzierter, weil er leichter die »passenden« Personen erreichen kann.

Und andererseits – das ist die zweite Entwicklung – wird heute zunehmend sichtbar, daß angesichts der sehr viel näher gerückten friedlichen Einheit aller Menschen auf der Erde der Bewahrung der individuellen Eigenart einzelner Völker, Sprachen und Kulturen besonderer Wert zukommt. Was bei Paulus die einzelnen Dienste in Rahmen einer antiken christlichen Stadtgemeinde waren, das sind jetzt die sehr individuellen Beiträge ganzer Völker für die Menschheitsfamilie geworden. Gerade weil die regionale Beweglichkeit sich sehr gesteigert hat, gewinnt die Besonderheit der Sprache und der Kultur eher an Bedeutung.

Vielleicht kann man daher sagen: Eine Entwicklung führt von der Ortsgemeinde zu stärkerer Isolierung der einzelnen Christen mit ganz anderen christlichen Kontakten – und eine andere Richtung der Entwicklung bewahrt das paulinische Bild von den individuellen Gaben, aber bezogen auf die Völker in der Familie der Menschheit.

Was aber trägt dazu das Bild vom Leib Christi aus?

Leib Christi

Die schier endlose Zahl der Kirchentagsbesucher und die wahre Sucht des ausgehenden 20. Jahrhunderts nach »Tagungen« offenbaren eine große Sehnsucht nach Kontakten. Trotz des Zerfalls der Ortsgemeinden ist diese Sehnsucht keineswegs geringer geworden. Nur ist das Anspruchsniveau höher (als vielleicht auf der Vereinsebene), und die »Frustrationsgrenze« liegt tiefer.

Das Bild des Leibes aber steht nach Paulus für »Kontakte« und für »Frieden«. Daher ist es in jeder Hinsicht unvermindert aktuell. »Leib Christi« ist, im Neuen Testament findet sich das vor allem im Epheserbrief, eher ein internationales und ein ökumenisches Ereignis geworden. Und was den einzelnen betrifft: Das paulinische Modell ist sicher keineswegs an das frühmittelalterliche Modell der Ortsgemeinde (mit Pfarrer und Sonntagsgottesdienst als Mittelpunkten) gebunden, und Paulus sagt auch nicht, daß diejenigen, die den Leib Christi bilden, zusammen wohnen oder auch nur für längere Zeit miteinander sein müssen. Das Bild des Leibes Christi ist für weitaus mehr Möglichkeiten offen, als es uns aufgrund unserer Tradition erscheinen möchte. Wir hatten bereits überlegt, daß feste Funktionen im Sinne der paulinischen Charismen heute weniger gegeben sind. Dafür haben Menschen in anderen, direkteren oder weniger direkten (stärker sachlich vermittelten) Formen miteinander zu tun. Das Finden von Kontakten ist für viele Gruppen und Bildungsgrade sicher schwieriger geworden als früher. Doch hat der einzelne viel mehr potentielle Berührungsflächen mit viel mehr anderen Menschen. Und da er aufgrund der Mobilität Menschen leichter erreichen kann, besteht auch die Chance, zu intensiveren Beziehungen zu gelangen. Dann aber gilt angesichts vieler möglichen Formen menschlicher Gemeinschaft: »Wo zwei oder drei in meinem Namen zusammen sind, dort bin ich mitten unter ihnen.«

Paulus drängt auf Einheit nicht per Diktat, sondern indem er sagt: Die Verschiedenheiten sind gerade als Verschiedenheiten der Einheit günstig. Heute würde das heißen: Das Charisma jedes einzelnen ist sein ganz persönlicher Grund, Christ zu sein. Wenn man dieses nur einsetzt, dann reicht es für alle nur möglichen Formen von Kontakten; dann ist auf dieser Basis Frieden unvermeidlich. Denn mit diesen Gaben ist mehr gegeben als nur Geselligkeit. Sie sind Mosaiksteine einer zukünftigen gerechteren Gemeinschaft aller Menschen. Denn die religiöse Beziehung zu Gott ist für Paulus nichts abseitig Privates, nichts Merkwürdiges und »Spinnertes«, sondern auch dies: der Grund der Möglichkeit von Frieden und Gerechtigkeit.

Ermutigung zum eigenen Weg (12,6–9)

Wider die falsche Einschätzung der Charismen

Unser Verhältnis zu den Charismen (»Gnadengaben«) ist wohl auch deshalb ein gebrochenes, weil wir immer wieder fraglos falschen idealisierenden Gemälden über die Vollkommenheit frühchristlicher Gemeinden auf den Leim gehen. Wir meinen daher oftmals, das, was damals die Gemeinden auszeichnete, müsse besonders pompös und großartig gewesen sein. Und wenn von Charismen die Rede ist, denken wir an eine Welt voller Wunder. So werden wir dann unbescheiden und erwarten zu viel. Vielleicht meint Paulus doch auch eher Bescheidenes. Daß hier dieses möglich war und dort jenes; daß es auch in der alltäglichen Normalität viele kleine Wunder gibt, die an jedem und mit jedem geschehen können. Wie etwa, wenn ein paar nützliche Hinweise möglich waren, dann ist das das Charisma der Lehre. Oder wenn jemand kritische Worte zu sagen versteht, die andere aufrütteln, dann ist das Prophetie. Wir malen uns wohl deshalb, weil es sich um »Urgemeinden« handelt, alles viel zu großartig aus, mit dem Ergebnis, daß wir selbst enttäuscht sind, da für uns so etwas Gewaltiges natürlich nicht zu haben ist.
Und dann lassen wir uns sehr von fundamentalistischen Gruppen beeindrucken und meinen, deren bisweilen doch etwas allzu kräftig zur Schau gestellte »Charismen« seien dieselben gewesen wie die im frühen Christentum. Doch oft ist das, was dort geschieht, nur selbst Folge einer bestimmten einseitigen Schriftlektüre, deren Recht nicht zu erweisen ist. Wer sagt denn, daß es im 1. Jahrhundert genau so gewesen sein muß, wie Leute heute meinen, den Geist Gottes zu erfahren? Man sollte das Neue Testament daher zumindest nicht nur durch

die Brille dieser Gruppen lesen. Paulus jedenfalls versteht im Römerbrief Charismen wohl anders und nicht im Sinne wunderhafter Effekte.

Nicht alles können müssen

Schon in 12,3 hatte Paulus gemahnt: ». . . nicht über das hinaus zu denken, was man denken soll.« Die folgende Liste der verschiedenen Gaben zeigt dann wohl, in welcher Hinsicht hier korrigiert werden soll. Denn »über das hinaus zu denken, was man soll«, war wohl eher ein Problem, das aus sehr viel kleineren christlichen Gruppen (wie z.B. den vorpaulinischen Hausgemeinden in Rom) mitgebracht worden war: Dort war jeder für alles zuständig gewesen. In Kleinstgruppen ist jede Christin und ist jeder Christ alles in einer Person, zuständig für Almosen, Trösten, Belehren und »Prophezeien«. Jeder und jede kann alles und muß alles können. Für eine größer werdende Gruppe dagegen ist Differenzierung angebracht. Vielleicht waren die Christen in Rom auch gar nicht so durch Geistesgaben gekennzeichnet wie die paulinischen Gemeinden in Korinth und in Thessalonike, d.h. möglicherweise hatten sie so etwas unter sich noch nicht wirklich »entdeckt«, und Paulus, der ihnen schreibt, versucht hier auf seine Weise, gerade mit Hilfe der Charismenlehre, Gemeinde zu bauen. Letzteres ist auf jeden Fall sein Hauptanliegen.

Gerade wohlmeinende Christen leiden oft darunter, daß sie nicht alles können oder daß sie überhaupt nur so wenig können. Ihnen zum Trost hat Paulus diese Zeilen geschrieben, speziell wohl auch für Leute, wie beispielsweise Pfarrer, die sehr oft meinen, wirklich alles können zu müssen. Neulich schickte mir ein befreundeter Pfarrer eine Liste mit seinen 52 Dauerfunktionen. Sie reichten vom Sachverständigen für Kirchenheizungen und Orgelbau bis zum Fremdenführer, vom Fachmann für Übersetzung der hebräischen Inschriften auf dem Judenfriedhof bis zum Spezialisten für den Bau von Großzelten bei Jugendlagern. Der Perfektionismus aber macht unzufrieden, und er zerstört Gemeinschaft. Und wie oft sind wir gerade dann enttäuscht, daß wir eigentlich gar nichts recht können. Und dann helfen wir uns mit kleinen Schritten und lauter Kompromissen. Aber genau das meint Paulus nicht.

Paulus denkt hier nicht an die vielen kleinen vergeblichen Versuche, alles zu können, sondern er meint den einen großen Schritt zu sich selbst, zur eigenen »Bestimmung«. Dieser eine Schritt ist möglich und nötig. Denn nur allzu häufig ist Christentum am Allgemeinen und an einer umfassenden Verwirklichung von Idealen jeder Art orientiert. Daher dann die Meinung, man müsse alles können. Viel zu wenig ist von dem einzelnen und seinen Möglichkeiten die Rede. Die ihn nicht überfordern, sondern mit denen er etwas gerne tut.

Gerade Paulus ist aber in der Lage, die Möglichkeiten des einzelnen so zu entdecken. Und das ist eine Konsequenz aus der Befreiung vom Gesetz als dem Gegenüber. Wir hatten bereits gesehen, daß damit alles Sollen und jede vor uns aufgerichtete Grenze überhaupt gemeint waren. Wenn das beseitigt ist, sind damit auch die allgemeinen Ideale (was »man« tut) entkräftet, der neue Maßstab für das Tun der Christen liegt im Handeln Gottes an uns selbst. Die Norm des Handelns ist die Wirklichkeit der Erlösung selbst. Und das bedeutet, da jeder einzelne als er selbst und in seiner Leibhaftigkeit von Gott geliebt ist, daß er nur auf das sehen muß, was er selbst empfangen hat.

So steht die paulinische Auffassung von den Charismen ganz in der Nähe seines Bekenntnisses zu dem Gott, der die Menschen gerecht macht. Hier wird deutlich: Bei diesem Gerechtmachen geht es auch um eine individuelle Tat Gottes an jedem einzelnen. Er wird bejaht, sein Selbst soll auferstehen. Deshalb muß an die Stelle der Allgemeinheit des Gesetzes etwas Individuelles treten.

So ist nur dieses nötig: dankbar wahrzunehmen, was Gott an einem getan hat. Das Miteinander muß sich auf dieser Basis, so denkt es Paulus, wie von selbst regeln. Vor der Aufgabe steht die Gabe. Daher hat auch die Erziehung der Römer durch den Apostel keine Spur von Ermahnung zum Gleichschritt. Das erste ist nicht, daß wir uns unter das Allgemeine (Sitte, Anstand, Soll des Gesetzes, das »Man« und den bürgerlichen Maßstab) beugen, sondern daß wir die je besondere Gabe und Bestimmung Gottes für uns wahrnehmen. »Charisma« ist dann der spürbare Ausdruck dessen, daß wir als einzelne von Gott geliebt und gerettet sind und daher auch – durch die Auferstehung – nicht verlorengehen. Denn nicht nur das Abschiednehmen bei der Bekehrung (mein »Sterben mit Christus«) ist je mein eigenes, diese eigene Linie setzt sich vielmehr als die mir geschenkte fort in meiner »Gnadengabe«. Und gleichzeitig ist meine eigenste Gabe genau die

Brücke zu den anderen hin. Wer das Eigenste wahrnimmt, vermag auch die Brücke zu den anderen zu sehen. Der »religiöse« Brückenschlag Gottes zu mir bedeutet zugleich auch meine Brücke zu den anderen. Wer den entscheidenden großen Schritt auf das hin tut, was die Gnade an ihm selbst schon je und je bewirkt hat, der macht damit auch die Brücke zu den anderen hin tragfähig. Es ist daher wirklich ein geistliches Ziel im Sinne des Paulus, die individuelle Gabe und Aufgabe wahrzunehmen und damit nicht das, was sein muß (das ferne Ideal), sondern das, was mir gegeben wurde. Radikalität wird in der Tiefe meiner Aufgabe erstrebt. Neben das Bedenken des Volkes Gottes in Röm 9–11 tritt hier das des einzelnen.

Wenn man fragt, wie es dazu kommen konnte, daß die Kirche den Blick auf die Charismen in so hohem Maße verloren hat, dann könnte die Antwort sein: Auch deshalb ist das geschehen, weil Christentum sich so stark mit dem verbunden hat, was »man tut« oder was »man nicht tut«. Dann ist für das, was der einzelne tun kann und will, kein Sinn und kein Raum mehr.

Ungeheuchelte Liebe – das Böse hassen, dem Guten anhangen

Es gibt eine Vorliebe des Bürgertums für die »Botschaft von der Liebe«. Dabei wird die »Liebe« dann häufig diffus, oft im Sinne eines »Gefühls« verstanden. Es mag sein, daß es sich bei dieser bürgerlichen Vorliebe um eine Art Ausgleich handelt: Je fester die »Anschauungen«, je starrer jegliche »Ordnung« und die Wettbewerbsregeln sind, um so nötiger ist offenbar als Ausgleich eine diffuse und sentimentale Liebe als eine Art Spielwiese. Und wie es dann so zu sein pflegt: Dieser Ausgleich ist keine Gefahr. Er kompensiert und verdeckt. Es bleibt bei der Erstarrung.

Jedermann weiß es: Gerade angesichts des riesigen Anspruchs von Liebe ist die Gefahr des Formalen besonders groß. Liebe und formale Erstarrung liegen nahe beieinander.

Woher mag es sonst kommen, daß die größte Gefahr der Liebe die Heuchelei ist? Offenbar hat auch Paulus schon gewußt, daß man mit diesem Etikett sehr leicht schwindeln kann. Das geht auch hier wieder sehr schnell unter Hinweis auf »allgemeine Menschenliebe« ohne besondere Konkretion. Und ist nicht gerade bei der damit gegebenen

Perfektionssucht die Gefahr der Heuchelei mit Händen zu greifen? Liegt nicht auch hier die befreiende Tat darin, daß der Nebelschleier des Allgemeinen beseitigt und der Mut zur Beschränkung erkennbar wird? Auch in diesem Punkt soll Christentum nicht der Bewahrung der bürgerlichen Ordnung dienen, in der »alles« stimmen muß. An die Stelle des »alles« setzt Paulus hier nämlich die Parteilichkeit: Paulus betont hier ausdrücklich, daß Liebe etwas mit Gut und Böse zu tun hat. Sie ist nicht weltumarmend, sondern äußert sich konkret im Haß gegen das Böse. Nur wer etwas hassen kann, vermag auch ehrlich zu lieben.

So betont Paulus Beschränkung, Besonderung und Konkretion – und dies gerade deshalb, weil der Mensch darin Gott gegenübersteht. Denn Gott kommt die universale Verteilung der Gaben zu – dem Menschen aber kommt es zu, dankbar zu sein, die Brücken sehen zu wollen, die Gott zu ihm hin geschlagen hat und die zum Nächsten führen.

Wider den normalen Schlagabtausch (12,19)

Wohl nichts erweist so deutlich die allgemeine Unterworfenheit unter die Sünde wie der generelle Zwang zur Vergeltung. Als Schlagabtausch bestimmt er die gesamten zwischenmenschlichen Beziehungen. Durch keinen Abstrich gemildert wird das Prinzip der entsprechenden Reaktion.

Das ist zunächst möglichst schonungslos zu konstatieren. Auf Dauer bedeutet es: Die Unfähigkeit zu vergeben ist nicht individueller moralischer Defekt, sondern eine bestimmende gesellschaftliche Struktur. Sie bedeutet: kein einziges Mal aus der Rolle des Beleidigten oder Verletzten heraustreten zu können.

Das heißt: niemals die Arme ausbreiten zu können, um zu sagen, vielleicht sei es doch gar nicht so schlimm. Niemals durch einen Wechsel der Betrachtungsebene der »Stärkere« sein zu können. Sondern: Tun und Vergelten bleiben stets wie Gefangene auf demselben Schiffsdeck aufeinander »angesetzt«. Eine weitere Dimension wird nicht gefunden.

Die Notwendigkeit der Vergeltung ist so ein schrecklicher Beleg für die Allgemeinheit der Sünde, die uns ein zwanghaftes Reagieren aufzuerlegen scheint. Etwas Besonderes ist dieses alles nicht, sondern es ist das, was sich eingespielt hat, so daß man sein Gesicht verliert, wie eine Schlafmütze ist, wenn man nicht reagiert.

Der Leser, der mir bis hierher gefolgt ist, mag das Geschilderte für eine Übertreibung halten. Ich würde mich in diesem Fall wehren und einfach feststellen, daß spätestens im Kindergarten jedes Kind es lernen muß, sich zu »wehren« sonst ist es nicht »gesellschaftsfähig«. Und ich würde die These aufstellen, jede anderslautende Behauptung ziele der Sache nach auf Heuchelei. Ich würde den normalen Schlagabtausch auch moralisch nicht werten wollen, sondern nur seine Normalität konstatieren.

Vor allem muß, und das ist die Absicht meiner Darstellung hier, angesichts alles dessen die Absicht des Paulus in diesem Kapitel als geradezu verwegen erscheinen. Und wohl erst dann kann man ihren Stellenwert richtig einschätzen.

Paulus bringt die Bedeutung seiner Zumutung auch im Rahmen der Gliederung dieses Briefes zum Ausdruck: Innerhalb von Kapitel 12 ist die Aufforderung zum Verzicht auf Rache der unbestreitbare Höhepunkt, durch Schriftzitate mit wörtlicher Rede ausgezeichnet. Dieses ist also die Spitze, die sichtbarste Auswirkung der Befreiung von der Sünde, die in den Kapiteln 3–5 geschildert wurde und damit das genaue Gegenbild zur Darstellung der Verfallenheit aller unter der Sünde in den Kapiteln 1,18–3,20. Das heißt: Vor allem dieses, das Racheüben der Menschen, ist die Sünde. Denn hier wird Gottes eigenstes Recht berührt; wer sich rächt, setzt sich wirklich selbst an Gottes Stelle (12,19b) und wiederholt damit die Grundsünde der Nicht-Anerkennung Gottes aus Kapitel 1,18–21.

Genau das ist Sünde: der Zwang zum Vergelten. Und weil es eine gesellschaftliche Regel ist, gerade und genau deshalb betrifft es wirklich alle. So bleibt: Vergeltung zu üben, sich wehren zu können, ist eine normale psychische Struktur.

Indem Paulus es anders will, wagt er einen ernsthaften Eingriff in die menschliche Psyche. Denn es handelt sich um eine Verhaltensweise, die mit der »Sozialisation« der Menschen eingeübt wurde und seither mit dieser selbst gegeben ist. Man muß nur wissen, was man tut, wenn man hier eingreift. Es handelt sich eben nicht um eine Randfrage, sondern es geht um eine der am tiefsten verwurzelten Verhaltensweisen.

Paulus wagt es denn auch nicht, das gewaltige Potential »Rache« einfach aus der Welt verschwinden zu lassen. Vielleicht sind moderne Sonntagsredner dazu fähig, Paulus dagegen ist realistisch und beseitigt das Phänomen nicht. Aber er überträgt die Rache auf Gottes eigenstes Handeln. Nur hier bemüht er Gottes persönlichen Anspruch auf ein Tun. Er weiß: Um Rache zu beseitigen, die stärkste Kraft unter Menschen, bedarf es schon Gottes selbst. Daher setzt er hier gewissermaßen das stärkste Argument ein, das er hat; er fährt die »schärfste Waffe« auf: Gottes Anspruch auf sein Gottsein selbst.

Und umgekehrt: Das paulinische Gottesbild ist wesentlich von daher zu verstehen: Gott ist der alleinige Gerichtsherr. Das gilt für Gerechtsprechen in der Rechtfertigung wie für die Rache. Beides hängt hier ganz eng zusammen. Es sind zwei Seiten derselben Sache.

In diesem Kontext ist Gott von daher so zu verstehen: Er hat das einzig legitime Gewaltmonopol.

Die Konsequenz: An Gott glauben, heißt daher auch, ihm die Gewalt überlassen. Nimmt man das ganz ernst, so wird deutlich: Glaubst du an Gott? bezieht sich nicht auf eine theoretische Frage, ob es Gott gibt oder nicht, sondern auf eine sehr praktische: Kannst du ihm das Gewaltmonopol lassen oder nicht?

Paulus greift so mit Hilfe des Hinweises auf Gottes Wirklichkeit ein in die menschliche Psyche und in jede normale Gesellschaft. Wenn es irgendwie stimmen soll, daß ihr an Gott glaubt, dann muß das die normale Tauschgerechtigkeit unterbrechen. Schon das schlichteste Ernstnehmen Gottes als des Gerichtsherren hätte die größte nur denkbare soziale Revolution zur Folge. Gottes Gerechtigkeit, von der Paulus in vielen Zusammenhängen dieses Briefes gesprochen hat, ist ja sein Beitrag zum Zusammenleben mit den Menschen, und dazu gehört hier: In dieser Gemeinschaft ist er der Richter und keiner sonst.

Daher: Wenn ihr Gottes Gerechtigkeit wirklich anerkennt, wenn ihr wirklich glaubt, dann überlaßt ihm das Gewaltmonopol als konsequentes sichtbares Zeichen dieser Anerkennung.

An Gott zu glauben, heißt daher: seiner Gerechtigkeit Raum zu geben. Heißt: Gott wirklich als Gegenüber, als Partner im sozialen Bereich ernst zu nehmen. Das kann alles Miteinander von Grund auf umgestalten.

Alle Rede von der Gerechtigkeit Gottes hat überhaupt keinen Sinn, wenn wir ihn dort, wo es um seinen Beitrag zu unserem Zusammenleben geht, ignorieren wollen. Wir nehmen ihn als Partner überhaupt nicht ernst, wenn wir seinen Anspruch auf Gewaltmonopol nicht achten. Denn diese Seite ist nur die Kehrseite des rechtfertigenden Gottes. Es soll daher keiner von der Rechtfertigung reden, der nicht bereit ist, Gott das Gewaltmonopol zuzugestehen. Das eine ist nicht ohne das andere zu haben. Wer den erstaunlichen Freispruch von Gott für sich erbittet, muß auch bereit sein, im sozialen Bereich ihm das Monopol des Richtens zuzugestehen.

Es ist typisch für Paulus, daß er diese Forderung konkret an das alltägliche Verhalten stellt.

Auch zur Vorstellung vom »Sterben des Leibes der Sünde« in Röm 6 ergeben sich hier Entsprechungen; in Röm 6 markierte der Begriff »Leib« die soziale Dimension. So also: Gott als Gegenüber mit Konsequenzen im Rahmen des sozialen Geflechts ernstzunehmen, das bedeutet: Abschied von der »Sünde« als der »alten« sozialen Verflechtung (Leib in Röm 6) und Abschied von der Vergeltung als der »alten« Weise, sozial zu reagieren (Röm 12).

Der Glaube an Gott ist daher nur ganz wirklich als der Glaube an den, der die gesamte Dimension von Ausgleich und Vergeltung trägt – und der damit zugleich auch der eschatologische Gott ist, das heißt der Gott, auf den sich auch die Hoffnung auf Gerechtigkeit stützt. Die Obrigkeit allerdings, die öffentliche richterliche Gewalt, hat Gott an seinem Gewaltmonopol teilhaben lassen (vgl. den Text zu 12,19-13,7). Aber sie tut es nur, um Gott zu helfen und damit der Einzelmensch sich nicht privat rächt. Sie dient der Forderung, niemand solle sich rächen, sie hilft den Menschen, diese Forderung zu erfüllen.

Mit seiner revolutionären Forderung auf Racheverzicht unternimmt Paulus am Ende doch nichts weiter, als ernst zu machen damit, daß Gott ein Gegenüber ist mit Konsequenzen für alle weiteren Gegenüber von Menschen im sozialen Bereich. Kein anderer hat so wie Paulus den Glauben an Gott einwirken lassen auf das Miteinandersein und Gegenübersein in der menschlichen Gesellschaft. Für keinen anderen Apostel hat der Glaube so tiefgreifende soziale Konsequenzen. Für keinen anderen sind Erlösung (als Gerechtmachung) und Racheverzicht (die Rache dem Richter überlassen) zwei Seiten desselben Gottes, der der Partner der Menschen ist.

Sieg des Lächelns (12,21)

Eine neue Kette von Tun und Reagieren

Manchmal gelingt es in meiner wöchentlichen Sprechstunde, in der so ernste Dinge wie Seminararbeiten und Examensvorbereitungen besprochen werden, der Besucherin oder dem Besucher ein Lächeln abzugewinnen. »Abgewinnen« – das heißt Gewinnen, Siegen. Und ich erinnere mich noch wie heute an das erste Lächeln meiner kleinen Tochter; sie mochte vielleicht acht Wochen alt gewesen sein, wir hatten um ihr Leben und um ihre Gesundheit sehr zu kämpfen gehabt, es war strapaziös gewesen. Dieses Lächeln, indem sie den Kopf etwas zu heben versuchte, war ihre erste ganz eigene Antwort. Lächeln ist eine Antwort, und dadurch wird ein neues »Domino«, eine neue Kette von Tat und Antwort, begründet.

Lächeln ist eine Antwort. Für Paulus geht es in diesem Vers um das Antworten und Reagieren auf menschliches Handeln. An die Stelle des Schlagabtausches setzt Paulus einen neuen Zirkel, einen anderen Kreislauf von Handeln und Reagieren, eine neue Spirale von Aktion und Gegenaktion.

Denn jedermann weiß: Ein Lächeln läßt man nicht gern gefrieren, sondern man beantwortet es, und so gibt es so etwas wie eine neue Abfolge von Wort und Antwort. Wie ein Pingpong-Spiel, bei dem der Ball nicht herunterfällt. Oder wie bei zwei Spiegeln, die sich gegenüberstehen und sich unendlich ineinander spiegeln.

Sieg des Schwächeren

Paulus verwendet das militärische Bild des »Sieges«. Ein Sieg fällt dem zu, der stärker und der damit von anderer Qualität ist. Bei der Art von Sieg, die Paulus hier meint, wird Gewalt und Druck und Macht besiegt durch Sanftheit und Gewaltlosigkeit und Vergessen des Unrechts. Es ist ein Sieg des Schwächeren über Gewalt, weil es doch zum Stärkeren hat werden dürfen. So ist es auch, wenn der am Kreuz Ermordete auferweckt wird von Gott.

Das heißt aber: Alles liegt daran, etwas Vorgegebenes in der Beantwortung so aufzunehmen und zu verwandeln, daß dann nun wirklich ein neuer Kreislauf entsteht. Paulus meint: einmal den Anfang machen und Böses nicht mit Schlagabtausch vergelten. Einmal das Eis brechen lassen. Das ist eigentlich etwas Gewaltiges; aber in der Umsetzung ist es vielleicht etwas Zartes, vielleicht ein Lächeln.

Ich meine, daß für die Umwandlung, die Paulus vorschlägt, das Bild des Lächelns besonders geeignet ist, weil es aus dem tiefsten Inneren kommt. Und ich stelle mir das so vor: Etwas, das wir von außen her erfahren, wird in unser Inneres aufgenommen. Und es dringt ganz tief hinein, in den Raum unserer letzten Freiheit. Von dort her können wir auch frei sein, mit Lächeln zu antworten. Nur von dort her gibt es die Freiheit, die Ebene zu wechseln, ganz anders zu antworten, als wir empfangen haben.

Die Leichtigkeit und Freiheit der Seele

Es geht um Menschen bei unserem Handeln. Und viel ist darüber nachgedacht worden, was das sei, die »Seele« des Menschen. Wie wäre es, wenn es so etwas wie »Seele« wirklich gäbe und wenn diese sich vornehmlich zum Beispiel im Lächeln äußern könnte? Und welche Konsequenzen hätte das für den Umgang mit Menschen?

Wenn die Seele des Menschen wie Lächeln ist, dann ist sie ganz leicht und immateriell, empfindlich für Wärme und Kälte, mit den Abmessungen wie der Jubel, letzte, allerletzte Freiheit. Weshalb denn auch Tote oft zu lächeln scheinen, wenn sie in der letzten Zeit vor dem Tod versklavt waren unter den Schmerz. Weil sie jetzt frei sind und die Seele dem Leib wie zum Abschied noch einmal ihr reines Bild aufgeprägt hat. Wenn die Seele des Menschen wie Lächeln ist, dann ist es das Leise, Flüchtige, Unhörbare und kaum Faßbare, das in Wahrheit wichtig ist und wirklich alles bedeutet. Denn natürlich wissen wir um die Verbindung von Seligkeit und Lächeln. Und kommt nicht auf Seligkeit alles an? Lächeln kann man nicht unter Zwang, aber bei Linderung, es ist Gelöstsein von Angst und Schmerz. Und es hat seine eigene Art von Unbesiegbarkeit.

Aber wenn das so ist, dann geht es nicht um ein großes, schweres Werk, sondern um eine sanfte und fast unauffällige Weise, sich die Freiheit zu nehmen. Deshalb, meine ich, kann Lächeln so leicht der

Anfang von etwas Neuem, von Besserem sein. Weil es nur wie ein Augenblick im wahrsten Sinne des Wortes ist; leicht und vergänglich wie ein Augenblick, aber vielleicht wie der entscheidende. Dann dürfen wir nur diesen Augenblick nicht versäumen – als Täter wie als Empfänger.

Der Römerbrief wie in einem Brennspiegel

Dieser kleine Vers sieht noch einmal die ganze Theologie des Römerbriefes wie in einem Brennspiegel. War es nicht Gottes Handeln selbst, das von dieser Art gewesen ist? Unser Böses, unsere Sünde, hat er mit seinem Guten, seinem Erbarmen beantwortet. Auf den von uns angerichteten Tod hat er mit Auferweckung reagiert. Unsere Feindschaft hat er mit seiner Liebe vergolten. Das scheint mir der zentrale Punkt dieses Denkens zu sein: Das, was an Bösem geschehen ist, hat Gott verletzt und erbittert. Er nimmt es auf und wandelt es ins Gegenteil um. So ist es ganz einleuchtend, wenn auch wir ermahnt werden, Böses mit Gutem zu vergelten. Groß und spektakulär muß und kann es wohl nicht sein, aber vielleicht wie ein Lächeln. Unschuldig, frei und rein und entwaffnend.

Die staatliche Ordnung (12,19–13,7)

Im Kontext des Römerbriefes: Nicht richten!

Schon in dem diesem Abschnitt vorangehenden Stück wird das Richten untersagt (12,19-21). Paulus wiederholt diese Aufforderung auch für das Verhalten untereinander in der Gemeinde (14,3-13). Und nicht zu richten ist die eigentliche Konsequenz der paulinischen Rechtfertigungslehre im Handeln der Menschen. Denn weil Gott allein das Richten zukommt, ist, nachdem er den Menschen freigesprochen hat, kein Raum mehr für das Richten von Menschen über Menschen.
Die staatliche Ordnung hilft nach der Ansicht des Paulus direkt bei der Verwirklichung dieses Zieles des Römerbriefes. Denn wer sich ihr

unterwirft, läßt sie im Auftrag Gottes alle richterlichen Funktionen wahrnehmen. Daher werden allein diese Funktionen auch betont. Paulus meint: Wer sich darin der Obrigkeit unterwirft, verzichtet damit auf seine individuelle Rache. Was zu tun ist, leistet ja die Obrigkeit als Gottes Dienerin. So stützt die Obrigkeit Gottes Anspruch darauf, allein der Richter zu sein; denn jedenfalls nimmt sie jedem einzelnen dieses Recht. So hilft die Obrigkeit Gott, seinen alleinigen Gerichtsanspruch zu bewahren, aber sie hilft auch dem Menschen, diesen Anspruch zu erfüllen. Auf diesem Wege und durch diese Rolle wird die Obrigkeit keineswegs besonders glorifiziert, sondern sie hat eine ausgesprochene Hilfsfunktion. Sie ist Dienerin. Sie vollzieht das, was an Richten auf Erden nötig ist, doch ohne individuelles Rächen. – So haben nach Paulus, wenn alles recht ist, Gott wie der Einzelmensch ihre richterlichen Möglichkeiten an die Obrigkeit abgegeben, je aus verschiedenen Gründen: Gott, weil er jetzt nicht selbst, sondern nur durch Stellvertreter handelt, und der Mensch, weil er Gottes Privileg nicht ergreifen soll. So hilft die Obrigkeit, das Erste Gebot zu bewahren: Der Mensch soll sich nicht rächen.

Begrenzte Perspektiven des Paulus?

Was Paulus hier nicht in Betracht zieht, ist der Fall, daß ein rachsüchtiger Machthaber (sei er nun Richter oder Inhaber sonstiger politischer Gewalt) die Rechtsordnung selbst mißbraucht für seine Bosheit. Nur um diesen Fall geht es, nicht allgemein um schlechte oder unchristliche Regenten: Daß jemand die Ordnung, die dazu da ist, individuelle Rache zu verhindern, gleichwohl heimtückisch zu solcher Rache gebraucht. Aber weder gab es wohl nach dem Ermessen des Paulus in der römischen Gemeinde Christen mit solcher Vollmacht noch liegt dieser Sonderfall in der Zielrichtung des Textes. Denn es geht darum, den Racheverzicht überhaupt zu begründen und sogar als institutionell möglich zu erweisen.

Paulus rechnet natürlich auch nicht damit, daß es eine christliche Obrigkeit geben könnte; aber auch eine christliche Obrigkeit würde an seiner Konzeption nichts ändern. Denn es wäre ja nicht der einzelne Christ als Privatperson, der hier das Gericht vollzöge oder sich gegen Gottes Anspruch rächte, sondern, wenn alles seinen ordentlichen

Gang geht, ist er Teil dieser richterlichen Institution. Das heißt: Er richtet als »Amtsperson« und richtet nicht per Faustrecht über den Nächsten. Und das vor allem will Paulus vermeiden.

Setzt Paulus ferner voraus, daß Richter nicht bestechlich sind? Denn im Falle der Bestechung fallen Richter aus ihrer amtlichen Rolle heraus in eine unangenehme private. Denn schon dann, nicht erst bei Tyrannen und Ideologen, wäre private Rache möglich. Ich glaube nicht, daß die Konzeption des Paulus dadurch zu Fall zu bringen ist. Denn Paulus würde wohl auf diesen Einwand hin antworten: Daß Richter unbestechlich sein sollen, ist ein Grenzfall dessen, was ich meine. Denn im Falle ihrer Bestechlichkeit verstoßen sie ja gerade gegen das Verbot, sich persönlich zu rächen. Dieses Verbot gilt auch für Amtspersonen. Und Paulus würde auch den immer gegen Röm 13 angeführten Fall des Tyrannen abweisen mit derselben Begründung: Auch der Tyrann fällt als Privatperson unter das Verbot der individuellen Rache. Nach Paulus müßte er sich einer nicht-privaten Institution unterwerfen. Hinsichtlich des Geforderten ist daher Paulus schlecht zu widerlegen. Was die Obrigkeit tun soll, ist klar: Sie soll amtlich und nicht nach privaten Interessen handeln.

Die Frage ist lediglich, was die Untertanen machen sollen, falls sich die Obrigkeit nach privaten Interessen verhält. Paulus würde sagen: Solange noch ein Funken von Institution da ist, von Erhaltung öffentlicher Ordnung, ist das immer noch besser als die private Rache des einzelnen aus subjektiven Eigeninteressen.

Paulus hat nicht bedacht und bedenken können, daß der Fall eintreten kann, daß bestehende Obrigkeit mit einer neuen, informellen im Streit liegt. Ich denke an die Attentäter des 20. Juli 1944. Paulus würde wohl sagen: Das hat mit dem in Röm 13 Geforderten nichts zu tun, denn am 20. Juli ging es nicht um private Rache von Privatleuten, sondern um eine zweite öffentliche Gewalt, die nicht juristisch, aber moralisch und durch einen maßgeblichen Konsens als solche legitimiert war. Entscheidend war das öffentliche und keineswegs private Interesse der Attentäter. Und damit läge dieser geplante Tyrannenmord dann doch ganz auf der Linie von Röm 13: Denn es ging gerade darum, eine Obrigkeit, die zur Wahrnehmung nur noch privater Interessen verkommen war, mit geeigneten Mitteln zu ersetzen durch eine, die wirklich den öffentlichen und amtlichen Interessen diente. Und das genau ist ja die Funktion der Obrigkeit nach Röm 13.

Man kann also sagen: Gegenüber allen Einwänden, die man gegen Röm 13 erhebt, ist die Unterscheidung von privater und öffentlicher Rache ein kaum zu überwindendes Argument des Paulus. Lediglich den Fall der Ersetzung einer Obrigkeit in einer extremen Notlage hat Paulus nicht bedacht, obwohl auch dieses dem Grundanliegen von Röm 13 sehr wohl dienen würde.

So gilt gewiß, daß Institutionen mit fehlbaren Menschen besetzt sind. Aber gerade auch für diesen Fall gilt die Grundaussage von Röm 13: Daß der einzelne seinen privaten Interessen (auch für den Fall, daß er selbst zur Obrigkeit gehört) einer wie auch immer gearteten öffentlichen Institution kritisch unterwerfen soll.

Überhaupt nicht entscheidend ist, daß bei uns Obrigkeit gewählt, bei Paulus dagegen monarchisch begründet wird. Denn die Aufgabenteilung bleibt in jedem Fall bestehen: daß die richterliche Vollmacht nur in den Händen weniger liegt. Und bestehen bleibt auch die grundsätzliche Scheidung zwischen öffentlich und privat.

Vor allem ist Paulus hier gegen den altbekannten Vorwurf gegen Röm 13 zu verteidigen, er begründe hier ein ordnungstheologisches Denken, um die Einsetzung der Obrigkeit von Gott her zu legitimieren. Er verwendet zwar diesen Gedanken; jedoch ist seine eigentliche Absicht in diesem Abschnitt mit jeder Staatstheorie möglich (ob die Gewalt nun vom Volk ausgeht, wie wir uns das vorstellen, oder ob die Obrigkeit von Gott eingesetzt ist).

In dieser Hinsicht geht es ihm überhaupt nicht um irgendeine Legitimation des Faktischen noch gar um eine Pauschalabsolution für alles, was die Obrigkeit tut, sondern es geht nur um diesen einen Punkt: Öffentlich muß Vergeltung sein, und sie darf nicht privater Willkür entstammen. Und natürlich gilt dieses auch für jede nur denkbare Obrigkeit: Öffentlich muß sie entscheiden und nicht nach privatem Gutdünken.

Selbstverständlich ist mit Röm 13 nicht die Demokratie zu stärken, doch die Unterscheidung von öffentlich und privat gilt auch hier. Man kann sagen: Paulus fordert in diesem Text keine positive Identifikation mit einer bestimmten Staatsform; nur ist ihm die damals bestehende, so wie er sie vorfand und auch gerade in ihrem wenigstens potentiellen Selbstverständnis als göttlich eingesetzter, als Hilfe für Gottes Anspruch gerade gut genug. Sie erfüllt Gott einen Dienst, indem sie öffentlich richtet.

Vernunft, Ordnung und Gesetz

In Röm 13,8 führt Paulus alle Weisungen von Kapitel 12 und 13 auf das Gesetz zurück. – Wie verhält sich, so ist zu fragen, das Gesetz, die jüdische Torah, zur Obrigkeit und ihrer institutionellen richterlichen Funktion? Ich meine, daß man von hier aus Wichtiges zum Verständnis des Gesetzes bei Paulus gewinnen kann.

Denn das Gesetz erscheint hier durchaus als Inbegriff der öffentlichen, sozialen Vernünftigkeit. Daher ist es auch im Gebot der Nächstenliebe oder negativ als »Niemandem-etwas-schuldig-Bleiben« zusammenzufassen.

Gewissermaßen von unten her gesehen, kann folgendes gelten: Indem Paulus die private Rache untersagt und Vergeltung allein Gott und seinen Dienern gestattet, erreicht er ein Höchstmaß an vernünftiger Kontrolle des Machtgebrauchs.

Denn mit der Entgegensetzung »privat« gegen »öffentlich«, die wir im vorigen Abschnitt versuchten, ist das eigentliche Anliegen des Paulus erst vorläufig umschrieben: Die nicht-private, öffentliche Wahrnehmung der Vergeltung ist nicht schon deshalb besser, weil sie öffentlich ist (das Wort »öffentlich« gibt es nicht bei Paulus), sondern das Gewaltmonopol der öffentlichen Hand dient eindeutig der größeren Vernünftigkeit. Ich meine das daraus begründen zu können, daß Paulus öfter das Gesetz Gottes der menschlichen Irrationalität gegenüberstellt, so besonders in Röm 7,7f dem Begehren und hier der Rachsucht. In 12,3 spricht er ausdrücklich von der vernünftigen Gläubigkeit (vgl. hier Text zu 12,3).

Für Paulus ist das Gesetz der Inbegriff der vernünftigen sozialen Ordnung, und schon allein deshalb ist es nichts Negatives. Es ist Eindämmung der subjektiven Willkür im sozialen Miteinander. So dient die Übertragung der Vergeltung an die öffentliche Institution vor allem dem Heraustreten aus der Gefährdung durch unkontrollierte und damit unsoziale subjektive Willkür. Ein höheres Maß an Öffentlichkeit bedeutet für Paulus größere Vernünftigkeit. Vernunft aber ist eine Ordnungsmacht für soziale Gerechtigkeit.

Auch Nächstenliebe ist für Paulus zuerst Inbegriff einer Ordnung, jedenfalls kein Gefühl. Denn »Liebe deinen Nächsten wie dich selbst« proklamiert ein soziales Gleichgewicht als Grundlage einer Ordnung. So ist am Ende Röm 13 ein neuer Beitrag zum Thema der Gerechtigkeit Gottes: Indem Gott die Rache an sich zieht (oder sie der öffentlichen Hand anvertraut) und sie dem Einzelmenschen entzieht, wird ein Stück unvernünftiger, subjektiver Willkür im Einzelmenschen besiegt. Vernunft im Gegensatz zu den gewalttätigen Affekten ist ein Weg, auf dem sich Gerechtigkeit Gottes verwirklicht. Auch das Gesetz ist nichts anderes als das inhaltliche Programm der Gerechtigkeit Gottes nach der Seite ihrer sozialen Konsequenzen. Daher verficht Paulus hier auch nicht Ordnung um ihrer selbst willen, sondern die Lösung, von der er sich die meiste Vernunft verspricht.

Der Sinn der Rede von »Vernunft« hier ist: Vergeltung wird nicht unterdrückt und nicht auf den Punkt eines Weltgerichts verschoben. Es gibt Institutionen in dieser Welt, die der Gerechtigkeit Gottes jetzt schon dienen können.

Gottes Gerechtigkeit ist nicht Sache ferner Zukunft. Vielmehr kennt Paulus für seine Gegenwart zwei Sichtweisen; eine von Gott her, und nach dieser geht es um Gottes Herrschaftsanspruch, um das Erste Gebot. Und nach der anderen Sichtweise bedeutet genau eben dieses auch das vernünftigste und sozialste Miteinander. Diese Kongruenz begründete freilich wohl sicher schon die Theologie des vorchristlichen Pharisäers Paulus. Christlich daran ist das Jetzt. Denn durch Jesus Christus ist diese Kongruenz von Erstem Gebot und Sozialordnung in das Stadium ihrer messianischen Verwirklichung eingetreten. Aus diesem Grund ist das Gesetz jetzt nicht mehr Inbegriff dessen, was Niedergeschlagenheit und Frustration verursacht. Der Geist Gottes, der uns das Gesetz erfüllen läßt, besiegt die subjektive Willkür. Daher ist er immer wieder der Geist des Friedens und der Sanftheit. Entgegen der Meinung vieler in der Geschichte des Christentums ist der Geist Gottes nicht vor allem etwas Irrationales, sondern nach dem Römerbrief Inbegriff sozialer, friedlicher Vernunft. Er ist die Kraft dazu, leidenschaftlich gerecht zu sein.

Mißverständnisse von Röm 13

Man hat gefragt: Wie wäre es, wenn nicht Röm 13, sondern wenn Apk 13 die Einstellung des Christentums zum Staat bestimmt hätte? Und damit meinte man: In Röm 13 wird bedingungsloser Gehorsam gegenüber der Obrigkeit gefordert, in Apk 13 dagegen wird die Obrigkeit desselben römischen Staates als das »Tier aus dem Abgrund«, als Inbegriff widergöttlicher Macht geschildert. Und der Hure Babylon wird das himmlische Jerusalem als Alternative gegenübergestellt. Der behauptete Gegensatz zu Röm 13 setzt voraus: In Röm 13 gehe es um eine restaurative, strikt obrigkeitskonforme Äußerung des Paulus, und daher wollten viele Theologen Paulus diesen Text absprechen. Zwar muß man sagen, daß dieser Text oft in dem genannten konservativen Sinn verstanden wurde; doch seine Absicht ist durchaus anders. Denn es geht um einen Teil der neuen Gerechtigkeit Gottes im messianischen Zeitalter: Frieden ist jetzt schon möglich, und er beginnt im Herzen jedes einzelnen, der auf Rache verzichtet, und im sozialen Miteinander überall und jederzeit dort, wo Gottes Geist ist.

Freilich ist diese messianische Zeit nicht rein jenseitig; für Paulus ist die Gerechtigkeit Gottes auch schon in den bestehenden Strukturen, ja unter deren Ausnutzung möglich. Paulus hat in diesem Punkt der Apokalypse ein Stück Realismus voraus, was sich als durchaus hilfreich für uns erweisen könnte.

Die notwendige Selbstliebe (13,9)

Liebe und Ordnung

Liebe ist für Paulus kein Gefühl, keine schwärmerische Hingabe, sondern ein Handeln im Rahmen eines friedlichen Miteinanders. Und besonders deshalb, weil es heißt ». . . wie dich selbst«, hat Liebe für Paulus die Bedeutung von gerechtem Ausgleich der vitalen Interessen auf meiner Seite und derjenigen der anderen. Gleichbehandlung (12,16), einander nichts schuldig zu sein und die Versachlichung der Rache durch die öffentliche Justiz (13,1-7) weisen insgesamt für diesen Abschnitt auf ein soziales und politisches Ordnungsdenken, das für den Juden Paulus selbstverständlich im Gesetz Gottes fundiert ist.

Evangelische Christen haben oft eine große Furcht vor »Gesetz« und »Ordnung« und betonen die Freiheit vom Gesetz, die Paulus gerade im Römerbrief verkündigt hat. Daran ist wahr, daß Paulus das Gesetz als Soll, Zwang und Gegenüber als Christ hinter sich lassen konnte. Daran ist nicht richtig, daß Paulus keinen Sinn für öffentliche Ordnung und politisches Miteinanderleben gehabt hätte. Im übrigen sollten sich evangelische Christen fragen, ob sie nicht durch die jahrhundertelange innige Verbindung von Thron und Altar einerseits und durch eine bürgerliche Gesetzlichkeit der Moral »mit der Bibel in der Hand« andererseits entschieden zuviel des Guten in Richtung Gesetz angerichtet haben. Manche Abneigung gegen das »Gesetz« ist die gegen die Gesetzlichkeit in der eigenen Brust. – Paulus dagegen sieht jetzt die Möglichkeit, das Gesetz zu erfüllen, und zwar durch die Liebe. Sie aber ist die vorzüglichste der Gaben des Geistes Gottes.

Selbstliebe als Ausgangspunkt

In Lev 19,18 (»Liebe deinen Nächsten wie dich selbst«) ist die Selbstliebe nicht durchgestrichen, sondern sie ist der Maßstab der Gerechtigkeit. Darauf wird soziale Ordnung gebaut, denn sie ist die stärkste Kraft. Nicht Ableugnung ist das Programm, sondern Ausgleichen. Das aber heißt: Erstrebt wird eine Gesellschaft, in der der angesprochene einzelne auch selbst vorkommt.

Haben wir nicht vorwiegend negative Erfahrungen mit der Selbstsucht der einzelnen? Ist sie nicht die Wurzel aller Übel? Das mag sein. Aber selbst wenn es so wäre, verspräche ein frontales Angehen gegen sie wohl kaum Erfolg. Dann müßte man sie nicht frontal, sondern seitlich oder von hinten knacken – oder so wie der Autor von Lev 19,18 (und wie Paulus), indem er ihr Existenzrecht bejaht oder zugesteht (erster Schritt), sie aber dann durch die Ausgleichsforderung um so geschickter am Kragen packt. Dem anderen gleiches Recht auf Selbstliebe zugestehen und noch mehr: ihm aktiv die gleiche Liebe zuwenden wie sich selbst. Das muß von selbst einen Ausgleich schaffen.

Doch es ist die Frage, ob »maßlose Selbstliebe« wirklich eine zutreffende Diagnose unserer Krankheit ist. Moderne Seelsorge fragt, ob die meisten dazu überhaupt in der Lage sind. Ob sie nicht überhaupt eher stumpf und ohnmächtig sind, gar nicht »ich« sagen können, sondern im wesentlichen Opfer und Objekt sind. Ist das Bild des Tyrannen wirklich angemessen? – In vielen Gesprächen über dieses Thema zeigte es sich immer wieder, daß die Frage dieser Selbsteinschätzung

264

in hohem Maße abhängig ist von der sozialen Schicht und gesellschaftlichen Mündigkeit. Jede Gruppe erkannte bei dieser Frage in der Regel die vorwiegenden eigenen Schwächen ganz gut; Pfarrer und Lehrer blieben bei der Diagnose des »Tyrannen« und der maßlosen Selbstliebe; so auch wohlsituierte Gymnasiasten. Ganz anders bei Theologiestudenten in den ersten neun Semestern, bei Berufsschülern, am stärksten abweichend bei Menschen, die seelsorgerliche Beratung aufsuchten.

Denn was soll man Menschen sagen, ihr Stolz müsse zerschlagen werden, die von Angst und Unsicherheit geplagt werden? Die gedemütigt auf der Schattenseite des Lebens stehen? Lautet das Evangelium für sie, daß sie zunächst sich selbst aufgeben müssen? Es sind erfahrungsgemäß diejenigen, die es weniger oder kaum betrifft, die ohnehin schon gedemütigt sind, die die Sündenbotschaft der Kirche sehr ernst nehmen. Das Insistieren auf der Sündigkeit als Ansatzpunkt trägt dazu bei, daß sie ihr Selbst buchstäblich zerfressen lassen. Statt dessen hätten sie es vor allem nötig, aufgerichtet und getröstet zu werden. Denn zumeist besitzen sie die Kraft, sich selbst lieben zu können, nicht mehr. Lev 19,18 und Paulus konnten noch von dieser vitalen Kraft wie selbstverständlich ausgehen. Aufgrund einer Reihe von Faktoren (auch familiärer) besteht diese Kraft heute dagegen oft nicht mehr.

Hoffnung

Einen billigen Optimismus, daß gegenüber der Sündigkeit der Menschen »das Positive« betont werden soll, könnte Paulus freilich nur bekämpfen. So kann es nicht um etwas in dieser Richtung gehen. Doch zu unterscheiden ist zwischen dem »Selbst«, dem Namen des einzelnen, also seiner persönlichen Identität, und seinen Taten. Gerade um des Selbst willen, damit es gerettet werden kann, ist Jesus Christus gesandt worden. Dieses »Selbst« hat keinen moralischen Wert, es ist weder »gut« noch »schlecht« oder »von Sünde zerfressen«, es ist jeder einzelne Mensch, der von Gott gewollt und geliebt ist. Dieses Selbst wird auch im Tod von Gott erhalten und harrt der Auferstehung. Es ist nicht seine Seele, vielmehr das, was man im Alten Testament und im Judentum seinen »Namen« nennen würde, eben Paulus selbst, unabhängig davon, in welcher Verfassung sein Leib ist, ob sterblich oder auferstanden und verwandelt. Mit diesem Namen hat Gott ihn gerufen, dieses Namens wird er gedenken. Dabei ist der »Name« biblisch mehr als der bloße Name bei uns.

Vielleicht ist christliche Verkündigung bei aller notwendigen Betonung der Sündigkeit der Christen oft zu weit gegangen und hat die Grenze dessen überschritten, was vor allem seelsorgerlich zumutbar ist. Denn weder ist die Kirchengeschichte eine einzige Finsternis noch hat sich der Christ in Selbsthaß zu zerfressen. Vielmehr sind beide Geschichten ein Drama von Sünde und Gnade, und dann ist das Selbst als von Gott gewollt vor allem dankbar anzunehmen. Wir haben den Dank vergessen für das, was wir selbst sind, für unsere Gaben und Einseitigkeiten. Überdies ist es die Therapie des Paulus, von der in Christus empfangenen Liebe und Begnadung der Menschen auszugehen. Und das gilt; mögen auch die Schatten der Vergangenheit schier überwältigend sein – es sind die Schrecken und Ängste dessen, was jetzt nicht mehr gilt. Wenn Gott uns so liebt, besteht kein Grund, daß wir uns selbst hassen. Gegenüber all dem, was wir angerichtet haben waren doch wir selbst Gott so viel wert, daß er uns zu seinen leibhaftigen Kindern adoptiert hat. Deshalb ist die Trennung von dem, was wir angerichtet haben, so wichtig, damit das Andere, Neue klar hervortreten kann. Darin besteht Christsein.

Christus anziehen (13,14)

In einem altägyptischen Liebesgedicht heißt es: »Ich möchte sein ein altes Kleïd der Geliebten.« Der Sprecher gebraucht das Bild, um seinen Wunsch nach Vertrautsein und Nähe zu formulieren. Der Liebhaber möchte dem Mädchen unvergleichlich nahekommen, möglichst viel von ihm in sich aufnehmen. Er möchte ihr Kleid sein. Ganz ähnlich wird hier von der Christusbeziehung gesprochen: Er soll unser Kleid sein. Kleider zum Anziehen sind sonst immer »Sachen«. Noch dazu »meine«, »deine« Sachen. Nur ausnahmsweise tauscht man Kleider, wenn man sehr vertraut ist. Doch hier geht es um mehr: eine Person anzuziehen.

Wir kennen Vergleichbares beim Partnerlook oder wenn man sich kleidet wie der Star, den man anhimmelt. Dann will man sein wie der andere, will durch ihn geprägt werden. Durch das gleiche Kleid sagt man: Ich will sein wie der, ich will sein wie die. Das Kleid macht mich gleich.

Nicht einzelne Verhaltensweisen oder Tugenden soll man anziehen wie Mut oder Frömmigkeit, wie man sagt, jemand komme im Gewande der Demut daher. Hier geht es nicht darum, die Sanftheit als Kleid zu tragen, sondern ihn, den Demütigen selbst. Auch nicht Eigenschaften sollen angezogen werden oder Beurteilungen, die auf Personen passen, wie man bei uns sagt: »Den Stiefel ziehe ich mir nicht an.«

Niemand sagt bei uns »ich ziehe dich an«. Man schlüpft nur in eine Rolle hinein, aber diese kann man ablegen.

Jesus ist dagegen ein konkreter Mensch. Und: Wer ihn anzieht, kann ihn nicht wieder ablegen. Das Anziehen ist fast wie ein Verschmelzungsakt, und doch bleibt der Unterschied gewahrt; das Selbst, das den Herrn angezogen hat, bleibt bewahrt.

Es ist richtig: Kleider machen Leute. Dann macht der Herr, den ich angezogen habe, alles aus, was ich nach außen hin bin. Vor allem macht er das aus, was ich vor anderen bin, meinen Ruhm, meine Ehre, meine Stellung, mein Ansehen, meinen Ort unter den anderen. Er macht alles aus mir, was vor den anderen gilt und was auf sie hin geschieht. Er ist mein »Image«. Er gibt mir meinen Ort, meine soziale Identität im Netz der anderen Menschen.

Zumindest setzt Paulus voraus: Dieser Jesus Christus ist nicht fern und hinter den Wolken, sondern ist nahe (Röm 10,6f). So nahe, daß das gesamte Problem unseres Handelns sich durch das Bild des Anziehens seiner Person lösen läßt. Damit ist jedenfalls gemeint, daß Gott uns so unser Handeln leicht machen will. Es soll uns nicht schwer gemacht werden, Christ zu sein.

Paulus geht wohl aus von der Vorstellung vom Leib als Kleid. Und er setzt voraus: Unser Leib ist armselig, todgeweiht, der Sünde noch immer verhaftet. Er, der Brief für die anderen sein soll, ist voller Defekte und kaum lesbar. Unser Leib war am Ende, mit allen Taten, die wir durch ihn geschehen ließen. Und er ist deswegen todgeweiht. Unser Leib steht für unsere gesamten »Außenbeziehungen«, für alles, was wir äußern und dafür wieder empfangen, er ist der Ort von Sünde und

Tod, aber auch von Taten der Gerechtigkeit und Auferstehung. Der alte Leib, die Summe unserer Außenbeziehungen, war, und das können wir immer noch an den Folgen sehen, ein zerfressenes, schwaches, korruptes System. Es war nur eine Bankrotterklärung wert. – Dieses bankrotte System hat Christus aufgekauft, er hat uns rundum erneuert, ein neues Image gegeben. Er stellt sich gewissermaßen zwischen unser Selbst und alles, was außerhalb ist, er regelt treuhänderisch diesen Zwischenbereich für uns, füllt ihn aus.

Meistens denkt man nur an den Sühnetod, wenn man davon spricht, daß Jesus etwas für uns tut. Nach diesem Bild dagegen wirkt er auch jetzt etwas für uns, wenn wir nur bereit sind, unseren Konkurs anzuerkennen und ihm alle Rechte nach außen hin anzuvertrauen. Er ist unser eigenster Treuhänder. Wenn wir uns ihm nur anvertrauen, müssen wir keine Angst vor einem neuen Konkurs haben. Aber wir müssen unseren Betrieb nach seinen Regeln umgestalten und für ihn durchsichtig halten. So aber will er unser Selbst nicht zerstören, sondern uns wieder auf die Beine helfen, uns retten und uns dienen.

Wenn ich Christus anziehe, wird er daher mein neuer Leib. Schon in 7,4 war davon die Rede: »Ihr seid dem Gesetz gestorben durch den Leib des Christus.« Indem euer Leib ganz Christus gehört, ganz von ihm bestimmt wird, nach dem seinen gestaltet wird, zieht ihr ihn selbst an. Paulus sagt nicht nur: »Ihr müßt werden wie er.« Das wäre rein moralisch im Sinne des Vorbilds, und es gäbe nicht das Geheimnis der Erlösung. Dieses besteht hier gerade in der Möglichkeit, daß Christus mein Leib werden kann. Es besteht in der leibhaften Art dieser Erlösung und Offenbarung selbst.

Wir sollen Christus nicht nachstreben oder nacheifern. Nicht unsere Anstrengung (unser »Werk«) steht im Blick bei dieser Art christlichen Handelns, sondern daß wir geprägt und geformt werden durch den, der sich leibhaftig erbarmt. Wir setzen uns ihm aus, lassen uns von ihm ergreifen, von ihm gestalten.

Bis zu Jesus Christus hin erfolgte Gottes Offenbarung immer in Worten oder Visionen. Im Neuen Testament kommt eine neue Art von Offenbarung hinzu: die durch eine leibhaftige Person selbst. Entsprechend verschieden waren die Arten, um sich die jeweilige Offenbarung anzueignen: Worte konnte man hören, ihnen gehorchen, Visionen schauen und sie sich deuten lassen. Eine leibhafte Offenbarung dagegen kann man nur wie ein Kleid, und das ist ein Bild für

Leib, anziehen. Paulus hat hier so dicht wie sonst nirgends die Besonderheit der neutestamentlichen Offenbarung erfaßt. Ihre Leibhaftigkeit ist schließlich die direkte Voraussetzung für Auferstehung. Dann wird uns diese Offenbarung voll ergriffen haben.

Die endgültige Offenbarung Gottes ist eine zum Anziehen, sie ist eine, in der wir den Offenbarer als unseren Leib anziehen. Das soll heißen: Wenn wir als Leib Brief für andere sind, dann schreibt Gott diesen Brief. Macht ihn herrlich, macht uns herrlich. Auch hier denkt Paulus Offenbarung und Erlösung ganz in bezug auf das Miteinander unter Menschen. Denn unseren Leib haben wir nicht für uns.

Unser Problem ist oft, daß wir uns nicht kennen, daß wir nicht wissen, wer wir sind, daß wir nicht wissen, wozu wir da sind. Unser Profil scheint zerstört und unser Leib insbesondere. Paulus weiß um die schier ausweglose Lage gerade unseres leiblichen Daseins.

Wir gewinnen unseren eigenen und zugleich neuen Charakter als diejenigen, die Christus als Kleid tragen, als Christusträger. Und werden am Ende von ihm getragen und geführt. Wir müssen ihn nur anziehen, sonst nichts. Dann entfällt der schwierigste Punkt, daß wir uns immer mühsam zu einzelnen Taten aufraffen müssen. Wir müssen uns nur führen lassen.

Frieden (14,19)

Oft ist nur die Einsamkeit Frieden. Doch: »Einsamkeit ist keine Lösung«, sagte Rabbi Elimelech. »Man muß allein denken, nicht allein leben« (Elie Wiesel, Chassidische Feier). Immer wieder kommen Streit und Bitterkeit und falscher Ehrgeiz wohl daher, daß Menschen, jeder einzelne für sich, mehr geliebt werden möchten. Mehr geliebt, als wir, als die Umgebung, es geben können. Wie bei Kindern, die quengelig werden, wenn man sich nicht genug um sie kümmert. Wie vernachlässigte Jugendliche in den Großstädten, die aggressiv werden. So ging es mir mit vielen Menschen in der letzten Zeit: Wenn ich oder irgendjemand nur Zeit hätte und Kraft, sie wirklich zu lieben, dann könnte es ihnen und uns insgesamt besser gehen.

Menschen sehnen sich nach Geliebtwerden – wie ein Faß ohne Boden ist dieser Wunsch. Und wahrscheinlich trifft das für Wissenschaftler noch einmal besonders zu, weil sie ja nichts schaffen außer Kringel auf dem Papier. Doch wir kommen immer nicht dazu, zu all der notwendigen Liebe, weil wir unsere Kraft einteilen und manche Beziehungen intensiver pflegen müssen als andere. Cliquen und Seilschaften wollen wir bilden. Und dann sind wir fast schon wieder beim alten. Am Ende geht es immer um Interessenkonflikte, um Entscheidungen bei Pflichtenkollision. Und wir können nie allen Pflichten im Sinne der Liebe genügen. Paulus kennt das Problem wohl: Allem genügen können, das nennt er Gerechtigkeit.

Aber wie kommen wir aus der Not unserer Pflichtenkollisionen heraus, aus der Zeitnot? Wie kann mehr Liebe statt Rivalität sein? Paulus sagt dazu im Römerbrief: Das Sich-Rühmen muß weg, das Verdrehen der Wahrheit muß weg. Denken wir daran bei der nächsten Gelegenheit, bei der wir es nötig haben, unsere Clique abzugrenzen.

Die Bibel kennt für die Stiftung des Friedens auch das Bild vom Saatgut: Immer wieder etwas in Richtung auf Zukunft tun zu können, das sich nicht direkt auszahlt. Ein wenig Abweichung in Richtung Liebe sich leisten. Etwas Erbarmen, Dinge tun können, die nicht direkt in unserem Interesse liegen. Es geht um die Summe der kleinen Abweichungen vom Gewohnten.

Paulus hat dieselbe Tradition im 1. Kapitel des 1. Korintherbriefes für einen konkreten Fall verarbeitet. Hier geht es um den Streit, wer die Weisheit denn nun gepachtet habe, die Petrusleute oder die Apollosleute. Der menschlichen Weisheit, die zum Streit führt, stellt Paulus ausdrücklich die Weisheit Gottes gegenüber. Er identifiziert sie mit Jesus Christus. Er ist der Verzicht auf Macht in Person. Der Frieden selbst. Er ist der, der auf den Gebrauch der Ellenbogen verzichtet hat. Das ist Gottes Weisheit, die Weisheit von oben.

Man kann das Kreuzestheologie nennen und darüber nachsinnen, wie die Dogmatiker es tun. Aber man sollte nicht vergessen, daß die Rede vom Kreuz bei Paulus einen sehr konkreten Zweck hat: Das Kreuz ist kein Selbstzweck, sondern die Voraussetzung zum Frieden.

Damit sind nicht alle Probleme gelöst, aber der Weg ist angegeben. Um von der zerstörerischen Weisheit zur friedlichen zu gelangen, brauchen wir Bilder des Friedens. Wie wenn Jesus als der Gekreuzigte uns vor Augen gezeichnet wird. Wie wenn es Punkte gibt und Oasen und Räume wie Sonnenflecken im dunklen Gehölz des Waldes, an de-

nen Frieden ist, an denen diese Weisheit schon gilt. Unser Gottesdienst, unsere Familie, unsere Freundschaft oder Liebesgeschichte,
unsere Seminare könnten solche wirklichen Bilder des Friedens sein.
Inmitten von Streit und Bitterkeit. Diese wirklichen Bilder sind wichtig für unser Herz. Deshalb können wir doch überhaupt weiterma-
chen. Denn bei der nächsten Pflichtenkollision entscheiden wir doch
immer so oder so nach dem Herzen. Es kommt darauf an, welche Bilder wir in unser Herz aufgenommen haben. Weil das nicht egal ist,
deshalb feiern wir überhaupt Liturgie.
Und das kann alles schon wirklich sein, solche Oasen des Friedens
kann es geben, weil es einen in unserer Mitte gibt, in dem dieses alles
schon da ist: weil Jesus selbst unser Friede ist.

Starke und Schwache (14,1.13; 15,1)

Vielfalt in der Gemeinde ist etwas unbestritten Gutes. Aber es geschieht seit Menschengedenken, daß sich manche Leute auf Kosten
anderer in einer Gemeinde breit machen. Da geht es nicht nur darum,
wer das Sagen hat. Es kann auch so weit kommen, daß es »Betonköpfe« gibt, die die anderen so unsicher machen, daß sie nicht mehr
wissen, was nun eigentlich christlich ist. Daß sie deretwegen nicht
mehr wagen, in die Kirche zu kommen. Gegenüber den »Betonköp-
fen«, die eine klare, griffige und leicht durchsetzbare Position haben,
gibt es andere, die unsicher sind, die ängstlich sind und zweifeln und
an den Rand gedrängt werden.
Wenn wir nun im Folgenden die römischen Christen zur Zeit des Paulus mit Gemeinden in der Bundesrepublik vergleichen (solche kenne
ich am besten), dann ist zu erwarten, daß es grundlegende Verschiedenheiten zwischen beiden Arten von »Gemeinden« gibt.

Starke und Schwache in Rom

Zur Zeit des Paulus sind Christen in Rom eine verschwindend kleine
Gruppe inmitten einer völlig heidnischen Weltstadt. Die Gefahr ist,

daß die riesige Stadt die kleine Gruppe einfach aufreibt. Und diese Situation hat zur Folge, daß christliche »Identität« das größte Problem ist. Wieweit darf man sich anpassen? Oder braucht man keine Angst zu haben, im Lebensstil den Bürgern der Weltstadt bis auf die wesentlich christlichen Dinge zu gleichen?

Wie zu erwarten, gibt es zwei Gruppen: Eine Gruppe von Christen nennt Paulus »die Starken«, und er rechnet sich selbst zu ihnen. Sie sind im Lebensstil frei und sicher. Sie wissen recht genau, was wesentlich ist. Sie sind ganz sicher nicht »angepaßt«, aber ihr Christentum ist weltoffen und heidnischer Religion an Niveau weit überlegen. Da Paulus sich selbst zu den »Starken« rechnet, ist dieses Christentum keineswegs zu verdächtigen. (Ihm gehörte die Zukunft, und das zeigte auch die Geschichte nach Paulus.) Hier sind die »Erfolgsmenschen«, auch schon deshalb, weil eine so kleine Gemeinde ohne ein Mindestmaß an Anpassung nicht überleben kann. Das Verdienst der paulinischen »Starken« ist es auch mit, daß das Christentum keine kleine Sekte geblieben ist. Um so interessanter ist, daß Paulus selbst mahnt, die »Schwachen« zu achten und nicht zu verurteilen, nicht zu »diskriminieren«. Diese Gruppe will die christliche Eigenart sorgfältiger bewahren. Diese Christen machen nicht alles mit, sie essen kein Fleisch, trinken keinen Wein, verzehren nur Gemüse (sind also Vegetarier und Abstinenzler) achten auf Rein und Unrein und halten sich an »heilige« Tage. Man kann wohl annehmen, daß es sich um Judenchristen handelt, die das Christentum als eine Art asketische Bußbewegung ansehen. Für uns ist hier vor allem die Frage wichtig, in welcher menschlichen, psychischen Situation sich diese Gruppe gegenüber den »Starken« befand. Denn darauf geht auch Paulus ein. Sie fühlten sich durch die erfolgreiche und klare Position der Starken irritiert, vor allem, weil auch Paulus auf deren Seite stand. So wurden sie unsicher und wußten nicht mehr, was »christlich« ist. Sie hatten keine Lobby und kamen sich vor »wie aus dem vorigen Jahrhundert«. Sie mußten sich von Paulus selbst vorwerfen lassen, schwach im Glauben zu sein (14,1) – eben weil ihre Position nicht klar geschliffen, ihre Haltung gegenüber dem Judentum nicht mutig und frei genug gewesen sein könnte. Kurzum: Sie sind unsicher, stehen am Rande, lassen sich aufschrecken und geraten zusehends ins Hintertreffen. Man kann sich gut ein Gespräch eines »starken« Christen mit einem »schwachen« Christen in Rom vorstellen:

Der Starke: Ihr kommt mir ziemlich abergläubisch vor mit euren jüdischen Riten. Warum habt ihr es denn nötig, euch so abzugrenzen?

Der Schwache: Ihr wißt immer ganz genau, was »Sache ist«. Wir wissen das nicht so genau. Wir haben Christentum nie ohne den jüdischen Lebensstil kennengelernt. Und jetzt fühlen wir uns sehr unsicher. Denn wir können doch nicht alles mitmachen, was die Heiden tun, nur weil wir Christen sind.

Der Starke: Der berühmte Apostel Paulus steht ganz auf unserer Seite. Und wen habt ihr?

Der Schwache: Wir haben keinen. Unsere größte Angst ist, daß, wenn wir mehr über Jesus erfahren, der uns vielleicht ebenfalls nicht Recht geben könnte. Euer freier Lebensstil läßt uns fast verzweifeln. Wenn ihr Christen sein könnt, dann wissen wir absolut nicht mehr, was eigentlich christlich ist.

Sollen wir dann zum Judentum zurückgehen oder, soweit wir es noch nicht waren, ganz Juden werden? Jedenfalls sehen wir unsererseits kaum eine Möglichkeit, mit euch zusammenzuleben. Beides kann nicht gleichzeitig christlich sein.

Der Starke: Eure Position ist mehr als wacklig. Wir berufen uns auf Jesus und Paulus.

Der Schwache: Du hast recht, unsere Stellung ist unentschieden und unklar.

Der Starke: Ihr habt noch nicht begriffen, daß der Glaube an Jesus Christus von rituellen Ängsten frei macht. Euch fehlt Selbstvertrauen und Kirchlichkeit. Ihr werdet untergehen, nicht wir.

Starke und Schwache heute

Man könnte nun meinen, die »Starken« seien heute eben die Angepaßten, die Weltoffenen, die Schwachen aber diejenigen, die in religiösen Bindungen lebten und besonders zu schützen seien. Dann wären die »Schwachen« die Frommen, die Starken aber die »Aufgeklärten«. Und dann legt man den paulinischen Text so aus, daß die streng kirchlich Gebundenen vor den Aufgeklärten zu schützen sind. Diese Auslegung würde rein inhaltlich Analogien zu den Positionen der römischen Gruppen suchen und im übrigen das Verhältnis zwischen beiden heute genau so betrachten und entsprechend auch die Mahnung des Paulus weiter gelten lassen. Denn die Frommen nehmen ja bekanntlich öfter Anstoß am Treiben der Weltlicheren.

Nun ist, bevor sehr kritische Anmerkungen zu dieser weithin üblichen Anwendung folgen, sicherzustellen, daß es diese Situation tatsächlich auch bei uns geben kann; ich denke an Aussiedlerfamilien aus dem Osten, die in der Tat an unserer freieren Form von Christentum Anstoß nehmen, die sie selbst dazu bringen kann, am Christentum irre zu werden. Das gilt auch für Christen aus der sogenannten Dritten Welt, denen bei uns angesichts unseres Christentums in einem »christlichen Kernland« nur die Augen aufgehen können. Diese Gruppen finden sich in unserer Gesellschaft tatsächlich auch als nicht integrierte »Minderheiten« und sind so mit den römischen Schwachen zur Zeit des Paulus gut vergleichbar. Jedoch sind dieses Ausnahmesituationen, während die übliche Lage unserer Gemeinden »volkskirchlich« ist und damit der Situation der Christen im antiken Rom entgegengesetzt. Das hat aus meiner Sicht erhebliche Konsequenzen für die Beurteilung von Starken und Schwachen heute.

Mir scheint die oben genannte Auslegung für die generelle Situation in Deutschland nicht richtig zu sein. Wenn man nämlich nicht auf den Inhalt der Positionen, sondern auf das Verhältnis beider Gruppen zueinander sieht, dann ist wohl heute dieses Verhältnis zwischen Frommen und Aufgeklärten umgekehrt wie zur Zeit des Paulus in Rom. Also: Wer sind die Starken, wer die Schwachen?

Es gibt nicht nur das Ärgernis, das fromme Leute an Weltlichen nehmen, sondern auch das umgekehrte Ärgernis. Sind die Frommen in unseren Kern- und Restgemeinden wirklich die Schwachen? Sind sie nicht eher die »Betonköpfe« mit klarer, geschliffener Position, die sich auf Paulus und Jesus berufen können ? Zeigt nicht die jüngste Theologiegeschichte immer wieder (bei Evangelischen wie bei Katholiken), daß fundamentalistische Positionen die stärkere Durchsetzungskraft haben? Die Liberalen sind stets zerstritten, ausreichend Nachwuchs, Spendefreudigkeit und Einsatzbereitschaft gibt es bei den Strenggläubigen weitaus mehr.

Die Unsicheren und Abgedrängten, die Nicht-Legitimierten und Zweifler sind in meinen Augen nicht die religiös Gebundenen, sondern die 95% Randsiedler der Kirche. Sie sind heute die Schwachen, und allzu oft werden sie abgestoßen durch das Ärgernis der Selbstsicherheit der Starken, der Gefestigten. Das Ärgernis in den Augen der

Zweifler und der wirklich Schwachen ist die fromme, formelhafte Sprache, die Unduldsamkeit, die moralische Besserwisserei, das Verdecken unkontrollierten Heidentums durch eine mit Bibelzitaten geschmückte Wohnung. Man hat da keine Chance als Nicht-Zugehöriger; vor allem, weil die »Frommen« ja auch wirklich viele imponierende und sehr freundliche Persönlichkeiten aufweisen können, gegenüber denen man sich stets nur schäbig vorkommt, sich in Richtung »Lump« einsortiert. Es ist die Vollkommenheit der Starken, die Hölle, Tod und Teufel trotzt und keine Schwäche erkennen läßt.

Das alles ist ohne Ironie gesagt, denn ohne diese Kirchenlichter wäre es schlimm, noch schlimmer bestellt um das Christentum in Deutschland. Geschildert werden sollte nur, worin das Problem der Schwachen besteht. Daß es Ärgernisse gibt, die lautlos, unbeachtet, aber tief eingreifend sind. Oft geschieht es, daß die Minorität der religiös Gebundenen ohne Rücksicht auf Verluste der Schwester und dem Bruder gerade ihre und nur ihre Form von Christentum zumutet. Das Verzwickte ist, daß genau ihre Form von Christentum bestens durch Bibel und kirchliche Tradition legitimiert ist. – Es sei angemerkt, daß sich diese Art, Ärgernis zu geben, auch in vielen modernen Protestbewegungen im kirchlichen Raum widerspiegelt, angesichts derer man nur konform oder im Unrecht sein kann. Und sie haben ja alle so recht. Andererseits sind die Schwachen eben nicht nur keine Helden, sondern dank ihrer unklaren Position auch keine gute Werbung für das Christentum. Sie wissen nicht, was wesentlich ist, was »Sache ist«, was nötig ist. Sie sind überhaupt nicht heilig zu sprechen, durch nichts zu rechtfertigen. Sie sind ängstliche Mitläufer, die keine Position zeigen wollen. Sie wissen nicht, was sie eigentlich bewahren wollen. Sie lassen sich aufschrecken durch jede Sorte Starke. Ihre Zweifel sind Glaubensschwäche. Sie sind unsichere Kantonisten. Paulus aber sagt, daß alle allzumal Sünder sind und nicht übereinander richten sollen. Daß wir einander annehmen sollen, wie Christus uns angenommen hat.

Am Schluß seines Briefes springt Paulus damit selbst noch auch über den eigenen Schatten. Er, der Starke, er, der wie kein anderer über den Glauben zu reden weiß und den Glauben für das entscheidend Christliche hält – er empfiehlt, diejenigen, die schwach sind im Glauben, ganz und gar anzunehmen. Er verleugnet damit wirklich sich selbst. Er fordert die bedingungslose Annahme gerade derer, die ganz anders

275

sind als er. Bei denen gerade das Wichtigste, der christliche Glaube, nur rudimentär vorhanden ist.

Nicht nur Gott ist über seinen Schatten gesprungen, indem er Ungerechte gerechtfertigt hat. Auch Paulus tut es ganz sichtbar am Ende seines Briefes. Und gerade dadurch ist er glaubwürdig. Er weiß wohl, daß dieses das Schwerste ist. Für die »starken« Heidenchristen, die wohl in erster Linie seinen Brief gelesen haben werden, ist das die zweite große Zumutung: Nicht nur den nicht an Jesus Christus glaubenden Juden ihre einzigartige Stellung vor Gott zu lassen, sondern auch den ganz, ganz schwachen Christen.

Den Anderen annehmen zur Ehre Gottes (15,7–13)

Zwei »Ämter« Jesu Christi

Paulus geht es nicht um Almosen oder um irgendwelche Liebestätigkeit, wenn er auffordert, einander anzunehmen. Zur Diskussion steht hier vielmehr der Status, das grundsätzliche Geltenlassen. Und dieses anzuerkennen ist viel schwerer.

So sagt Paulus es hier von Christus: Seine Sendung und sein Tun erstrecken sich in zwei Richtungen. Er ist Jude gewesen, und zwar nicht nur im Sinne einer Eigenschaft, sondern indem er sein leibliches Tun an der Zugehörigkeit zu Israel ausrichtete. (Er war in diesem Sinne »Diener der Beschneidung«.) Und dieses Tun wird begründet: Er bekräftigt, erfüllt und bestätigt so die Verheißungen an die Väter. Er tut dieses, um Gottes Treue (seine »Wahrheit« V.8) zu bekräftigen. Und damit geschieht es zur Verherrlichung Gottes.

Und andererseits ist er »Herrscher der Heidenvölker« geworden (V.12). Er herrscht über sie (V.12), das ist sein anderes, zweites »Tun«. Und dieses hat, wie aus der Schrift erkennbar ist, den Sinn, daß die Heiden Gott loben und ihm danken. Also geschieht auch dieses und insbesondere dieses zur Verherrlichung Gottes.

So kann man sagen, Jesus hat beide angenommen, weil er in beiden Bereichen etwas tut. Und beides hat ein Ziel, das bei Gott liegt: Seine Bundestreue wird bestätigt, und er wird verherrlicht.

Die Heidenvölker sollen also nicht zwei Dinge nebeneinander tun, Gott loben und einander annehmen, sondern vielmehr: Daß sie Gott loben und verherrlichen, ist hier vorausgesetzt (als Tatsache und im Sinne des Ziels ihrer Existenz). Was sie tun sollen: Aufgrund dieser Rolle können sie den Stellenwert der Judenchristen wie ihren eigenen einsehen. Und indem sie beides einsehen, können sie einander annehmen. Christus hat eben auch beiden Gruppen sich zugewandt, und beide dienen so, wie sie sind, ganz sicher der Verherrlichung Gottes.

Geltenlassen ist mehr als Almosen

Wir Deutschen sind das spendefreudigste Volk, jedes Jahr werden neue Rekorde gemeldet, für Völker der sogenannten Dritten Welt etwa. Und das ist auch gut so. Aber jede Schokoladenseite hat auch eine Kehrseite: Nirgends fühlen sich Ausländer unwohler als bei uns; es gibt kein Verständnis und keine Gastfreundschaft. Wir spenden von oben herab, aber zu Geschwisterlichkeit langt es – vielleicht auch deshalb – dann gerade nicht. Und Ähnliches gilt auch für unsere eigenen Beziehungen zueinander. In der Not helfen wir gerne, aber nichts können wir weniger vertragen als einen anderen Standpunkt. Spenden ja – den anderen anerkennen, die andere Fraktion als gleichberechtigt akzeptieren: Das wird kaum je möglich sein. Ähnliches zeigt sich auch in der Ökumene zwischen Katholiken und Protestanten bei uns: Gemeinsame Aktionen sind interessant, aber von einem brüderlichen Verstehen des anderen oder vorurteilsfreien Diskutieren von dessen Meinungen sind wir noch immer weit entfernt. (Zum Beispiel ist die schlichte Unkenntnis meiner Theologiestudenten über die andere Konfession nahezu total.) Immer wollen wir zuerst wissen, zu welcher Fraktion jemand gehört, und dann urteilen wir über das, was er sagt. Und sagen:»Na ja, er muß ja so reden«, und setzen seine Meinung außer Kraft. Wir halten uns die Leute vom Leibe, wir sind im umfassenden Sinne nicht gastfreundlich. Wir zeichnen uns immer wieder nur durch Fernstenliebe aus.
Und wer hätte diese Art von Feindschaft gegenüber allem Fremden unter uns brutaler erleiden müssen als die Juden in den langen Jahrhunderten ihrer Verfolgung bis hin zur Ausrottung?
Paulus redet nicht von Almosen, sondern er stellt die zwei Wege, den

judenchristlichen und den christlichen, einander als gleichberechtigt gegenüber. Beide dienen Gottes Verherrlichung. Er weiß wohl, wie schwer das ist, und deshalb macht er seine Auffassung mit vielen Schriftzitaten plausibel. Er harmonisiert auch nicht. Es sind zwei grundverschiedene christliche Wege, die er hier vor Augen hat, und er beschönigt dieses nicht. Dennoch weist er auf ihre Einheit: In 15,8 und 15,9 ist das Stichwort »Gott« gemeinsam. Und der Blick auf Lk 1,54f lehrt, daß die Rede von Väterverheißungen und von Erbarmen durchaus zusammengehört, wenn es um den Messias geht.

Herrlichkeit Gottes

Seit einiger Zeit versuchen wir, unseren Fremdenhaß durch Moral zu bewältigen. Wir machen uns unsere Schuld und alle Versäumnisse deutlich und versuchen dann, gewissermaßen aus dem Stand, den anderen mit unserem rührenden und bisweilen etwas aufdringlichen Erbarmen aufzuhelfen. Die wesentlichsten Aspekte sind dabei: Wir lassen uns die eigene Schuld geduldig vorhalten, sind »betroffen« und sind zu finanziellen Opfern (Päckchen schicken), vor allem zu zeitlichen Opfern (Änderung der Einkaufssitten) und einer besseren »Versorgung« oder gemeinsamen Aktionen bereit. Ob es das ist, was Paulus hier meint?
Paulus argumentiert nicht moralisch, sondern umfassend mit Hilfe der Schrift. Es erfordert einige Mühe, seinen Gedankengang und den Schriftbeweis hier zu verstehen. Für die römischen Heidenchristen, von denen hier Paulus wohl das meiste erwartet, war die Lektüre dieses Abschnittes eine Einübung in das, was Paulus hier eigentlich will: das Verstehen der geistlichen Tradition des anderen. Ihn gelten zu lassen nicht als Objekt des eigenen, herablassenden Erbarmens, sondern seinen Standpunkt mit Hilfe von Kenntnissen zu erfassen.
Das heißt: Es nützt nichts, vom jüdisch-christlichen Dialog zu schwärmen, aber nie einen Mischnahtraktat gelesen zu haben. Es nützt nichts, von Frieden zwischen den Konfessionen zu reden, aber nicht zu wissen, was z.B. an Allerheiligen gefeiert wird (zu 95% negatives Ergebnis einer Umfrage unter Heidelberger Theologiestudenten). Es kommt zunächst auf schlichte Kenntnisse an, dann aber zweifellos auch darauf, ein liebevolles Eindringen in die Traditionen des

278

anderen zu versuchen, um ihn gegebenenfalls selbst an seine Traditionen zu erinnern. Und es sollte auch deutlich werden, daß es sich um etwas anderes als Folklorestudium oder Tourismus handelt.

Warum mehr als Moral? Paulus argumentiert hier ähnlich wie in 2 Kor 9: Gottes verschiedene Wege dienen einem einzigen Ziel, nämlich seiner eigenen Herrlichkeit. Gott wird bestätigt – nicht, weil er es nötig hätte oder lobsüchtig wäre. Vielmehr sind Bestätigung, Lob und Verherrlichung Gottes im Bereich der Menschen und von ihnen her Gestaltwerden von Sinn, Sichtbarwerden des »roten Fadens«, der alles zusammenhält, Orientierung auf den Einheitsgrund hin.

Wie alles ästhetisch Schöne, so ist auch die Rede von der Herrlichkeit Gottes (die man sich »schön«, strahlend vorstellt) Ausdruck dafür, daß bei Gott ein Miteinander und Kommunikation ganz leicht fallen, von ihm her geschenkt werden. Denn alles Schöne und Herrliche ist wie ein Schlüssel zu unserem Herzen. Wenn es darum geht, dann könnte uns diese Perspektive des Paulus wegführen vom hochnäsigen Erbarmen und hinführen zu der Ahnung, daß alle unsere Gegensätze nicht das Letzte sind, sondern aufgehoben sind in der einen Herrlichkeit Gottes, die sie jetzt schon widerspiegeln. Wenn wir daher sagen, Gott wolle sich selbst und seine Herrlichkeit, dann meinen wir: Er will unsere Verschiedenheit und unsere Einheit. Er will Herr sein über alle, was doch nichts anderes ist, als daß er in seiner Herrlichkeit und durch sie alle unsere Herzen zu wahrhafter Liebe aufschließt.

Paulus lehrt uns im Römerbrief, über diese Herrlichkeit zu staunen.

Klaus Berger

Wie ein Vogel
ist das Wort

Wirklichkeit
des Menschen und Parteilichkeit
des Herzens nach Texten der Bibel.
296 Seiten. Kartoniert
Mehrfarbiger Umschlag

Klaus Berger ist Professor für Neutestamentliche Theologie in Heidelberg. In diesem Buch legt er Erzählungen, Gleichnisse und visio-
näre Texte der Bibel aus und schärft von hier aus den Blick zur sensi-
blen Wahrnehmung des Lebens heute.
Das Buch handelt vom verborgenen lebendigen Gott, von Jesus Christus, dem Mittler und Versöhner, der Hoffnung auf das Himmelreich
und der Auferstehung von den Toten. Von der Logik der Liebe bis zu
Handlungsanweisungen wird der Bogen gespannt. Berger setzt Mosaiksteine einer biblischen Theologie zusammen – in Bildern, erzäh-
lend, in der Anrede, aufregend und konkret. So wird sein theologi-
scher Entwurf verstehbar, nachvollziehbar. Wir spüren, Zukunfts-
hoffnungen sind uns zugesprochen.

Quell Verlag